大卒程度

TAC公務員講座編

公務員試験

基本 過去 問題集

政治学

TAC出版
TAC PUBLISHING Group

はしがき

- 問題集を買ったのに、解けない問題ばかりで実力がついている気がしない…
- 難しい問題が多くて、途中で挫折してしまう…
- 公務員試験は科目が多いから、せめて１科目１冊の本で済ませたい…

『ゼロから合格 公務員基本過去問題集』（以下、『ゼロ過去』）は、このような読者の声に応えるために開発された公務員過去問題集です。問題集といっても、ただ過去問とその解説が並んでいるだけの本ではなく、「過去問」の前に、「その過去問に正解するために必要な知識やテクニック」が必ず載っています。この科目の学習を全くしたことない方も、本書で知識やテクニックを身につけながら、同時にそれらを使って問題を解く練習を積むことができる構成になっています。

『ゼロ過去』には、「しっかり読んでじっくり考えれば解ける問題」しか載っていません。それでいて、実際の試験で合格ラインを超えるのに十分な問題演習を積むこともできます。つまり、「**ゼロから始めて１冊で合格レベルにたどり着く**」ための問題集なのです。

せっかくやるのだから、最後までやり遂げてほしい。最後まで「つづく」ためには、問題が「解ける」という達成感もきっと必要。『ゼロ過去』は、きちんとがんばった読者にきちんと結果がついてくるように、どの問題も必ず解けるように工夫して配置しています。また、その名のとおり「知識ゼロ」の状態からいきなり取り組んでも支障がないよう、基本的な知識やテクニックのまとめが過去問より先に掲載されているので、「全く何も知らない」状態で、前から順番に取り組むだけで学習が進みます。

本書を十分に活用して、公務員試験の合格をぜひ勝ち取ってください。

TAC公務員講座

本書の利用方法

本書は、大卒程度・行政職の各種公務員試験の対策を、「知識ゼロから始められる問題集」です。何であれ、問題を解くには知識やテクニックが必要です。

- ●知識・テクニックの**インプット**（新しい情報を入れる）
- ●問題演習を通じた**アウトプット**（入れた情報を使って問題が解けるかどうか試してみる）

試験対策はこの反復で進めていくのが王道です。『ゼロ過去』は、この科目について全く学習したことのない方でも、知識とテクニックを身につけながら問題が解けるように作られています。

ここで説明する効果的な利用方法を参考にしながら学習を進めていきましょう。

1 まずは試験をよく知ることから！　出題傾向を知る

●国家一般

		2011	2012	2013	2014	2015	2016	2017	2018	2019	2020
政治学概論	政治学の基礎				●	●		●	●		
政治体制と政治制度	各国政治制度		●		●	●	●	●		●	●
	議会	●	●	●	●					●	●
	選挙制度	●	●	●	●	●	●	●			●
	政治体制の類型		●			●	●		●		●
政治過程	政党	●		●	●	●		●	●	●	●
	圧力団体	●			●		●				
	マス・メディアと世論		●		●		●				●
	政治意識と投票行動		●	●	●			●	●	●	

巻頭には、出題分野ごと・受験先ごとに過去10年間の出題傾向がまとめられています。

多くの方は複数の試験を併願すると思われるため、網羅的に学習するのが望ましいですが、受験先ごとの出題の濃淡はあらかじめ頭に入れたうえで学習に着手するようにしましょう。

2 問題を解くのに必要なことはすべてここにある！　imput編

一般的な公務員試験の問題集では、初めて取り組んだ時点では「解けない問題」がたくさんあるはずです。最初は解けないから解説を読んでしまい、そのことで理解し、何度も何度も同じ問題を周回することによってだんだん正答率が高まっていくような仕組みになっていることが多いです。

『ゼロ過去』では、このimput編をしっかり使いこなせば、最初から全問正解することもできるはず。そのくらい大事な部分ですから、しっかり学習しましょう。

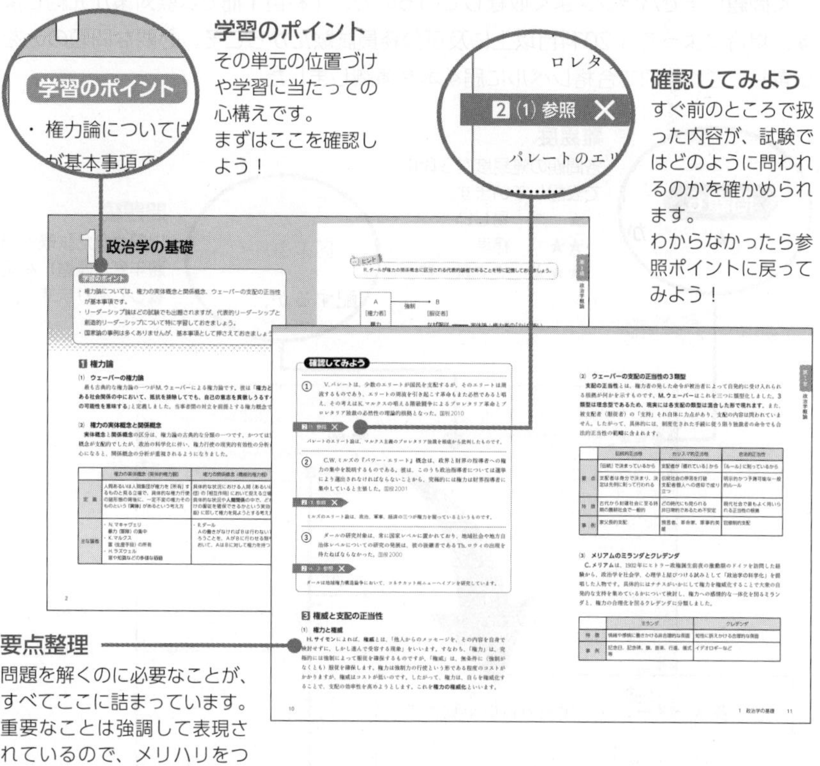

学習のポイント
・権力論については
が基本事項で
学習のポイント
その単元の位置づけや学習に当たっての心構えです。
まずはここを確認しよう！
ロレタ
2 (1) 参照 ✕
パレートのエリ
確認してみよう
すぐ前のところで扱った内容が、試験ではどのように問われるのかを確かめられます。
わからなかったら参照ポイントに戻ってみよう！
1 政治学の基礎
要点整理
問題を解くのに必要なことが、すべてここに詰まっています。重要なことは強調して表現されているので、メリハリをつけて頭に入れていきましょう。

★その他のお役立ちアイテム

補足：少し発展的な知識を解説しています。

ヒント：問題を解くための助けになる情報や、情報を覚えやすくするためのポイントをまとめています。

3 知識を活用して問題演習！ 過去問にチャレンジ

知識のインプットが終わったら、取り入れた知識を使って過去問が解けるかどうか、実際に試してみましょう。問題の直後に解説を掲載しているので、答え合わせもしやすいレイアウトです。

まずはやさしくひねりのない問題で学習事項をチェックします。ただ、実際の試験ではそれなりに手ごわい問題が出されることがあるのもまた事実。『ゼロ過去』は、やさしい問題（必ず正解したい問題）から、やや歯ごたえのある問題（試験で差がつく問題）までバランスよく収録しているので、１科目１冊で試験対策が完結します。場合によっては20科目以上に及ぶ公務員試験だからこそ、必要な問題のみを厳選し、これ１冊で合格レベルに届く本を意識しました。

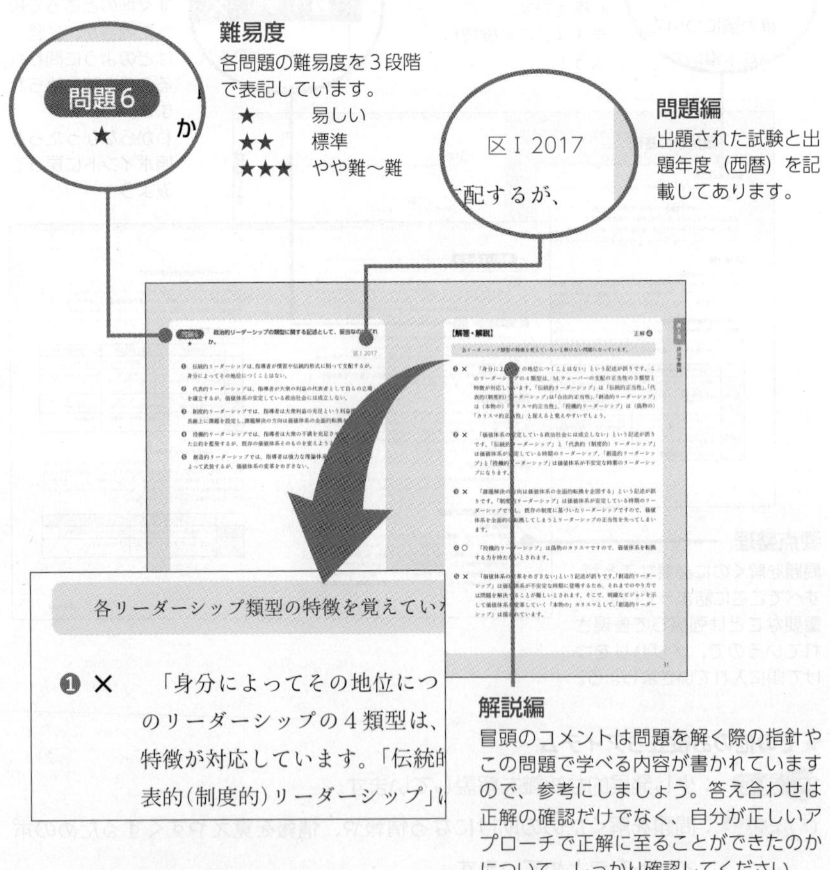

難易度
各問題の難易度を３段階で表記しています。
★ 易しい
★★ 標準
★★★ やや難～難
問題６
★
区Ⅰ 2017
問題編
出題された試験と出題年度（西暦）を記載してあります。
各リーダーシップ類型の特徴を覚えてい
❶ × 「身分によってその地位につ
のリーダーシップの４類型は、
特徴が対応しています。「伝統的
表的(制度的)リーダーシップ」
解説編
冒頭のコメントは問題を解く際の指針やこの問題で学べる内容が書かれていますので、参考にしましょう。答え合わせは正解の確認だけでなく、自分が正しいアプローチで正解に至ることができたのかについて、しっかり確認してください。

●掲載した過去問題の表記について

表記	該当試験
国般	国家一般職 大卒程度 行政（旧・国家Ⅱ種を含む）
国税	国税専門官
財務	財務専門官
裁判所	裁判所職員一般職 大卒程度（旧・裁判所事務官Ⅱ種を含む）
都Ⅰ	東京都Ⅰ類
区Ⅰ	特別区Ⅰ類

※末尾に「教」とあるものは、教養試験・基礎能力試験での出題であることを示します。

過去10年の出題傾向

●国家一般

		2011	2012	2013	2014	2015	2016	2017	2018	2019	2020
政治学概論	政治学の基礎				●	●		●	●		
政治体制と政治制度	各国政治制度		●		●	●	●	●		●	●
	議会	●	●	●	●					●	●
	選挙制度	●	●	●	●	●	●	●			●
	政治体制の類型		●			●	●		●		●
政治過程	政党	●		●	●	●		●	●	●	●
	圧力団体	●			●		●				
	マス・メディアと世論		●		●		●				●
	政治意識と投票行動		●	●	●			●	●	●	
政治思想と政治理論	古代から近代までの政治思想	●	●				●	●	●		
	市民社会と自由主義	●	●		●		●	●			●
	大衆社会と民主主義		●			●	●		●	●	
	現代政治学と政治理論	●		●	●	●		●		●	

●国家専門職

		2011	2012	2013	2014	2015	2016	2017	2018	2019	2020
政治学概論	政治学の基礎	●	●				●	●			
政治体制と政治制度	各国政治制度		●						●		
	議会	●					●		●		●
	選挙制度		●		●		●				
	政治体制の類型	●								●	
政治過程	政党	●	●	●			●	●		●	●
	圧力団体	●	●		●			●			
	マス・メディアと世論		●							●	
	政治意識と投票行動		●	●				●			
政治思想と政治理論	古代から近代までの政治思想		●	●		●	●		●	●	
	市民社会と自由主義		●	●		●	●		●	●	
	大衆社会と民主主義		●	●			●		●	●	
	現代政治学と政治理論		●	●		●			●		●

●特別区

		2011	2012	2013	2014	2015	2016	2017	2018	2019	2020
政治学概論	政治学の基礎	●	●	●	●	●	●	●	●	●	●
政治体制と政治制度	各国政治制度	●		●	●		●		●		●
	議会					●					
	選挙制度					●		●		●	
	政治体制の類型		●		●		●				
政治過程	政党		●		●				●	●	
	圧力団体	●	●					●	●		●
	マス・メディアと世論	●					●				
	政治意識と投票行動	●		●		●		●		●	●
政治思想と政治理論	古代から近代までの政治思想		●		●		●				
	市民社会と自由主義		●			●		●		●	
	大衆社会と民主主義		●	●		●				●	
	現代政治学と政治理論	●	●	●				●		●	●

目　次

第1章

政治学概論

政治学の基礎

1 政治学の基礎

学習のポイント

・権力論については、権力の実体概念と関係概念、ウェーバーの支配の正当性が基本事項です。
・リーダーシップ論はどの試験でも出題されますが、代表的リーダーシップと創造的リーダーシップについて特に学習しておきましょう。
・国家論の事例は多くありませんが、基本事項として押さえておきましょう。

1 権力論

(1) ウェーバーの権力論

最も古典的な権力論の一つが**M.ウェーバー**による権力論です。彼は「**権力とは、ある社会関係の中において、抵抗を排除してでも、自己の意志を貫徹しうるすべての可能性を意味する**」と定義しました。当事者間の対立を前提とする権力概念です。

(2) 権力の実体概念と関係概念

実体概念と**関係概念**の区分は、権力論の古典的な分類の一つです。かつては実体概念が支配的でしたが、政治の科学化に伴い、権力行使の現実的有効性の分析が中心になると、関係概念の分析が重視されるようになりました。

	権力の実体概念（実体的権力観）	権力の関係概念（機能的権力観）
定　義	人間あるいは人間集団が権力を「所有」するものと見る立場で、具体的な権力行使の諸形態の背後に、一定不変の権力そのものという「**実体**」があるという考え方	具体的な状況における人間（あるいは集団）の「相互作用」において捉える立場で、具体的な状況や**人間関係**の中で、どれだけの服従を確保できるかという実効（機能）に即して権力を見ようとする考え方
主な論者	・N.マキャヴェリ 暴力（軍隊）の集中 ・K.マルクス 富（生産手段）の所有 ・H.ラズウェル 富や知識などの多様な価値	・R.ダール Aの働きがなければBは行わないであろうことを、AがBに行わせる限りにおいて、AはBに対して権力を持つ

ヒント

R.ダールが権力の関係概念に区分される代表的論者であることを特に記憶しておきましょう。

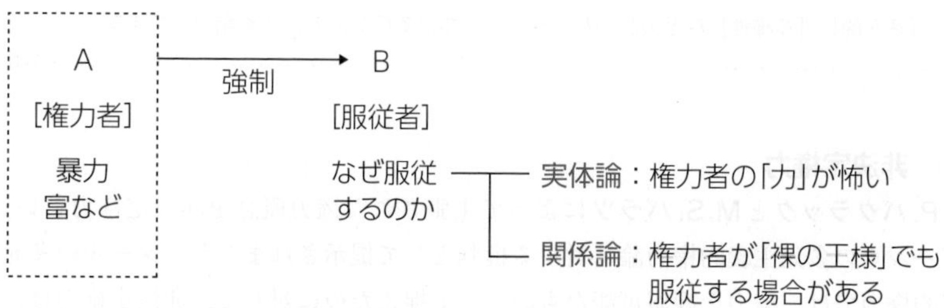

⑶ ラズウェルの権力論

H.ラズウェルは、権力を「ある行為の型に違反すれば、**価値の剥奪が期待されるような関係**」であると定義し、人々が追い求める社会的価値が多元化したことを踏まえ、富や知識技能など**多様な価値**が権力手段となると考えました。彼の議論は、さまざまな価値を実質的な権力行使の手段として位置づけており、**権力の実体概念**に分類されます。

⑷ ダールの権力概念

① 権力の関係論

R.ダールは、権力者がどういう手段を所有しているかでなく、服従者がなぜ服従しているか、その反応に注目し、「**Aの働きがなければBは行わないであろうことを、AがBに行わせる限りにおいて、AはBに対して権力を持つ**」と定義しました。つまり、権力者と服従者の**関係**に着目し、権力をその**相互作用**において捉えています。

② 多元主義的権力

他方でダールの権力論は、その多元性に注目した議論であり、**多元主義的権力**とも呼ばれています。まず、彼は**権力資源の多様性**に注目し、権力を行使するときに動員する手段（権力資源）は、人員、資金、権限、情報、専門的技能など多様であり、これらの権力資源はさまざまな個人や集団に多元的に存在していると考えました。また、彼は**観察可能な経験的事象として権力**を捉え、権力の分析では、実際の行動を直接観察しなければならないとしました。そして、**権力は量的に把握可能で、権力の大きさは比較較量できる**と考え、権力者が「働きかけをした場合」と「しなかった場合」を比較するなどして、権力者の持つ権力の大きさは科学的に計算可能であるとしました。

ヒント

「多元的」、「多様性」などの説明が、ダールについての記述ではよく用いられます。

(5) 非決定権力

P.バクラックとM.S.バラツによって主張された権力概念を非決定権力といい、ダールらの多元主義的権力論に対する批判として提示されました。ダールの多元主義的権力では、権力を観察可能なものとして捉えたのに対して、非決定権力は、**権力の不可視性**を問題としています。具体的には、潜在的争点があるにもかかわらず、それを表面化させない権力作用であり、「争点化を挫折」させたり、「〈安全な〉争点に決定作成の範囲を制限」したりする作用をいいます。つまり、ある問題が課題になることを妨げる権力（**課題設定の防止**）として、特定の利益の社会的表明が抑制される形で機能するのです。

(6) ルークスの三次元的権力

S.ルークスは、多元主義的権力や非決定権力は、観察可能性を重視するバイアスがあると批判し、より徹底した不可視の権力を提唱しました。具体的には、従来の主な権力論を「一次元的権力」と「二次元的権力」に分類し、自らの新たな権力論を「**三次元的権力**」と呼び、マス・メディアや社会化諸過程を通じて、人々の知覚や認識、選好が形成されるとしました。

	一次元的権力	二次元的権力	三次元的権力
概　要	多元主義的権力 (ダール)	非決定権力 (バクラックとバラツ)	人々の知覚や認識、さらには選好までも形成する作用
対立の状況	対立が顕在化 〈対立の自覚あり〉	対立を隠蔽 〈対立の自覚あり〉	対立の認識が消滅 〈対立の自覚なし〉

(7) フーコーの権力論

M.フーコーは『**監獄の誕生**』において、近代社会において刑罰の観念が劇的に変化した点を分析しました。フーコーによると、それまで公開処刑や鞭打ちといった見せしめ的な刑罰が主流でしたが、18～19世紀になると、犯罪者を監獄に隔離し、犯罪者の人間性を矯正し更生させています。具体的には、刑務所、軍隊、工場、学校などの集団管理の場で、**監視と指導を通じて人々に「正しい」行為の規範を内面化・身体化させる**ものであり、一方的な抑圧を行うのでなく、望ましい行為を自発的かつ積極的に行う「自律した主体」としての能力を身につけさせることで統制を確保しました。

また、フーコーは、**「真理自体が権力である」**とし、心理学、精神医学、教育学などの諸科学によって「正常／異常」を区分し、規律権力の作動を正当化しています。つまり、規律権力を具体的に可能にする制度や知識、技術などさまざまな諸科学が提供する「真理」が権力技術を支えていると考えたのです。このように従来の政治学やマルクス主義が権力の主体を主に国家としてきた点を批判しました。

補足

フーコーは、J.ベンサムが考案したパノプティコン（一望監視装置）という刑務所の仕組みを、規律訓練型の権力の代表的事例と論じています。

	明示的権力	黙示的権力
概　要	権力を、明確な（対立する）意図を持った行為者間の関係として捉える立場	明確な対立関係が見られない、あるいは対立しているという意識のない権力関係
主な理論	・M.ウェーバーの権力論 ・H.ラズウェルの権力論 ・R.ダールの多元主義的権力論	・P.バクラックとM.S.バラツの非決定権力 ・S.ルークスの三次元的権力 ・M.フーコーの権力論

(8) 非ゼロサム的権力

T.パーソンズは、従来の権力論は、当事者間の対立の関係として見るゼロサム的権力観だと批判し、権力を「ある社会の構成単位に、その社会の目標によって正当化された義務を遂行することを保証する能力」と定義しました。また、**H.アレント**も権力を個人の性質ではなく集団に属するものであり、「他者と協力して活動する人間の能力」であるとし、物理的強制力を権力と同視する見方を批判しました。

補足

ここで「サム」とは足し算の結果のことで、「ゼロサム」とは「足してゼロ」という意味です。つまり、政治権力が服従者から収奪して得た利益（プラス）と、服従者が収奪されることで生じた不利益（マイナス）を足し算するとゼロになる（誰かが得したのと同じ分だけ、他の誰かは損をする、誰かの犠牲なしには利益は生じない、あなたが幸せになった分私は不幸になる）

という権力観です。

それに対してパーソンズは、権力によって作られたルールが人々の動きを円滑にする作用を持つ点に注目し、政治権力は新しい社会的利益を生み出すという権力観に立ち、これを「非零和（ノンゼロサム）概念」と呼びました。つまり、権力によって社会全体のパイが拡大するのであれば、誰かを犠牲にしなくても利益を得ることはできます。両者ともに利益がある（プラス）なら、両者を足しても全体はゼロにはならない（プラスになる）ことから、「非零和（ノンゼロサム）」ということです（あなたが幸せなら私も幸せ、Win-Winの関係）。

ただし、正確には、「ノンゼロサム」は「足してゼロにはならない」という意味ですので、「ノンゼロサム」はさらに「プラスサム」（足すとプラスになる）と「マイナスサム」（足すとマイナスになる）に分かれます。つまり、社会全体のパイが小さくなれば、両者ともに不利益（マイナス）が生じて、両者を足しても全体もマイナスのままということはあり得ます。ですので、正確には、パーソンズが注目しているのは「ノンゼロサム」の下位類型である「プラスサム」ということになります。

	ゼロ・サム的権力	非ゼロ・サム的権力
概　要	権力を、一方の利得は他方の損失という「ゼロ・サム」（総和がゼロ）関係として理解する立場	権力を、社会の公共財の増大といった「ポジティブ・サム」（総和がプラス）の関係として理解する立場
論　者	M.ウェーバー、R.ダールなど	T.パーソンズ、H.アレントなど

確認してみよう

① 権力の実体概念は、権力を人間又は人間集団の保有する何らかの力、例えば、物理的強制力（暴力）、経済的強制力（財力）、心理的強制力（魅力）などと捉えるものである。D.イーストンや丸山眞男がこのように権力を実体概念で捉えた代表的論者である。国般2003

1 (2) 参照　×

実体概念の代表的論者はマキャヴェリ、マルクス、ラズウェルなどです。

② H.D.ラズウェルは、ある人間が他の人間の価値を剥奪する能力を有するとき、そこに権力関係が成立するとした。そして20世紀の社会的価値の多様化を背景に権力の基礎は多元的に成立することを理論化した。国般2001

1 (3) 参照 ○

15～16世紀に活躍したN.マキャヴェリは暴力という原初的な要因に注目し、近代資本主義が本格化した19世紀に活躍したK.マルクスは富に注目しました。それに対してラズウェルは20世紀に活躍していることもあり、社会的価値の多様化に対応した権力論を展開しています。

③ 権力の関係概念は、第二次大戦後に西欧で発達した政治学で多く用いられたものであり、ほかからの働きかけがなければBが行わないことを、AがBに対して行わせることができるとき、AはBに対して権力を持つとしたC.W.ミルズの権力概念などがその典型である。国般2003

1 (4) 参照 ×

ミルズではなくダールについての説明です。

④ T.パーソンズは権力に関して、政治権力の不適切な行使による市場のひずみから社会全体の利益が減少するマイナスサムの状態、政治権力の行使がないゼロサムの状態、政治権力の適切な行使による市場の調整から社会全体の利益が増進するプラスサムの状態を区別し、政治権力の機能を、ノンゼロサム概念とゼロサム概念によって説明した。国税2009

1 (8) 参照 ×

ゼロサム概念とは権力がない状態ではなく、一方の利得が他方の損となると考える伝統的な権力論を指す概念です。

2 エリート論

20世紀初頭、ロシアでは社会主義政権が誕生しましたが、非常時を乗り切り民主政を実現するためには、独裁が必要とされました。このように、ロシアではマルクス主義の延長線上で独裁体制が生まれましたが、イタリアやドイツでは、逆にマルクス主義との対決を通じて独裁（少数のエリート支配）が正当化され、V.パレートやG.モスカのような**エリート論**が唱えられました。他方で、戦後アメリカではアメリカの政治事情を反映したエリート論が登場しました。

⑴ パレートの「エリートの周流」

① マルクス主義批判

V.パレートによるエリート論で、歴史上、多数者を構成する被支配階級が少数の支配階級に取って代わったことはなく、したがって、労働者による「多数派支配」を主張する**マルクス主義は誤り**であるとするものです。

② 大衆とエリート

パレートによれば、大衆とエリートの区別は生来のものであり、大衆は常にエリートに支配される存在であり続けます。しかし、特定のエリートによる支配は決して長続きせず、エリートの革命的交代劇が起きるとし、これを「**エリートの周流**」と呼びました。個人がエリート層と非エリート層との間を往復することで、またエリート層の内部で異なったタイプのエリートが交代することで社会的均衡の安定が保持されます。

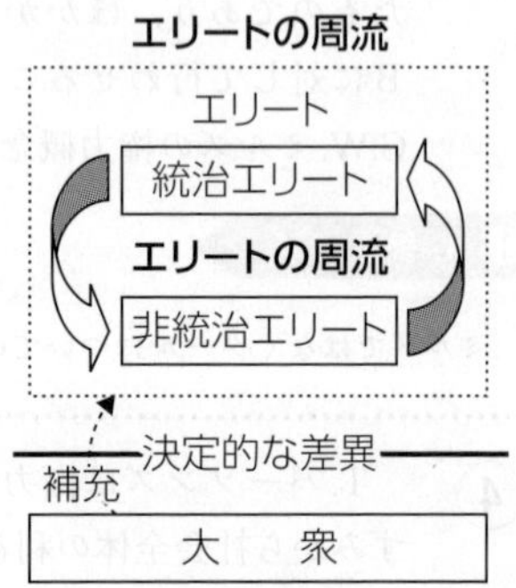

⑵ モスカの「少数者支配」

① 少数者支配

少数者は組織化しやすく多数者は組織化しにくいため、少数者は、少数者であるがゆえに結束が固い組織を作ることが可能となります。

G.モスカによれば、すべての社会には支配階級と被支配階級の二つの階級が必ず存在しており、**支配階級は常に少数者**で権力を独占し、被支配階級は常に多数者で支配階級によって指導・統制されています。

② エリートの補充

モスカは非エリートからエリートへの上昇（エリートの補充）を重視し、エリートの補充には、❶既存の支配階級から補充するもの（貴族主義的傾向）と❷**被支配階級から補充**するもの（**民主主義的傾向**）とがあり、この二つの傾向の均衡が国家の安定をもたらすと考えました。

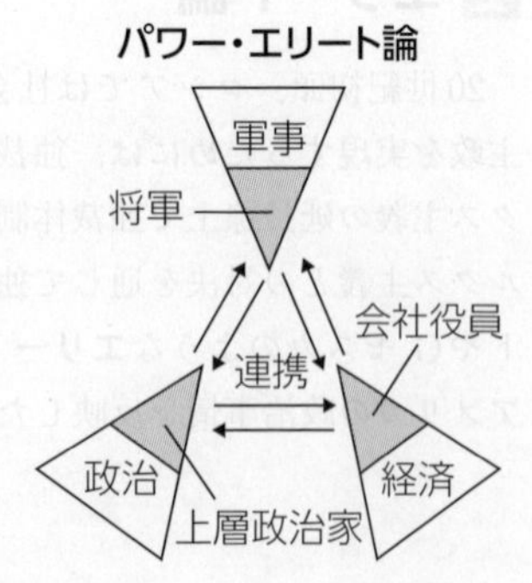

⑶ ミルズのパワー・エリート論

C.W.ミルズは**1950年代のアメリカ社会**を分

析し、アメリカの全国レベルの権力構造を検討しました。

ミルズは「**経済**」・「**軍事**」・「**政治**」という制度的秩序の頂点で、**連合**して「支配的地位」を占めている人々を**パワー・エリート**と呼び、パワー・エリートは個人の資質ではなく、制度の一部であるがゆえに権力を持ち、出身・生活環境に類似性があるため連合が可能であるとしました。

(4) 地域権力構造論争

① 背 景

1950～70年代のアメリカ政治学では、都市（地域）の権力構造に強い関心が持たれるようになり、エリートを一元的に捉えるF.ハンターと、エリートを多元的に捉えるR.ダールとの間で議論が起こりました。

② ハンターのエリート主義

ハンターは当該地域で指導者と目される人に対して、「特に有力な指導者と思うか」というインタビュー調査を実施し（**声価法**）、**エリートが一元的に存在**することを指摘しました。

③ ダールの多元主義

R.ダールは、ハンターの調査法は、権力構造のイメージを知るだけで、誰が本当の権力者か知り得ないと批判し、地域の政策争点において誰の意向が最終的に反映されたかを基準とする「**争点法**」によって分析しました。この結果、ひとかたまりの指導者ではなく、それぞれに権力資源の異なる多くのさまざまな指導者によって支配が行われるとし、**エリートが多元的に存在**することを指摘しました。

	エリート主義	多元主義
論　者	F.ハンター	R.ダール
基本論点	一握りのエリート（同質階層）がその地域において権力を牛耳っている	エリートは同質の社会階層に属しておらず、多元的に存在している
分析対象	ジョージア州・アトランタ	コネチカット州・ニューヘイブン
分析方法	声価法（評判法）	争点法

確認してみよう

① V.パレートは、少数のエリートが国民を支配するが、そのエリートは周流するものであり、エリートの周流を引き起こす革命もまた必然であると唱え、その考えはK.マルクスの唱える階級闘争によるプロレタリア革命とプロレタリア独裁の必然性の理論的根拠となった。国税2010

2 (1) 参照 ×

パレートのエリート論は、マルクス主義のプロレタリア独裁を根底から批判したものです。

② C.W.ミルズの『パワー・エリート』概念は、政界と財界の指導者への権力の集中を説明するものである。彼は、このうち政治指導者については選挙により選出されなければならないことから、究極的には権力は財界指導者に集中していると主張した。国般2001

2 (3) 参照 ×

ミルズのエリート論は、政治、軍事、経済の三つが権力を握っているというものです。

③ ダールの研究対象は、常に国家レベルに置かれており、地域社会や地方自治体レベルについての研究の発展は、彼の後継者であるTh.ロウィの出現を待たねばならなかった。国般2000

2 (4) ③ 参照 ×

ダールは地域権力構造論争において、コネチカット州ニューヘイブンを研究しています。

3 権威と支配の正当性

(1) 権力と権威

H.サイモンによれば、**権威**とは、「他人からのメッセージを、その内容を自身で検討せずに、しかし進んで受容する現象」をいいます。すなわち、「権力」は、究極的には強制によって服従を確保するものですが、「権威」は、無条件に（強制がなくとも）服従を確保します。権力は強制力の行使という形である程度のコストがかかりますが、権威はコストが低いのです。したがって、権力は、自らを権威化することで、支配の効率性を高めようとします。これを**権力の権威化**といいます。

⑵ ウェーバーの支配の正当性の3類型

支配の正当性とは、権力者の発した命令が被治者によって自発的に受け入れられる根拠が何かを示すものです。**M.ウェーバー**はこれを三つに類型化しました。**3類型は理念型であるため、現実には各支配の類型は混合した形で現れます**。また、被支配者（服従者）の「支持」それ自体に力点があり、支配の内容は問われていません。したがって、具体的には、制度化された手続に従う限り独裁者の命令でも合法的正当性の範疇に含まれます。

	伝統的正当性	カリスマ的正当性	合法的正当性
要　点	「伝統」で決まっているから	支配者が「優れている」から	「ルール」に則っているから
	支配者は身分で決まり、決定は先例に則って行われる	伝統社会の停滞を打破 支配者個人への信仰で成り立つ	明示的かつ予測可能な一般的ルール
特　徴	古代から封建社会に至る時期の農耕社会で一般的	どの時代にも見られる 非日常的であるため不安定	現代社会で最もよく用いられる正当性の根拠
事　例	家父長的支配	預言者、革命家、軍事的英雄	官僚制的支配

⑶ メリアムのミランダとクレデンダ

C.メリアムは、1932年にヒトラー政権誕生前夜の激動期のドイツを訪問した経験から、政治学を社会学、心理学と結びつける試みとして「**政治学の科学化**」を提唱した人物です。具体的にはナチスがいかにして権力を権威化することで大衆の自発的な支持を集めているかについて検討し、権力への感情的な一体化を図る**ミランダ**と、権力の合理化を図る**クレデンダ**に分類しました。

	ミランダ	クレデンダ
特　徴	情緒や感情に働きかける**非合理的**な側面	知性に訴えかける**合理的**な側面
事　例	記念日、記念碑、旗、音楽、行進、儀式等	イデオロギーなど

確認してみよう

1 H.A.サイモンは、権力と権威を分けて考え、権力は、例えば他人からのメッセージを、その内容を自身で検討した後に、進んで受容するときにみられるものであるとした。彼によれば、権威が強制により服従を確保するのに対し、権力は強制がなくとも服従を確保しうるものであるといえる。国般2003

3 (1) 参照 ×

「自身で検討した後」ではなく「自身で検討せずに」であり、このように強制がなくとも服従を確保しうるのは権力ではなく、権威についての説明です。

2 M.ウェーバーは、権力の正当性の根拠を三つの類型に分類し、権力の正当性の根拠は、文明社会の発達に伴って、「カリスマ的支配」から「伝統的支配」を経て、「合法的支配」へと三つの段階を経て移行していくと主張した。国税2004

3 (2) 参照 ×

支配の正当性は発展段階を示しているわけではなく、例えばカリスマ的支配の正当性はどの時代にも見られるという特徴があります。

3 ウェーバーは、支配の正当性の類型として、伝統的支配、カリスマ的支配、合法的支配を挙げたが、これらは現実において独立した形で現れ、相互にからみあって一つの支配関係を形成することはないとした。都Ⅰ1999

3 (2) 参照 ×

三類型は理念型であり、現実には各類型は混合した形で現れます。

4 「カリスマ的支配」とは、非凡な資質・能力を持った支配者の個人的魅力に対する人々の信仰を支配の基礎とする非合理的なものであり、近代以降の社会にはみられないものである。国税1999

3 (2) 参照 ×

カリスマ的支配はどの時代の社会にも見られる類型です。

⑤ メリアムは、権力のミランダを、物理的強制手段によって政治権力を正当化するものであるとし、その形態として、記念碑、旗などのシンボルや儀式、デモが挙げられるとした。都Ⅰ2002

3 (3) 参照 ×

ミランダは権威の一つの形であり、物理的強制手段を伴わなくても自発的な服従を確保するものです。

4 政治的リーダーシップ

(1) リーダーシップの特性論

① プラトン

「善のイデア」を認識できるものが支配者である（**哲人政治**）とし、リーダーの資質として倫理的に完成された人格を要求しました。

② N.マキャヴェリ

君主は、「**狐の知恵（狡賢さ）とライオンのみせかけ（獰猛さ）**」を持たなければならないとし、リーダーの資質から倫理性を排除し、現実的な能力を強調しました。

③ M.ウェーバー

政治家には「**情熱、責任感、判断力**」の３点が必要だとしました。特に、人間の行為の準則を、心情倫理と責任倫理に区別し、政治家は、心情倫理を越えて責任倫理が問われる（**結果責任**が求められる）ことを強調しました。

(2) リーダーシップの状況論

R.シュミットは、リーダーシップを「**代表的リーダーシップ**」と「**創造的リーダーシップ**」の２種類に類型化し、社会の安定期には「代表的リーダーシップ」が、変動期には「創造的リーダーシップ」が登場するとしました。

また、シュミットの２分類を踏まえて、高畠通敏（たかばたけみちとし）は、リーダーシップを①伝統的、②代表的、③創造的、④投機的の４種類に分類しています。このうち**①②が安定期のリーダーシップ、③④が変動期のリーダーシップ**になります。

① 伝統的リーダーシップ

伝統的リーダーシップにおいては、リーダーは身分によってその地位につき、慣習や伝統に則って支配を行います。政治はリーダーの仁慈としてその場限りで行われます。政治はリーダーによって一方的に行われるので本来的にはリーダーシップとはいえません。

② 代表的（制度的）リーダーシップ

代表的（制度的）リーダーシップにおいては、政治は大衆の同意に基づいて行うべきという建前が制度原理として成立し、大衆は政治に利益の充足を求め、リーダーは大衆の利益の「代表者」として現れます。

③ 創造的リーダーシップ

創造的リーダーシップは、社会の価値体系が不安定で、体制が行き詰まった状態において、**新たな体制の基礎となる価値体系（世界像・イデオロギー）を示し**、これに賛同する大衆がそのリーダーの地位を押し上げます。ナポレオンやレーニン、毛沢東などの指導者のリーダーシップが当てはまります。

④ 投機的リーダーシップ

投機的リーダーシップは、代表的リーダーシップを通じてでは大衆の望む利益が充足せず、社会の欲求不満が高まるとき、社会の閉塞感を投機的に充足させる（矛盾した政策を乱発するなどの）解決方法を提示します。**新しい価値体系は提示せず、既存の価値が持続している**のが普通です。ヒトラーやムッソリーニなどの指導者のリーダーシップが当てはまります。

	リーダーシップの特性論	リーダーシップの状況論
要点	リーダーの個人的資質を重視	リーダーを取り巻く状況を重視
概要	政治的リーダーに必要とされる資質や技能が何であるかという点に着目した議論	政治的リーダーシップは、リーダーと大衆との間の相互作用によって成立するとの前提で、リーダーシップが発揮される社会的状況（政治、経済、社会的要因）に着目した議論
論者	プラトン、N.マキャヴェリ、M.ウェーバー	R.シュミット
特徴	革命や戦争など社会の動乱期のリーダーシップの説明に適合的	制度や社会状況に拘束される現代の政治リーダーの説明に適合的

確認してみよう

① 政治的リーダーシップの各類型における指導者の例として、代表的リーダーシップでは毛沢東が、創造的リーダーシップではヒトラーが、投機的リーダーシップではレーニンが挙げられる。都Ⅰ 2002

4 (2) 参照 ×

ヒトラーは投機的リーダーシップ、毛沢東とレーニンは創造的リーダーシップに該当します。

5 国 家

(1) 国家の歴史

① 古代ギリシャのポリス（都市国家）

直接民主制の起源は古代ギリシャで採用されていた政治体制とされています。そこでは**民会**と呼ばれる**20歳以上の成人男性市民**が出席する集会において一人一票で議決がなされました。また、今日のような職業公務員は存在せず、行政（実務担当者）は**抽選で選出**されました。

② 古代と中世の「帝国」

古代ローマ帝国では、普遍的秩序が形成され、「普遍的妥当性を持つ法」、すなわち**自然法思想**が発達しました。自然法思想の確立には、ストア派のキケロ、セネカなどが貢献しました。中世の帝国では、政治権力の正当化原理としてキリスト教が採用され、「キリスト教共同体」という普遍的秩序が形成されました。この理論化に成功し、中世政治思想の体系化を行ったのが**トマス・アクィナス**です。

③ 絶対主義国家

ルネサンスや宗教改革によって、キリスト教中心の普遍的秩序が崩壊したことで、地域的に独立した主権国家が誕生しました。絶対主義国家は、❶**官僚制**（権力の運用を分業化した専門の行政官に任せる）、❷**常備軍**（封建契約による軍隊に換えて、常設の軍隊を置く）、❸**重商主義**（保護貿易などにより国家の富を増大）、❹**王権神授説**（支配権が神によって授けられたものだと正当化）という要素を持っています。

④ 近代市民国家

近代市民革命により、政治の実権は、ブルジョアジー（**「教養と財産のある市民」**）に移りました。市民は、**「安価な政府」**（チープガバメント）を望んだため、政府の活動が治安維持に限定され、立法府が権力の中心となりました（**立法国家**）。また、**「自由放任主義」**（**レッセフェール**）により、国家は経済活動に介入せず、自由な市場経済が重視されました。ただし、近代市民国家は、社会問題や都市問題の発生などに対処できないため、ドイツの社会主義者F.ラッサールにより**夜警国家**と批判されました。

⑤ 現代大衆国家

19世紀半ば以降先進国では大衆に政治参加の機会が与えられ、**普通選挙が実現**しました。大衆は政治に対して福祉の拡充を望んだため、**福祉国家**が確立しました。福祉国家とは国家の責務として福祉を実施する国家であり、**ワイマール憲法**（1919）や**ベヴァリッジ報告**（1942）を通じて発展していきました。また、福祉国家は、**「市場の失敗」**の反省から、金融政策や財政政策を通じて景気を調節する**ケインズ政策**を採用しました。このように現代では、福祉など政府の活動範囲が拡大し、立法府や司法府に対して行政府が強大化した国家が登場しました（**行政国家**）。

	近代市民国家	現代大衆国家
社会	市民社会（市民が政治の担い手）	大衆社会（大衆が政治の担い手）
経済	自由放任主義	ケインズ主義
政府	小さな政府	大きな政府
権力の中心	立法府（立法国家）	行政府（行政国家）
国家の実態	夜警国家（自由権の保障）	福祉国家（生存権の保障）

(2) 現代の国家論

① 一元的国家論

一元的国家論とは、近代国家が成立する過程で登場したもので、国家権力の絶対性・倫理的意義を強調する立場をいいます。T.ホッブズやJ.-J.ルソーらの社会契約論も中世的世界から解放されて国家の意義を強調した点で一元的国家論に含まれますが、特に代表的論者といえるのは、国家を「倫理的理念の現実態」として高く評価したドイツの哲学者**G.ヘーゲル**です。

② 階級国家論

階級国家論とは、主に**マルクス主義**の国家論として展開されたもので、国家は支配階級による被支配階級の抑圧という政治的機能を果たしているとするものです。したがって、共産主義革命によって階級対立が消滅すれば、**国家も消滅**するとされました。

③ 多元的国家論

多元的国家論は、夜警国家から福祉国家への転換期における国家権力の増大に対する危機意識から生じたもので、主として1910～20年代のイギリスで議論が展開されました。多元的国家論では国家と社会を区別し、国家は「**全体社会**」の中の集団（「部分社会」）の一つにすぎないとされました。また、国家の主権は、他の集団を統制するためのものにすぎず、主権の絶対性を否定しました（**主権の複数性**）。多元的国家論の論者として、**E.バーカー**や**R.M.マッキーヴァー**のほか**H.ラスキ**が挙げられます。特にラスキは、国家は、アソシエーションの一つにすぎず、その権力は常に抑制されているとし、国家権力を抑制する集団として、特に労働組合の役割に期待しました。

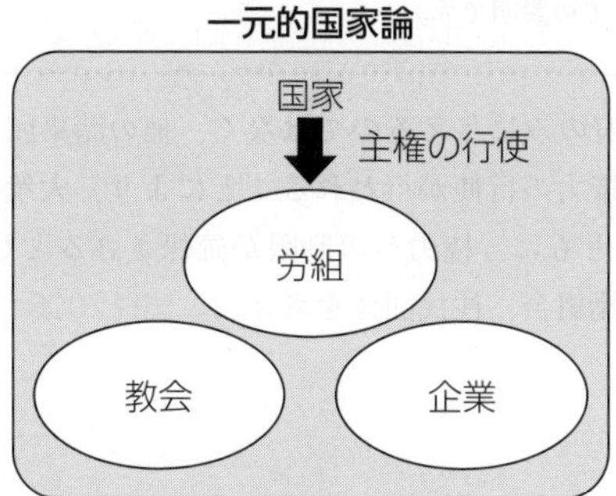

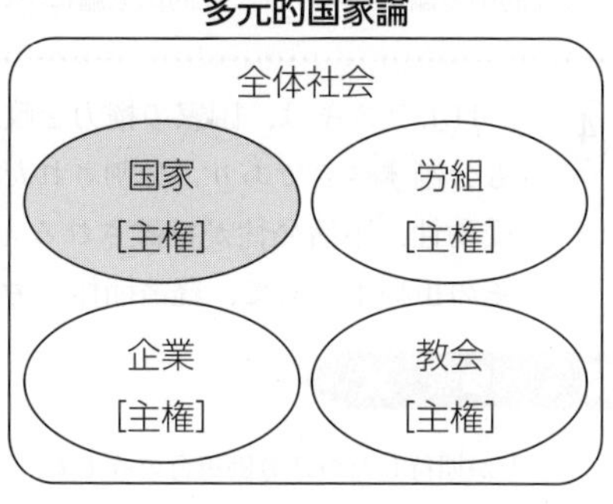

確認してみよう

① 直接民主制は、古代ローマの共和制を起源としており、そこでは、すべての成人が民会に出席して政策を決定するとともに、直接選挙により官職の選出をおこなっていた。都Ⅰ 2006

5 (1) ①参照 ×

直接民主制の起源は古代ギリシャであり、参政権は男性の成人に限定されていました。また、官職は抽選で選出されていました。

---

② 「夜警国家」とは、国家の機能を外敵の進入の防止や治安の維持などといった最小限のものに留めようとする国家観であり、近代市民社会の原理とは対極をなすものである。国税1998

5 (1) ④参照 ×

夜警国家は近代市民国家の原理を批判的に表現したものです。

---

③ 多元的国家論では、国家形成過程として、家々から村、村々から国という共同生活の自然的な発達過程を想定し、国家は他のすべての社会集団を包括した最高の共同体であるとされた。区Ⅰ2004

5 (2) 参照 ×

多元的国家論ではなく、一元的国家論についての説明です。

---

④ H.J.ラスキは、国家の権力を政府のみに与えるのではなく、他の諸集団にも分割すべきであり、分割された権力の行使が行われることにより、大衆の受動性、不活発性が打破されるとともに、権力への制限が確保されるとし、その担い手として、経済団体、労働組合、住民団体を考えた。国税2000

5 (2) ③参照 ×

ラスキが期待したのは労働組合のみです。

第1章 政治学概論

過去問にチャレンジ

問題1 **ラズウェルの権力論に関する記述として、妥当なのはどれか。**

★

区Ⅰ 2007

❶ ラズウェルは、権力は服従者に魅力あるものか、正当なものとみなされるようになって初めて安定的に存続しうるとし、象徴を巧みに使って情緒に訴えるミランダと信念に訴えて権力の合理化を図るクレデンダという概念を提示した。

❷ ラズウェルは、明確に関係概念に立って権力論を展開し、AとBとの間で「Aが命じなければしないであろうことをBにさせる程度において、AはBに対して権力を持つ」という形で定義し、権力の比較計量を試みた。

❸ ラズウェルは、人間は社会における種々の価値を所有又は追求しているが、ある人間が他の人間の持つ価値に対して、これを剝奪(はくだつ)する能力を有するとき、そこに権力関係が成立するとした。

❹ ラズウェルは、権力を実体概念とみる立場から、それを人間あるいは人間集団が保有する力としてとらえ、暴力の集中を権力の基盤とみなした。

❺ ラズウェルは、権力とは、ある社会関係の中において、抵抗を排除してでも自己の意志を貫徹しうる可能性を意味するとした。

【解答・解説】

正解 ❸

学者とその主張を入れ替えただけの問題です。確実に正答を狙っていきましょう。

❶ ×　「ミランダ」、「クレデンダ」というキーワードで、C.メリアムに関する記述とわかります。

❷ ×　「明確に関係概念に立って」、「権力の比較計量」という記述で、R.ダールに関する説明であるとわかります。

「AとBとの間で」という、ダールの権力の定義は頻出ですが、中身まで厳密に覚える必要はありません。この定義で誤りになるのは、中身をずらすのではなく、この選択肢のように他の人物が割り当てられているようなケースです。

❸ ○　「価値（大事なもの）を剝奪する能力」というのが、H.ラズウェルの権力論のポイントです。

❹ ×　「暴力の集中」というキーワードで、N.マキャヴェリに関する記述とわかります。

❺ ×　「抵抗を排除してでも自己の意志を貫徹」という記述で、M.ウェーバーによる権力の定義だとわかります。権力の定義としては最も有名なものなので、ポイントは覚えておきましょう。

問題2　**ダールの権力論に関する記述として、妥当なのはどれか。**

★

区Ⅰ2011

❶ ダールは、「権力とはある社会関係の中で抵抗を排してでも自己の意思を貫徹しうる可能性である」と定義するとともに、権力の本質は強制力にあり、強制力を持つ少数者が他者を服従させると主張した。

❷ ダールは、アメリカ社会を歴史的に分析した結果、権力の集中化の傾向を見出し、軍部、大企業経営者、政党幹部の三者に権力が集中し、相互に結びつきを強めパワー・エリートを形成していると主張した。

❸ ダールは、「さもなければBがしなかったような事柄をBに行わせる場合、その度合いに応じてAはBに対して権力を持つ」と定義し、権力を、それを行使する者と行使される者との間の相互関係においてとらえた。

❹ ダールは、権力行使の基盤となるものを権力基底と呼び、20世紀の社会的価値の多元化を背景に、富、知識、技能、尊敬、愛情など多様な能力や資質が権力行使の基盤になることを指摘した。

❺ ダールは、政治権力を「目標達成のために社会的資源を動員する能力」と定義し、政治権力が社会全体としてプラスの利益を生んでいるとする権力の非零和概念を提示した。

【解答・解説】

正解 ❸

これも、学者とその主張を入れ替えただけの問題です。確実に正答を狙っていきましょう。

❶ ×　「抵抗を排してでも自己の意思を貫徹」という記述で、M.ウェーバーによる権力の定義だとわかります。

❷ ×　「パワー・エリート」というキーワードで、C.W.ミルズに関する記述とわかります。

❸ ○　R.ダールの権力の定義については、その都度、多少の表現の違いはありますが、AとBの関係性で権力を定義していると覚えておきましょう。

❹ ×　ダールは権力を関係概念として捉えた学者ですから、「権力行使の基盤」に注目しているこの権力論は、少なくともダールのものでないことは判別できます。「価値」に注目していることから、これはH.ラズウェルの権力論に関する記述となります。

❺ ×　「権力の非零和概念」という記述で、T.パーソンズの権力論だとわかります。

権力論に関する記述として、妥当なのはどれか。

★

区Ⅰ 2005

❶ ラズウェルは、権力を二人の行為者の関係としてとらえ、明確な関係概念に立って権力論を展開し、権力の源泉、基盤、手段、範囲などで、行為者間の権力関係が変化していくことを量的に分析しようとした。

❷ ダールは、権力を行使している者が立脚している基盤を権力基底と呼び、軍隊の集中及び生産手段の所有が権力の基盤であるとした。

❸ パーソンズは、政治権力は服従者の利益を収奪することによって成立しているという権力観に立ち、政治権力が収奪したものと服従者が収奪されたものを差し引きすればゼロに落ち着くとする零和概念を唱えた。

❹ メリアムは、権力関係を安定させる手段として、理性に働きかけ権力の合理化を図るクレデンダと象徴を巧みに使って感情に働きかけるミランダとがあるとした。

❺ ミルズは、権力構造の多元性を唱え、多元的で参加の可能性が高く、権力が批判にさらされやすい政治体系をポリアーキーと呼んだ。

【解答・解説】

正解 ❹

学者とその主張を入れ替えただけの問題で、正解肢も基本的な内容になっています。解答は難しくないでしょう。

❶ ×　「明確な関係概念に立って」という記述で誤りとわかります。公務員試験の範囲では、**権力の関係説で出題されるのはR.ダールだけ**ですし、内容もダールの権力論の説明になっています。

❷ ×　権力基底に注目したのはH.ラズウェルです。また、「軍隊の集中」といえばN.マキャヴェリ、「生産手段の所有」といえばK.マルクスによる権力論になります。

❸ ×　「政治権力は服従者の利益を収奪することによって成立しているという権力観に立ち」という記述が誤りです。T.パーソンズは、このような権力観を「零和（ゼロサム）概念」と呼んで批判し、これとは異なる「非零和（ノンゼロサム）概念」という権力観を示しました。

❹ ○　誤った選択肢を作る際には、クレデンダは「理性」、ミランダは「感情」という対応を入れ替えるのが定番です。この組合せを忘れずに覚えておきましょう。

❺ ×　これはダールに関する記述です。C.W.ミルズは、「パワー・エリート」への権力集中を主張していますので、「権力構造の多元性」という記述で誤りとわかります。なお、「ポリアーキー」については、第2章第4節で扱います。

問題4 ★

権力論に関する記述として、妥当なのはどれか。

区Ⅰ2014

❶ ラスウェルは、政治権力の正当性がどのように獲得されるかについて、信念に訴えて権力の合理化を図る「クレデンダ」と、象徴を巧みに使って情緒に働きかける「ミランダ」があるとした。

❷ メリアムには、「権力と人間」の著作があり、人間は社会における種々の価値を所有若しくは追求しているが、ある人間が他の人間の持つ価値に対して、これを剥奪する能力を有するとき、そこに権力関係が成立するとした。

❸ ルークスは、アメリカの権力的地位にある人々の構成とその変化を分析し、第二次世界大戦後、軍幹部、大企業経営者、政治幹部の三者に権力が集中する傾向が進み、「パワー・エリート」を形成しているとした。

❹ フーコーには、「監獄の誕生」の著作があり、近代の権力は、実力や暴力のように目に見える形で行使されるよりは、権力作用を受ける者が自分で自分を規律するように仕向けるという形で、自動的に行使されるとした。

❺ バクラックは、本来であれば争点化するであろう問題が制度的に隠蔽(いんぺい)され、決定から排除された者の真の利害が表出されないどころか、当人に意識されることすらない形で行使される権力に注目し、「三次元的権力観」を提示した。

【解答・解説】

正解 ❹

これも、学者とその主張を入れ替えただけの問題です。ただし、ややマイナーな論者が出題されている分、前の問題よりは難しくなります。

❶ ×　「ミランダ」、「クレデンダ」というキーワードから、H.ラズウェル（ラスウェル）ではなくC.メリアムの権力論に関する記述だとわかります。

❷ ×　「価値」、「剥奪」という観点で権力を論じていることから、メリアムではなくラズウェルの権力論に関する記述とわかります。

❸ ×　「パワー・エリート」というキーワードから、S.ルークスではなくC.W.ミルズに関する記述であることがわかります。

❹ ○　『監獄の誕生』という著作や「権力作用を受ける者が自分で自分を規律する」という記述で、M.フーコーの権力論に関する記述とわかります。

❺ ×　「三次元的権力観」というキーワードから、ルークスの権力論だとわかります。

★

マックス・ウェーバーの支配の正当性の３類型に関する記述として、妥当なのはどれか。

区Ⅰ2004

❶ カリスマ的正当性は、支配者の持つ超自然的資質に対する帰依に服従の基礎を置いており、生産力も社会秩序も停滞的な社会でのみ見られる。

❷ 合法的正当性とは、支配が正当な手続を経て出来上がった法律に基づいて行われることから生じる正当性で、永続性を獲得することにより、血統的つながりのある子孫や身内に受け継がれる傾向を強く持っている。

❸ 合法的正当性では、実質的正当性が要されるので、法律としての体裁さえ整えば国家は何をしても自由だとする法律万能主義に陥る危険性はない。

❹ 伝統的正当性は、伝統や慣習、先例が重んじられる社会で見られ、古代より封建社会に至るまでの農耕社会を背景とする政治権力に一般的な正当性のあり方である。

❺ 伝統的正当性とは、支配者の命令が明示的かつ予測可能な一般的ルールに基づくために正当なものとみなされるもので、官僚制的な権力に最もよく適合する。

【解答・解説】

正解 ❹

基本的な論点ですが、学者とその主張を入れ替えただけではなく、それぞれの類型の特徴を理解していなければ正誤判断できないので、前の問題よりは難しくなります。

❶ ×　「生産力も社会秩序も停滞的な社会で**のみ**見られる」という記述が誤りです。カリスマ的正当性の要素を持つ支配は、**いつの時代にもどのような社会でも見られる**ものとされます。支配の正当性の３類型は、支配の最も特徴的な部分だけを単純化して取り出して描き出した分類であり、「**理念型**」（現実の支配はもっと複雑に入り交じっているが、理念としてだけあり得るような純粋なパターン）と呼ばれます。

❷ ×　「血統的つながりのある子孫や身内に受け継がれる傾向を強く持っている」という記述が誤りです。合法的正当性は、法律が根拠となっているため、手続に当てはまれば、**血縁の有無にかかわらず**得られる正当性です。

❸ ×　合法的正当性が必要とするのは、**形式的**な正当性のみです。内容としては（実質的には）問題のある法律でも、体裁さえ整えば正当性を持ちます。

補足

これは例えば、不適切な内容の校則でも、「校則で決まっていることだから」と言われてしまうと、従わざるを得ないのと似ています。そのため、合法的正当性は、法律としての体裁さえ整えば国家は何をしても自由だとする法律万能主義に陥る危険性があります。

❹ ○　ただし、先述のように伝統的正当性は古代より農耕社会に至るまでの**農耕社会だけでなく**、多かれ少なかれ、いつの時代の支配にも見られる正当性になります。

❺ ×　これは、「伝統的正当性」ではなく「合法的正当性」に関する記述です。「一般的なルール」、「官僚制的」という記述で判別できるようにしましょう。

問題6 ★ **政治的リーダーシップの類型に関する記述として、妥当なのはどれか。**

区Ⅰ 2017

❶ 伝統的リーダーシップは、指導者が慣習や伝統的形式に則って支配するが、身分によってその地位につくことはない。

❷ 代表的リーダーシップは、指導者が大衆の利益の代表者として自らの立場を確立するが、価値体系の安定している政治社会には成立しない。

❸ 制度的リーダーシップでは、指導者は大衆利益の充足という利益感覚の延長線上に課題を設定し、課題解決の方向は価値体系の全面的転換を企図する。

❹ 投機的リーダーシップでは、指導者は大衆の不満を充足させるため矛盾した公約を濫発するが、既存の価値体系そのものを変えようとはしない。

❺ 創造的リーダーシップでは、指導者は強力な理論体系やイデオロギーによって武装するが、価値体系の変革をめざさない。

【解答・解説】

正解 ❹

各リーダーシップ類型の特徴を覚えていないと解けない問題になっています。

❶ ✕　「身分によってその地位につくことはない」という記述が誤りです。このリーダーシップの４類型は、M.ウェーバーの支配の正当性の３類型と特徴が対応しています。「伝統的リーダーシップ」は「伝統的正当性」、「代表的（制度的）リーダーシップ」は「合法的正当性」、「創造的リーダーシップ」は（本物の）「カリスマ的正当性」、「投機的リーダーシップ」は（偽物の）「カリスマ的正当性」と捉えると覚えやすいでしょう。

❷ ✕　「価値体系の安定している政治社会には成立しない」という記述が誤りです。「伝統的リーダーシップ」と「代表的（制度的）リーダーシップ」は価値体系が安定している時期のリーダーシップ、「創造的リーダーシップ」と「投機的リーダーシップ」は価値体系が不安定な時期のリーダーシップになります。

❸ ✕　「課題解決の方向は価値体系の全面的転換を企図する」という記述が誤りです。「制度的リーダーシップ」は価値体系が安定している時期のリーダーシップですし、既存の制度に基づいたリーダーシップですので、価値体系を全面的に転換してしまうとリーダーシップの正当性を失ってしまいます。

❹ ○　「投機的リーダーシップ」は偽物のカリスマですので、価値体系を転換する力を持たないとされます。

❺ ✕　「価値体系の変革をめざさない」という記述が誤りです。「創造的リーダーシップ」は価値体系が不安定な時期に登場するため、それまでのやり方では問題を解決することが難しいとされます。そこで、明確なビジョンを示して価値体系を変革していく「本物の」カリスマとして、「創造的リーダーシップ」は描かれています。

政治的リーダーシップの類型に関する記述として、妥当なのはどれか。

★

区Ⅰ2020

❶ 創造的リーダーシップは、指導者が既存の生活様式とは別の新しいビジョンを提示し、価値体系の変革をめざすものであり、強力な理論体系によって武装されているのが普通である。

❷ 代表的リーダーシップは、指導者が大衆の同意に基づいて政治を行うべきとの建前で、大衆利益を代表するのが役割だとして行動するものであるが、価値体系の安定している政治社会では成立しない。

❸ 制度的リーダーシップとは、指導者が大衆の不満の強い時期に、その不満を充足させる解決方法を提示するものであり、矛盾した公約を乱発したり、戦争に不満のはけ口を求めたりするのがその例である。

❹ 投機的リーダーシップとは、指導者が大衆の利益の代表者として現れるので、本質的に保守的な性格を持つものであり、価値体系の安定している政治社会に成立する。

❺ 伝統的リーダーシップとは、身分によることなく、問題を解決することへの期待と能力に対する支持によって指導者の地位につき、慣習や伝統的形式にのっとって支配するものである。

【解答・解説】

正解 ❶

問題6を解いた後であれば、容易に解ける問題です。

❶ ○　「新しいビジョンを提示」、「価値体系の変革をめざす」、「強力な理論体系によって武装されている」という記述が創造的リーダーシップのポイントです。

❷ ×　「価値体系の安定している政治社会では成立しない」という記述が誤りです。代表的（制度的）リーダーシップは、価値体系が安定している時期のリーダーシップです。

❸ ×　「不満を充足させる解決方法を提示」、「矛盾した公約を乱発」、「戦争に不満のはけ口を求めたりする」のは、投機的リーダーシップです。

ヒント

この4類型では、投機的リーダーシップが一番の「悪役」ですので、否定的な言葉が出てきたら、このリーダーシップだと思ってください。

❹ ×　「価値体系の安定している政治社会に成立する」という記述が誤りです。「投機的リーダーシップ」は、価値体系が不安定な時期のリーダーシップです。

❺ ×　「身分によることなく、問題を解決することへの期待と能力に対する支持によって」という記述が誤りです。M.ウェーバーの支配の正当性の3類型でいうと、この記述はカリスマ的正当性に該当しますが、伝統的リーダーシップは伝統的正当性に該当しますので、個人的な能力ではなく、身分・慣習・伝統に基づいて指導者の地位に就きます。

問題8 ★★

ミルズのアメリカ社会におけるパワー・エリートに関する記述として、妥当なのはどれか。

区Ⅰ2004

❶ パワー・エリートは、軍事、経済、政治の３領域のトップエリートから成り立つ支配集団であり、３者の利害が一致し相互に結びつきを強め、国家の政策形成に最も重要な役割を果たしている。

❷ パワー・エリートは、特定の地域社会において、強い凝集性と連帯性を持った一群の企業家であり、その地域社会の政策決定を行っている。

❸ パワー・エリートは、世襲的起源を持つ身分制に基づくものではないため、構成メンバーの類似性や社会的あるいは心理的親近性によって支えられることは一切ない。

❹ パワー・エリートは、自己利益の擁護のために強力な影響力を行使する拒否権行使集団であるが、その影響力は特定の分野に限定されている。

❺ パワー・エリートは、単一の固定化した階級により構成されるのではないため、そのメンバーの結合は流動的である。

【解答・解説】

正解 ❶

細かい内容も出題されていますが、正解肢の❶は基本的な内容で文章も短いので、一本釣りで解くことは難しくないでしょう。

❶ ○　C.W.ミルズによれば、第二次世界大戦が終わると、かつては多元的だったアメリカの権力状況が変化し、軍事・経済・政治のトップ・エリート（軍幹部・大企業経営者・政治幹部）に権力が集中するようになりました。そして、この３領域のエリートたちは権力分立することなく、積極的に相互に結合することで一元的にアメリカ社会を支配しているとしています。

❷ ×　「特定の地域社会において」という記述で誤りとわかるようにしましょう。ミルズは、全国レベルのエリート支配について論じています。また、企業家に限定している部分で除外することもできるでしょう。

❸ ×　「構成メンバーの」以降の記述が明らかに誤りです。むしろ、出身階層や生活環境に類似性があることから３領域のエリートは結びつきやすいとしています。

ヒント

ともあれ、内容以前の文章形式として、「一切ない」と書かれていたら間違いの可能性が高いと思ってください。ものごとには例外があるのが普通ですので、「一切ない」と言い切るのは難しいです。

❹ ×　「特定の分野に限定されている」という記述で誤りとわかるようにしましょう。パワー・エリートは、支配的地位にいるエリート集団であり、影響力を持つ分野は限定されていません。

❺ ×　❸の解説でも述べたように、３領域のエリートの出身階層や生活環境には類似性があります。そのため、「単一」は言いすぎだとしても、「固定化した階級により構成される」ことは否定できませんし、そのメンバーの結合は「流動的」というよりも「固定的」です。

問題9 多元的国家論に関する記述として、妥当なのはどれか。

★

区Ⅰ2017

❶ 多元的国家論は、国家が個人や社会集団よりも上位に位置する最高の存在であり、国家は絶対的な主権を有するもので、個人の自由を抑制するとした。

❷ 多元的国家論は、主権は一元的、絶対的なものではなく、多元的、相対的なものであり、ドイツのヘーゲルらによって主張された。

❸ 多元的国家論は、社会を調整するという機能ゆえに国家の絶対的優位性を認め、国家が集団を抑制し、国家へ権力を集中させるとした。

❹ 多元的国家論は、市民社会における特殊を媒介しながら、人倫的一体性を回復する存在が国家であるとし、イギリスのラスキやアメリカのマッキーヴァーらによって主張された。

❺ 多元的国家論は、政治的多元主義とも呼ばれ、国家の絶対的優位性は認めず、国家は宗教的、経済的、職能的な集団と並列的に存在する一集団にすぎないとされた。

【解答・解説】

正解 ❺

一元的国家論の特徴との入れ替えで誤りにしている問題です。❹はやや難しいですが、それ以外はすぐに気づけるようにしたいです。

❶ × これは一元的国家論に関する記述です。「国家が…最高の存在」、「国家は絶対的な主権を有する」という記述で判別できます。

❷ × 前半は妥当ですが、ドイツのG.ヘーゲルは一元的国家論の代表的な論者です。

❸ × これも一元的国家論に関する記述です。「国家の絶対的優位性を認め」、「国家へ権力を集中」という記述で判別できます。

❹ × イギリスのH.ラスキやアメリカのR.M.マッキーヴァーは多元的国家論の代表的な論者ですが、前半は一元的国家論に関する記述になっています。「一体性」という言葉が「多元的」とは対照的な意味を持つことから、誤りと気づけるようにしたいです。

ヒント

なお、「人倫」というのはヘーゲルの重要キーワードの一つですから、教養択一の思想対策でヘーゲルを学習していれば、その部分でも間違いであることはわかるでしょう。

❺ ○ 「国家の絶対的優位性は**認めず**」、「国家は…並列的に存在する一集団にすぎない」という記述が、多元的国家論の特徴を示しています。

問題10 権力に関する次の記述のうち、妥当なのはどれか。

★★

国般2005

❶ N.マキァヴェリは、被支配者に意識されることなく行使される権力もあるとする黙示的権力論を展開し、その著書『監獄の誕生－監視と処罰』の中で、近代の権力が、必ずしも物理的な強制力によらず、被支配者が自分で自分を規律させるようしむける形で行使されることを示した。

❷ I.カントは、人間は本来自律的に秩序を形成する能力を欠く存在であるという人間観に立ち、国家を維持し、その秩序を保つためには国家による物理的強制力（武力や暴力）の独占が必要だとした。このような考え方は権力国家観と呼ばれる。

❸ H.ラスウェルは、警察や軍隊などによる物理的強制力こそが権力の資源だとする権力の実体的概念を否定し、権力は資本家と労働者との階級的関係の中で発生するものだとする権力の関係的概念を確立した。

❹ R.ダールによれば、Aの働きかけがなければBは行わないであろうことを、AがBに行わせる限りにおいて、AはBに対して権力を持つという。

❺ S.ルークスは、多元主義的権力概念とは区別される新たな権力概念を提示し、それを三次元的権力概念と位置付けた。その特徴は、本人に意識させないまま人々の認識や思考まで形成するような権力を否定し、権力をあくまで観察可能な経験的事象としてとらえたことにある。

【解答・解説】

正解 ❹

❷のI.カントは、政治学の枠で出題されることは少ない人物ですので、消去法で解くのは難しいです。しかし、正解肢の❹は基本的な内容で文章も短いので、一本釣りで解くことは難しくないでしょう。

❶ ✕　これは、M.フーコーの権力論に関する記述です。それが判別できなかったとしても、「必ずしも物理的な強制力によらず」という記述を見れば、少なくともN.マキャヴェリ（マキァヴェリ）ではないことはわかるはずです。

❷ ✕　「国家を維持し」以降は、マキャヴェリの権力論に関する記述です。カントは、「人間は本来自律的に秩序を形成する能力を**持っている**存在」と考えています。

ヒント

これは発展的な内容ですが、「自律」はカントの重要キーワードの一つですから、教養択一の思想対策でカントを学習していれば、間違いであることはわかるでしょう。

❸ ✕　「権力の実体概念を否定し」という記述で、間違いだと気づけるようにしましょう。公務員試験の範囲内で、権力の関係的概念の論者として出題されるのはR.ダールだけです。また、「資本家と労働者との階級的関係」といえばK.マルクスの主張ですから（第４章第３節で扱います）、こちらで誤りと気づくこともできます。

❹ ○　このように、ダールの権力の定義は頻出です。

❺ ✕　「否定し」以降が誤りです。逆に、S.ルークスのいう三次元的権力が「本人に意識させないまま人々の認識や思考まで形成するような権力」です。したがって、権力を観察可能な経験的事象として捉えていません。

問題11 ★★ **権力、政治的リーダーシップに関する次の記述のうち、妥当なのはどれか。**

国般2009

❶ 権力の実体概念とは、権力を人間又は人間集団が保有する何らかの力としてとらえる考え方であり、この立場の代表者として、暴力（軍隊）の集中を権力の基盤とみなしたN.マキャヴェリ、富（生産手段）の所有が権力の基盤であるとしたK.マルクスなどが挙げられる。他方、富や技能や知識等の権力の基盤は多様であるとしたH.D.ラズウェルは、権力の実体概念を否定し、権力の関係概念を提唱した。

❷ R.ダールは、「AがBに対して、Bが本来やりたくない何かをさせることができる時、AはBに対して権力を有する」とし、権力に関して権力を行使する者の存在だけでなく、その権力に服従する者の反応を重視し、権力を双方の関係からとらえた。彼は、このような考え方を、権力の零和概念と名付けた。

❸ M.フーコーは、自ら考案した「パノプティコン（一望監視装置）」という集団監視施設を例に挙げ、規律権力は、監視と指導を通じて人々に正しい行為の規範を内面化させ、自発的に規律正しい振る舞いができる人間を作ることを目指すものであるとした。彼は、このように、権力をその行使者と服従者との二者間関係として明確にとらえることを重要視した。

❹ 政治的リーダーに求められる資質に関して、プラトンは、政治の目標である「善のイデア」を認識し、政治の技能として「高貴な嘘」を駆使できる哲人王が政治的リーダーになるべきだとし、N.マキャヴェリは、国民を十分に操作し得る「狐の知恵」と国民を畏服させ得る「ライオンの見せかけ」とを兼ね備えた君主が国家の政治に当たる必要性を説いた。

❺ R.シュミットは、政治的リーダーシップを、創造的リーダーシップと代表的リーダーシップに区分した。そのうち創造的リーダーシップは危機的状況に際してこれまでの価値体系そのものの変革を図ることによりリーダーシップを獲得するものであり、代表的リーダーシップは大衆の不満を一挙に充足させる解決方法を提示するものであり、全く矛盾する公約の濫発やスケープゴートの創出等を行うことによりリーダーシップを獲得するものである。

【解答・解説】

正解 ❹

それぞれの選択肢の文章は長いですが、正誤のポイントは難しくないので、国家一般職の中では解きやすい問題といえます。

❶ ×　H.ラズウェルは、権力の実体概念の提唱者とされます。

❷ ×　「権力の零和概念」で誤りとわかるようにしましょう。権力観を零和概念と非零和概念に分けたうえで、前者を否定し後者の立場を採ったのはT.パーソンズです。

❸ ×　「権力をその行使者と服従者との二者間関係として明確にとらえることを重要視した」という記述で誤りとわかるようにしましょう。M.フーコーは、個別具体的に指揮命令する者がいなくても、自発的な服従が成り立つ構造を論じています。また、「パノプティコン」という集団監視施設を考案したのは18～19世紀に活躍したJ.ベンサムですから、ここで誤りと気づくこともできます。20世紀に活躍したフーコーは、その権力論の中でパノプティコンを引き合いに出しました。

❹ ○　これは、リーダーの個人的特性に注目したリーダーシップの特性論となります。

❺ ×　「大衆の不満を」以降は、高畠通敏が分類した「投機的リーダーシップ」に関する記述です。

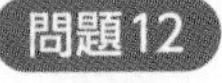

政治学上の概念に関する次の記述のうち、妥当なのはどれか。

★★

国税2008

❶ 権力のとらえ方の一つに、権力を実体概念としてとらえる見方があり、例えばN.マキャヴェッリやK.マルクスの説が分類される。これは、権力の実体は、権力者と服従者の相互関係の中で生じるとする考え方である。

❷ 「夜警国家」という国家観があるが、F.ラッサールによると、夜警国家とは国防と治安維持を主たる役割とし、そのために必要となる軍事力・警察力を維持拡大する目的から、行政府が経済を強力に統制して効率的な経済発展を目指す富国強兵政策を採る国家のことをいう。

❸ 一定地域における絶対的排他的統治権を示す「国家主権」は、古代より現代に至るまで、国家が当然に保持しているものとする共通理解が確立されていた。そして、この当然に存在するとされた国家主権の源泉をめぐる議論が、国家主権に関する学説を発展させた。

❹ 支配の安定のためには支配権力の正当性が必要とされるが、M.ウェーバーによって分類された支配の三類型のうち、「合法的支配」とは、形式的に正しい手続によって明示的に定められた制定規則による支配をいう。ただし、ウェーバーの「合法的支配」は、支配や規則の内容に対する価値判断を行っていないという点で批判がある。

❺ 政治エリートの分析に際して、C.W.ミルズは、軍部と巨大軍事産業が相互の利益を追求するために癒着した連合体である「軍産複合体」の存在を指摘し、この連合体の影響力が増大すると、最終的には軍事クーデターにより軍事独裁政権が誕生することになると警告した。

【解答・解説】

正解 ❹

❸はまだ扱っていない内容で判別は難しいですが、正解肢の❹は基本的な内容ですので、一本釣りで解くことは難しくないでしょう。

❶ ×　「権力者と服従者の間の**相互関係**」に注目して権力を論じるのは、権力の「実体概念」ではなく「関係概念」です。権力観は「実体概念」、「関係概念」に対比されているわけですから、実体概念の説明の中に「関係」という言葉が出てきたら怪しいと思ってください。

❷ ×　「行政府が経済を強力に統制」という記述が明確に誤りです。むしろ夜警国家は、国家機能を国防と治安維持に限定し、経済領域は自由放任とする国家観です。

❸ ×　「主権」は、J.ボダンが16世紀に確立した概念です（詳しくは、第4章第1節で扱います）。そのため、「『国家主権』は、**古代より**現代に至るまで、国家が当然に保持しているものとする共通理解が確立されていた」というのは、誤りとなります。

❹ ○　M.ウェーバーの支配の3類型は、いずれも形式的・手続的な正当性のみを論じており、内容的・実質的な正当性を扱っていないという批判もあります。

❺ ×　C.W.ミルズのいうパワー・エリートは、政治・経済・軍事それぞれのトップエリートの複合体ですから、「軍部と巨大軍事産業」だけだと「政治」が抜けています。また、最終的に「軍事」が突出するという議論でもありませんから、いずれにせよミルズの学説に関する記述とはいえません。

第2章

政治体制と政治制度

各国政治制度
議　会
選挙制度
政治体制の類型

1 各国政治制度

学習のポイント

・イギリスに代表される議院内閣制とアメリカに代表される大統領制が特に重要です。議院内閣制と大統領制の違いについては踏み込んで本質的な理解をしておきましょう。

・その他の国々については頻度はそれほど高くありませんが、出題論点に偏りがあるため、最低限のところだけでも押さえておきましょう。

1 議院内閣制と大統領制

(1) 議院内閣制の特徴

議院内閣制は、**立法府と行政府の連携を重視した制度**です。

① 議会による行政府の首長の選出

行政府の首長である首相と内閣は**議会により、原則として議員の中から選出**されます（国民により直接選出されるのではなく、**立法府により間接的に選出**）。

② 首相と内閣は議会に責任を負う

首相および内閣は**議会の信任**に依存しており、**議会による不信任投票**により退陣を迫られます。議会によって選ばれているので議会に対して責任を負い、議会の不信任で退陣となるわけです。このように、内閣が議会に対して責任を負う制度を**責任内閣制**といいます。また、首相は**議会を解散する権限**を有します。

③ 内閣の合議制

内閣における首相の地位にはさまざまなタイプがありますが、常に集団的に政策決定を行う**合議制**が採用されています。

(2) 議院内閣制の長所と短所

① 迅速かつ効率的な立法

内閣が法案提出権を有するため、**内閣提出法案が大半**を占め、その成立率が極めて高いです。

② 議会による不信任投票

議会による不信任投票で首相を辞任させることが可能なため、選挙民の信を失った政治指導者を辞めさせることが容易です。他方、複数の小政党が連立内閣により政府を構成する場合、議会制は不安定なものとなり、政権の頻繁な交代が生じる可能性があるという問題点もあります。

(3) 大統領制の特徴

大統領制は、**立法府と行政府の分立を重視した制度**です。

① 国民による直接選出

行政府の首長である大統領は**国民により直接選挙で選ばれ**、大統領は議会から独立した固有の民主的正統性を有します。

② 憲法による任期規定

大統領の**任期は憲法で明記**されており固定的で、**議会は大統領の不信任決議権を有しません**。他方、議会の任期も固定的で、**大統領は議会を解散する権限を有しません**。

③ 独任の長

大統領は**独任の長**です。行政府の首長である大統領は、独任で権限を行使する非集団的な行政府のシステムとなっています。

④ 立法府と行政府の分立

大統領や長官などの**行政府の成員は、議員と兼任できません**。また、**大統領は法案提出権を有しません**。

(4) 大統領制の長所と短所

① 行政府の安定性

大統領は議会内の政治的影響力に関係なく、任期中に権能を安定的に行使できます。

② 民主的正統性

国民による直接選出は、議会制において首相が議会で選出されるのに比べてより民主的です。

③ 厳格な権力分立

権力の専制から個人の自由を守るのに適合的ですが、大統領の政党と議会多数派の政党が一致しない場合、政権運営が困難になる可能性があります。

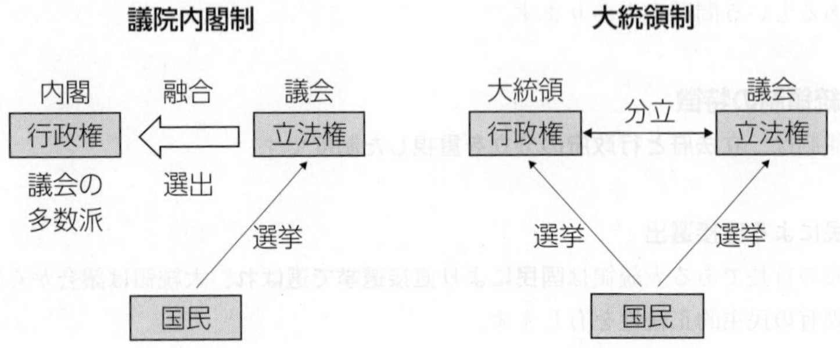

確認してみよう

① 議院内閣制は、内閣の存在が議会の意思によって定められる制度であり、議会の信任がある限り内閣がその地位にとどまることができるとする、議会優位の思想に基づく政治形態である。都Ⅰ 2002

1 (1) 参照 ○

逆に、議会の信任がなくなれば内閣の地位は失われるという点で、民意の変化を反映しやすい政治形態ともいえます。

② アメリカの大統領は、各省の長官を連邦議会議員以外から任命し、各省の長官は大統領に対して責任を負い連邦議会に対しては責任を負わない。区Ⅰ 2006

1 (3) 参照 ○

長官は大統領により選出されるため（議会により選出されていないため）、大統領に対して責任を負います。

2 イギリスの政治

⑴ 政治体制

イギリスは国王を元首とする立憲君主制で、**議院内閣制**の母国とされます。また、イギリス憲法はさまざまな慣習や法律の集合体であり、統一された憲法典が存在しない**不文憲法**（不成典憲法）の国でもあります。

⑵ 国家元首

国王は国家元首として、議会の招集・解散、法律の制定・公布などの権限を持ちますが、**「君臨すれども統治せず」**の原則のもとで、行政権は内閣、立法権は議会、司法権は裁判所に委ねられています。

⑶ 行 政

内閣が行政府の最高機関であり、首相は**下院第一党の党首が国王によって任命されます**。大臣は**閣内大臣**と**閣外大臣**に分かれていますが、どちらも首相の提案に基づいて議員の中から国王が任命します。内閣は下院に対して連帯して責任を負います。

⑷ 立 法

上院（**貴族院**）と下院（**庶民院**）からなる**二院制**が採られています。上院は**貴族と勅任の議員**から構成され、任期はなく終身で解散もありません。1998年以来上院改革が続けられる中で世襲貴族議員は大幅に削減されています。下院は**小選挙区選挙**により選出され、任期は５年です。

イギリスでは下院優位の原則が議会法で成文化されており、予算など重要法案は下院を通過すれば国王の裁可を得て成立します。また、内閣に対する不信任決議は下院のみなすことができます。

⑸ 司 法

かつてイギリス国内の最高裁は上院でしたが、**2009年に独立の最高裁が誕生しました**。イギリスは「議会主権」ともいわれるように議会の権限が強固で、議会が唯一絶対の立法機関とされているため、司法機関に**違憲立法審査権はありません**。

⑹ 政　党

19世紀は保守党と自由党、20世紀後半からは保守党と労働党の**二大政党制**です。ただし、二大政党以外にも自民党のような有力政党や地域政党が存在します。

二大政党による円滑な政権交代と実現するため、**野党第一党**が「**影の内閣**」を組織することが**法制度で規定されています**。

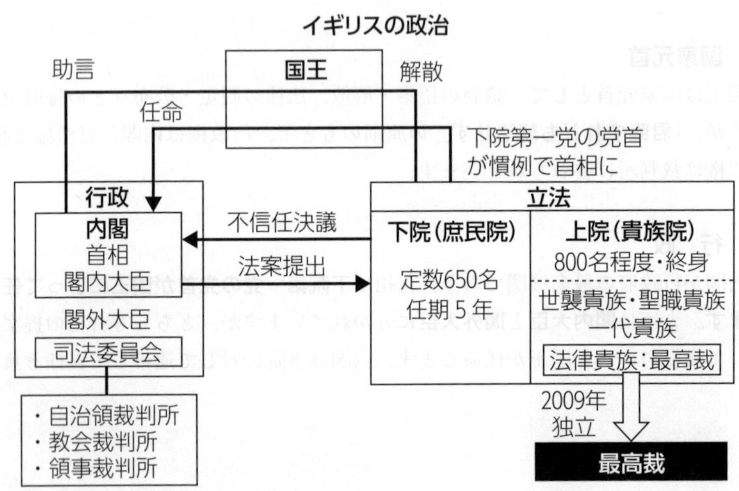

◆イギリスと日本の議院内閣制の比較

	イギリス	日本
首相の選出	慣例により、下院の第一党の党首が首相に任命	国会で指名選挙（第一党の党首とは限らない）
内閣の構成	大臣はすべて**議員**	大臣の**過半数は議員**（民間人も可）
国会	共通点：**下院の優越**	
	上院（貴族院）：**非公選**	上院（参議院）：選挙区と比例代表制
	下院（庶民院）：小選挙区	下院（衆議院）：小選挙区比例代表並立制
裁判所の審査	違憲立法審査権**なし**	違憲立法審査権**あり**（憲法で明記）
憲法	不文憲法	成文憲法
影の内閣	法制度で規定あり	法制度での規定なし

確認してみよう

①　イギリス議会においては、成立する法律のうち議員提出法案が約９割を占める。このような議員提出法案が多いのは、議員は法案提出により業績を上げなければ、次回選挙において党の公認を外されたり、政府や政党内における昇進の道が絶たれたりする可能性があるからだといわれている。国般2004

1、2 参照 ×

イギリスでは大半は内閣提出法案です。また、法案提出が議員の業績として重要な意味を持つのはアメリカの特徴です。

②　英国では議院内閣制において、内閣の存立は議会の信任に基づいているため、上院（貴族院）が内閣不信任を決議した場合、内閣は上院を解散するか、総辞職しなければならない。このように議会の不信任により内閣が総辞職する慣習が始まったのは、18世紀のディズレーリ内閣の時からとされている。国税・財務2018

2 (4) 参照 ×

まず、「上院（貴族院）が内閣不信任を決議」という点が誤りです。不信任決議が可能なのは下院（庶民院）のみです。また、「上院を解散」という点も誤りです。上院は非公選であり、解散はありません。さらに（これは細かい知識なので覚える必要はありませんが）、「ディズレーリ」という点も誤りです。内閣が議会の信任を必要とするという慣習は18世紀のウォルポール内閣からで、ディズレーリは19世紀の政治家です。

③　閣僚は、閣外大臣と閣内大臣とに分かれ、閣外大臣は、影の内閣をつくり閣内大臣に協力する。都Ⅰ2007

2 (6) 参照 ×

「影の内閣」は野党が組織するものです。

④　イギリスでは、野党は「影の内閣」を組織し、与党の政策の代替案を用意する。政権交代時にこの「影の内閣」の構成や政策内容を継続するため、野党党首は重要な政策課題については首相や官僚と情報を共有化し、俸給が支

給されるなどその地位が確立されている。我が国でも、イギリス型の「影の内閣」を制度化するために内閣法が改正された。国般2004

2 参照 ×

イギリスの「影の内閣」の説明は妥当ですが、日本では制度化されていません。

3 アメリカの政治

⑴ 政治体制

アメリカは**大統領制**を採用し、大統領に強力な権限を付与していますが、**連邦制**（地域的権力分立）と**厳格な三権分立**により、徹底した権力分立を行っています。

⑵ 元 首

大統領は国家元首であるとともに、行政府の責任者として国民に直接責任を負っています。任期は４年で、憲法により三選は禁止されています。有権者は大統領を直接選挙するのではなく、大統領選挙人を選出することで大統領を選出します（**間接選挙**）が、**実質的には直接選挙**であるとされています。

⑶ 行 政

大統領が行政府の最高機関であり、大統領が単独で行政権を有する独任制が採られています。大統領は上院の同意を経たうえで各省長官を任命し、政府を形成します。各省長官は議会ではなく大統領に対して責任を負います。

大統領は**法案提出権を有しませんが**、議会に「**教書**」を送って立法措置を促すことができます。

⑷ 立 法

上院（**元老院**）と下院（**代議院**）からなる**二院制**で、**議員だけが法案提出権を有します**。いずれも小選挙区で選出され、解散はありません。上院は２年ごとに３分の１が改選されます。このうち、上院は**各州２名**ずつ選出され、**州代表**という位置づけです（上院議長は**副大統領が兼任**します）。下院は、各州に**人口比例**で議席が配分され、**国民全体の代表**という位置づけとなります。上院と下院は、**立法については対等**ですが、上院には**条約批准承認権**と**高級官僚任命同意権**があり、下院には**予算先議権**があります。

大統領は**法案の拒否権**を有していますが、上下両院それぞれで、出席議員の**3分の2以上の特別多数で再可決**すると、拒否を乗り越えて**法案は成立**します(オーバーライド)。

⑸ 司 法

連邦司法部門は、連邦最高裁、連邦控訴裁、連邦地方裁判所から構成されています。裁判所は**判例によって**確立した**違憲立法審査権を有します**。

⑹ 政 党

共和党と民主党が**二大政党制**を形成しています。二党以外にも政党は存在するものの、連邦議会に議席を有するのは共和党と民主党だけです。

補足

大統領は不信任されることがないので、その任期を全うするのが原則です。ただし、大統領がその職務中に重大な罪を犯すなどした場合は、下院によって構成される訴追委員会によって弾劾を是とする決議がなされると、上院は大統領の弾劾裁判を開始します。そして、この裁判で有罪判決が出ると、大統領は失職します。しかし、弾劾裁判は過去に３例ありますが（トランプ大統領など）、有罪判決が出て失職した例は一度もありません。

アメリカの政治

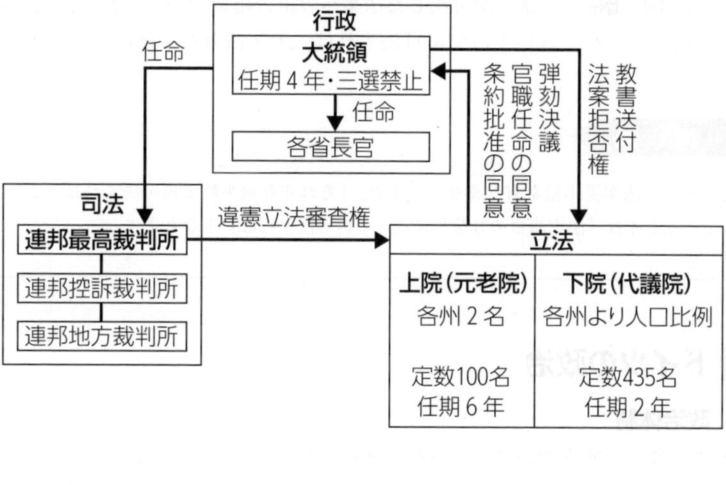

確認してみよう

① 我が国のような議院内閣制を採らないアメリカ合衆国でも、連邦政府の閣僚（各省長官）は大統領に対する助言を行い、結果として政府の決定に際し連邦議会に対する連帯責任を負う。また、憲法の規定により、閣僚は連邦議会の議員を兼ねることができない。国般2005

3 (3) 参照 ×

各省長官は大統領に対して責任を負い、議会に対しては責任を負いません。

② アメリカ合衆国の大統領には立法権はないが、連邦議会を通過した法案に対する拒否権があるため拒否権が発動されると、その時点で法案が廃案となる。また、大統領による拒否権発動の対象となった法案は、その大統領の任期中には再提出できない。国般2005

3 (4) 参照 ×

拒否権が発動されても、議会が３分の２以上で再可決すれば法案は成立します。

③ 米国の大統領制において、行政府の長である大統領は、立法府の議員とは別に国民が選んだ選挙人によって選出される。また大統領は、議会に対する法案提出権や、議会が可決した法案への拒否権を持つ。ただし、議会の上下両院がそれぞれ過半数で再可決すれば、大統領の拒否権は覆される。国税・財務2018

3 (4) 参照 ×

大統領は、法案提出権を有しません。また、「それぞれ過半数で再可決すれば」という点も誤りで、正しくは「出席議員の３分の２以上で再可決すれば」となります。

4 ドイツの政治

(1) 政治体制

ドイツは州の独立性が高く、各州がそれぞれ司法・立法・行政の各機関を持つ**連邦制**を採用しています。また、大統領が存在しますが、実質的な行政権は内閣が行使し、内閣は議会の信任を必要とする点で**議院内閣制**に位置づけられます。

(2) 元 首

大統領が国家元首であり、連邦議会議員などからなる連邦会議によって選出されますが、実質的な権限はほとんどなく、**象徴的存在**です。

(3) 行 政

連邦政府は連邦大統領と内閣によって構成されます。連邦首相は連邦大統領の提議に基づいて連邦議会が選出し、連邦大統領によって任命されます。

(4) 立 法

上院（連邦参議院）と下院（連邦議会）の**二院制**です。連邦参議院は州政府が任命した代表によって構成されるもので、州代表の機関としての性格を持ちます。連邦議会は国民の直接選挙によって選出されます。一般的な立法事項に関しては連邦議会が優位しており先議権がありますが、州の権限などに関わる法案の場合には連邦参議院の同意が不可欠となっています。

(5) 司 法

裁判所は分野別に設置されており、各分野の最高裁とは別に違憲審査を担当する**連邦憲法裁判所**が設置されています。

(6) 政 党

ワイマール期のドイツは小党分裂と不安定な連立政権が続いてきましたが、戦後のドイツは「**穏健な多党制**」のもとで、安定した連立政権を形成してきました。

ドイツの政治機構

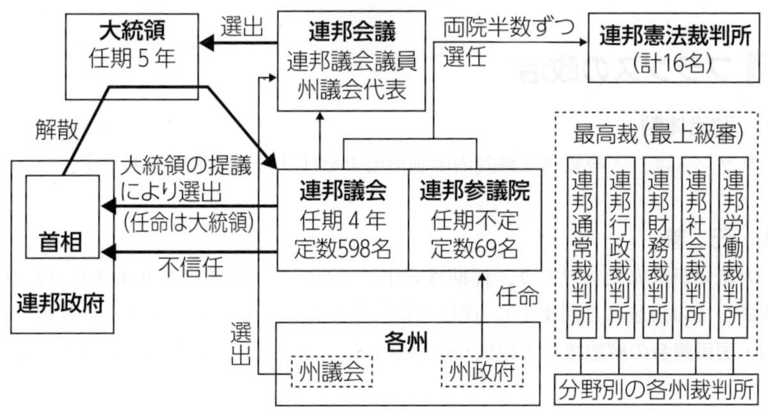

確認してみよう

① 　ドイツ議会は、上院、すなわち連邦議会と、下院、すなわち州の代表から成る連邦参議院の二院で構成されている。法案はまず連邦参議院で審議される。法案の審議過程は、二読会制を採っており、形式的な第1読会と委員会において法案審議を行う第2読会とで構成されている。第2読会では、イギリスに類似した与野党対決型討論が行われる。国般2004

4 (4) 参照 ✕

ドイツの上院は州の代表からなる連邦参議院であり、法案はまず下院である連邦議会で審議されます。

② 　ドイツの議会は二院制で、国民の直接選挙で選出された議員で構成される下院（国民議会）と各州政府任命の議員で構成される上院（連邦参議院）がある。大統領は国民の直接選挙により選出され、国家元首・行政府の長・軍の司令官であり、閣僚の任命、閣議の主催、国民議会の解散などの権限をもち、重要事項について直接国民投票に付すことができる。国般2004

4 (2)、(4) 参照 ✕

ドイツの大統領は州議会の代表と連邦議会議員とによって選出される間接選挙です。大統領は儀礼的な役割が中心であり、行政の実権は首相が握っています。また、「国民議会」はフランスの下院の名称です。

5 フランスの政治

(1) 政治体制

フランスは、大統領制と議院内閣制の要素を併せ持つ**半大統領制**です。

(2) 元　首

大統領が国家元首であり、任期は5年、当選回数に制限はありません（ただし、連続しての当選は2回まで）。国民の直接選挙によって選出されます。首相の任免権・**国民議会の解散権**など幅広い権限を有し、フランス政治制度の要の存在です。

⑶ 行　政

大統領は首相と閣僚を任命し、閣議を主宰します。首相および大臣は国民議会議員との兼職が禁止されています。

また、大統領は議会多数派の政党から首相を任命せざるを得ないため、例えば大統領が保守政党、首相が革新政党という政権が誕生する場合があり、**コアビタシオン**（**保革共存政権**）と呼ばれます。

⑷ 立　法

上院（**元老院**）と下院（**国民議会**）の**二院制**です。国民議会は小選挙区制によって直接選出されますが、元老院は県選出代議士・県議会議員・市町村議員などによって構成される選挙人団から選出されます。国民議会は**内閣の不信任決議権を有します**。

⑸ 司　法

司法裁判所と行政裁判所が厳格に分離しており、行政裁判は行政権の一部となっています。また、憲法裁判所として憲法評議院が設置されており、違憲立法審査を行っています。

⑹ 政　党

第３共和政以来、多数の政党が離合集散を繰り返しており、多党制が特徴です。近年は、保守・右派の国民運動連合と革新の社会党の二極の構造になっていましたが、2017年の下院選挙でその構図が変わり、中道の共和国前進が過半数を占めています。

フランスの政治機構

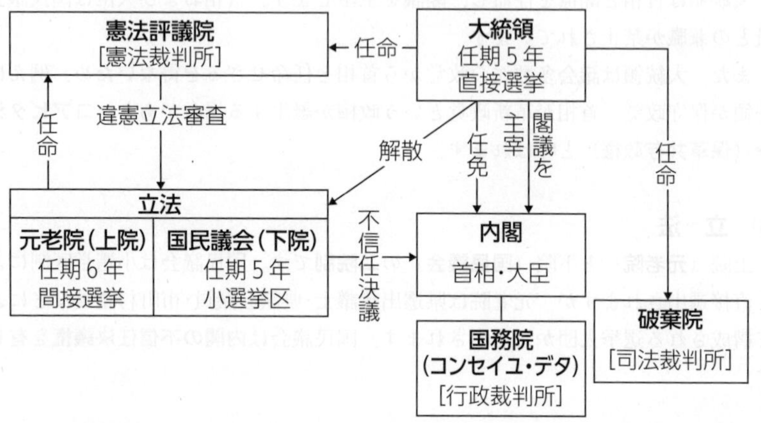

確認してみよう

① フランスは、大統領制を導入している。国家元首である大統領は、軍最高司令官でもあり強力な権限が与えられている。大統領は、立法機関である議会の上院と下院の議員による選挙で選出され、大統領の任期は５年、再選は憲法で禁止されている。国般1999教

5 (2) 参照 ×

フランスの大統領は国民の直接選挙で選出されます。また、当選回数に制限はなく、再選は可能です（連続しての当選は２回まで）。

② フランスの第五共和制は、議会の信任に基づく首相がいる一方で、国民により直接選挙で選ばれる大統領が憲法上一定程度の行政権力を有するため、半大統領制であるといわれる。首相の任免権は議会が有しているため、首相と大統領の所属する党派が異なるコアビタシオンが起こり得るが、第五共和制となってからこれまでにコアビタシオンは発生していない。国税・財務2018

5 (2)、(4) 参照 ×

まず、「首相の任免権は議会が有している」という点が誤りです。首相の任免権は大統領が

有しています。また、現在の第五共和制となってから、これまでに3回コアビタシオン（保革共存政権）が発生しています。

6 イタリアの政治

⑴ 政治体制

イタリアの国家元首は大統領であり、任期7年、国会議員と州代表（各州3名）の会議で選出されます。ただし、行政運営は内閣が担当しており、議院内閣制に位置づけられます。

⑵ 議 会

上下両院の二院制で構成されています。イタリアでは多様な政治勢力が存在するため、それを正確に反映させるために、比例代表制を中心に活用してきました。現在は上下両院ともに小選挙区比例代表並立制で選出されます。

	上院	下院
定数	315人	630人
選出	小選挙区比例代表並立制	

⑶ 政 党

共産党からネオ・ファシズム政党までイデオロギー的距離の大きい7～8の政党が常時存在してきたため、単独過半数を確保できる党がなく、「分極的な多党制」と評されてきました。しかし、1990年代に政党再編が進み、現在は中道右派連合と中道左派連合の二極対立となり、実質的な二大政党化が進んでいます。

確認してみよう

① 大統領と首相が共に存在する国の中には、いずれか一方が執政長官とは呼べないケースがある。例えば、ドイツの大統領は国家元首として儀礼的な役割を果たすにすぎないので、ドイツは実質的には首相を執政長官とする議院内閣制といえる。他方、イタリアの首相は大統領によって任意に任命、解任される立場にすぎないので、イタリアは実質的には大統領を執政長官とする大統領制といえる。国般2010

6 (1) 参照　×

ドイツと同様に、イタリアも実質的に議院内閣制の国です。イタリアの大統領は、首班指名権、議会解散権を有するなど政治的難局を打開する重要な役割を担っていますが、国家元首としての象徴的側面のほうが強く、中央行政の中核を担っているのは内閣です。

7 韓国の政治

⑴ 政治体制

韓国の国家元首は大統領であり、任期５年・再選禁止、国民の直接選挙によって選出される大統領制を採用しています。韓国の大統領制はアメリカと異なり、行政府は議会に法案および予算案を提出できます。また、アメリカと同様に大統領は拒否権を有します。

⑵ 議　会

韓国の議会は**一院制**（定数300名）であり、任期４年、小選挙区比例代表並立制によって選出されます。

⑶ 政　党

北朝鮮との対峙という状況で革新政党が育たず、保守・中道政党の「地域対立」を軸とした政党対立軸が展開してきました。

国民の力	共に民主党
慶尚道地域を地盤とし、朴正熙大統領以降の保守系の流れを汲む政党	金大中大統領を中心とする民主化運動の流れを汲む進歩系の政党

確認してみよう

① 韓国の議会は二院制で上院と下院からなっている。大統領は国家元首であるが、その権限は法令の公布や外交使節の接受などの形式的なものに限定されている。内閣は国務総理（首相）と国務委員（閣僚）からなり、国務総理は議会の同意を得て大統領が任命する。議会が内閣の不信任決議をした場

合、内閣は総辞職するか議会を解散しなければならない。国般2004

7 (2) 参照 ×

韓国は一院制です。また、韓国の「不信任決議」（解任建議）には法的拘束力はなく、政治的圧力としてのみ機能します。

8 中国の政治

中国は、**人民民主主義**と**民主集中制**を政治制度として採用しています。すなわち、権力は人民にありますが、人民の利益は前衛党である共産党が代表しています。したがって、制度上は立法を担う**全国人民代表大会（全人代）**が最高機関ですが、実権は共産党にあります。このため、全人代の選出に人民は直接参加しません（**間接選挙**）。共産党はあらゆる組織へ指導を行い（党政不分）、三権分立も否定されています（議行一致）。

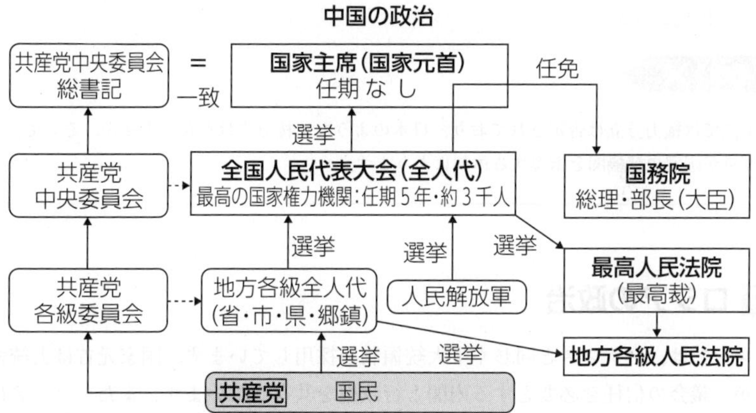

確認してみよう

① 中華人民共和国は、プロレタリアート（労働者階級）独裁の考え方に基づいて民主的権力集中制をとっている。共産党が指導政党とされ、国家権力の最高機関として中国共産党全国代表大会（全代会）のもとに、行政機関である国務院と司法機関の最高人民法院が置かれている。国般1999教

8 参照 ×

中国は実質的に中国共産党に支配されていますが、形式としては中国の最高機関は、全国人民代表大会（全人代）です。

② 中国では、人民が国家権力を行使する機関として全国人民代表大会および地方の各級人民代表大会の２つがある。法律の制定は、法的には最高権力機関と規定されている全国人民代表大会により行われており、その代表は省・自治区などのすべての選挙民による直接選挙により選出される。国般2002

8 参照 ×

中国の全人代の議員は間接選挙によって選出されます。

③ 中国では、中華人民共和国憲法の規定により、行政権、立法権、司法権はそれぞれ国務院、全国人民代表大会、人民法院に属するとされている。また、中国共産党は、国家の諸機関の指導を受けて活動を行うこととされている。国税2013

8 参照 ×

中国では権力分立は否定されており、日本のような三権分立は存在しません。そして、中国共産党が国家の諸機関を指導する体制にあります。

9 ロシアの政治

ロシアは、フランスと同じく半大統領制を採用しています。国家元首は大統領ですが、議会の信任を必要とする内閣と行政権を共有しています。また、ロシアは連邦制であり、上院は連邦構成主体の代表から構成されています。

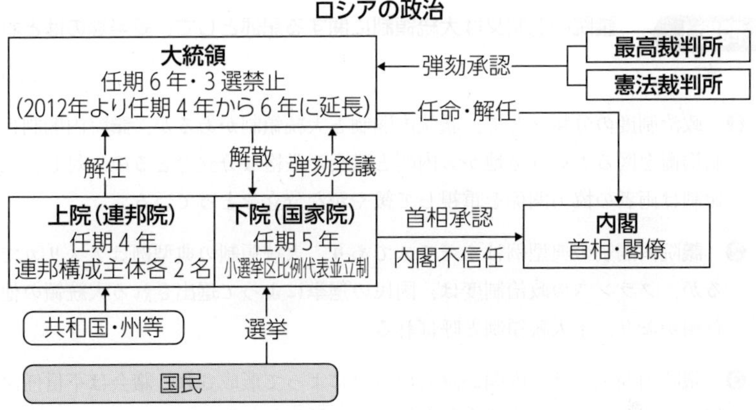
ロシアの政治
大統領
任期６年・３選禁止
(2012年より任期４年から６年に延長)
弾劾承認
最高裁判所
憲法裁判所
任命・解任
解任
解散
弾劾発議
上院(連邦院)
任期４年
連邦構成主体各２名
下院(国家院)
任期５年
小選挙区比例代表並立制
首相承認
内閣不信任
内閣
首相・閣僚
共和国・州等
選挙
国民

第２章 政治体制と政治制度

過去問にチャレンジ

問題1　**議院内閣制又は大統領制に関する記述として、妥当なのはどれか。**

★

区Ⅰ2018

❶　政治制度の分類として、議院内閣制と大統領制があるが、議院内閣制は抑制均衡を図るという見地から内閣と議会が厳格な分立をとるのに対し、大統領制は両者の協力関係を重視して緩やかな分立をとっている。

❷　議院内閣制の典型例はイギリスであり、大統領制の典型例はアメリカであるが、フランスの政治制度は、国民の選挙によって選出される大統領の他に首相がおり、半大統領制と呼ばれる。

❸　議院内閣制では、内閣が議会の意思によって形成され、議会は不信任決議権で内閣をチェックする権限を持ち、大統領制をとるアメリカでは、大統領が議会を解散する権限を持っていることが特徴である。

❹　議院内閣制では、法案の提出権は議員及び内閣に認められているが、大統領制をとるアメリカでは、大統領は議会に法案を提出することはできず、議会を通過した法案に対する拒否権も認められていない。

❺　日本は、イギリスに近い議院内閣制であり、日本、イギリスともに国務大臣は過半数を国会議員から選べばよいが、イギリスでは下院の第一党の党首が慣例的に首相に任命されるという相違点もある。

【解答・解説】

正解 ❷

基本的な論点が並んだ易問ですので、確実に正答したいところです。

❶ × 逆に、議院内閣制は行政を担当する内閣と議会は緩やかに分立しているのに対して、大統領制は行政を担当する大統領と議会は厳格に分立しています。

❷ ○ 半大統領制の国としては他に、ロシアも覚えておきましょう。

❸ × 大統領制のもとでは、大統領は議会を解散する権限を持ちません。

❹ × 大統領制のもとでは、大統領は議会に法案を提出できませんが、議会を通過した法案に対する拒否権は認められています。

❺ × 日本では国務大臣は**過半数**を国会議員から選べばよいですが、イギリスでは国務大臣**全員**を国会議員から選ばなければなりません。

問題２ ★

イギリスの政治制度に関する記述として、妥当なのはどれか。

区Ⅰ2013

❶ 議会は上下両院で構成され、両院の議員はいずれも小選挙区制による国民の直接選挙で選ばれる。

❷ イギリスには成文憲法はないが、議会における下院優位については議会法で成文化されている。

❸ 首相は、議会の指名選挙によって下院議員の中から選出され、国王により任命される。

❹ 大臣には閣内大臣と閣外大臣とがあり、内閣を構成する閣内大臣は、その過半数が国会議員でなければならないと法律で定められている。

❺ イギリスの責任内閣制は、ウォルポール首相が国王の信任を失った時に、下院の信任にも関わらず辞職したことを起源とする。

【解答・解説】　　正解 ❷

これも基本的な論点が並んだ易問ですので、確実に正答したいところです。

❶ ✕　下院（庶民院）の議員は小選挙区による国民の直接選挙で選ばれますが、上院（貴族院）の議員は「貴族」という身分に基づいており、選挙では選ばれていません。

❷ ○　1911年に制定された議会法により、上院（貴族院）の権限が縮小されて、下院（庶民院）の優位が法的に明確になりました。

❸ ✕　イギリスには首相の指名選挙はありません。慣例に従って、下院第一党の党首が、国王により首相に任命されます。

❹ ✕　閣内大臣も閣外大臣も、**すべて国会議員である必要**があります。

❺ ✕　イギリスの責任内閣制は、国王はウォルポール首相を信任していたにもかかわらず、下院の信任を失ったために辞職したことを起源としています。責任内閣制とは、内閣が議会に対して責任を持つ制度ですので、国王ではなく下院の信任が必要となります。

問題3　アメリカの大統領制に関する記述として、妥当なのはどれか。

★

区Ⅰ2014

❶　大統領は、議会の解散権を有するが、議会も大統領に対する不信任決議権を有しており、大統領と議会の均衡が維持されている。

❷　大統領は、議会が可決した法案に対して拒否権を行使することができ、拒否権を行使した場合、その法案が法律として成立することは一切ない。

❸　大統領は、議会に法案を提出することはできないが、議会に教書を送り、必要な立法措置を勧告することができる。

❹　大統領は、国家元首の地位と行政部の首長の役割を兼ね、議会の議員から選出されるため、議会に対して責任を負う。

❺　大統領は、任期が４年であり、伝統に基づく慣行によって３選が禁止されているが、憲法上の禁止事項ではない。

【解答・解説】

正解 ❸

これも基本的な論点が並んだ易問ですので、確実に正答したいところです。

❶ ×　大統領は議会の解散権を持ちませんし、議会も大統領に対する不信任決議権を持ちません。

❷ ×　大統領が拒否権を行使した場合でも、その後に上院と下院の両方で、それぞれ出席議員の３分の２以上の賛成で再可決すれば、大統領の拒否権を乗り越えて法律として成立させること（オーバーライド）ができます。

❸ ○　ただし、教書の内容を実際に受け入れるかどうかは議会の判断に委ねられます。

❹ ×　**大統領と議員の兼職は認められません**ので、大統領になるためには議員を辞めなければなりません。また、大統領は議会によってではなく国民によって選出されていますので、大統領は自分を選んでくれた国民に対して責任を負います。

❺ ×　大統領の３選は、かつては初代大統領G.ワシントン以来の伝統に基づく**慣行**による禁止事項でしたが、1951年にアメリカ合衆国憲法修正第22条が成立したことにより、現在は**憲法上**の禁止事項になっています。

問題4 ★ アメリカの政治制度に関する記述として、妥当なのはどれか。

区Ⅰ2020

❶ 合衆国憲法は、「本憲法によって各州に委任されず、また連邦政府に対して禁止されなかった権限は、連邦政府に留保される」としており、連邦政府の権限は極めて強いものとなっている。

❷ 大統領は、連邦議会を通過した法案に対して拒否権を行使することができるが、上院のみで３分の２以上の多数で再可決されれば、その法案は法律として成立する。

❸ 大統領は、連邦議会を解散する権限を持つ一方、連邦議会は、大統領を弾劾することができるが、不信任決議で解任することはできない。

❹ 連邦議会の上院議員は、各州から２名ずつ選出され、任期は６年であるが、その３分の１が２年ごとに改選され、上院は、条約批准同意権と官吏任命同意権を有している。

❺ 連邦議会の下院議員は、各州の人口に比例して選出され、任期は２年であり、下院の議長は、副大統領が兼ねる。

【解答・解説】

正解 ❹

❶だけ難易度が高いですが、正解の❹は文章が短く、紛らわしい内容もありませんので、一本釣りで選びたいところです。

❶ ×　実際は逆で、合衆国憲法修正第10条は、「本憲法によって**連邦政府**に委任されず、また**州**に対して禁止されなかった権限は、**各々の州**または**国民**に留保される」となっています。つまり、あくまで各々の州や国民が主役であり、例外的に憲法で挙げられたもののみが連邦政府の権限になるという論理です。これは細かい知識ですが、そのようなことは知らなくても、連邦制国家は州を主役とした**分権的**な制度だということを知っていれば、「連邦政府の権限は**極めて強い**」というのは間違っていると推測できるでしょう。

❷ ×　大統領が拒否権を行使した場合、その後に**上院と下院の両方**で、それぞれ出席議員の３分の２以上の賛成で再可決すれば、法律として成立させることができます。

❸ ×　大統領は、連邦議会を解散する権限を持っていません。

❹ ○　上院議員は、50州それぞれ２人ずつで合計100人選出されます。

❺ ×　副大統領は、「下院」ではなく「上院」の議長を兼任します。

問題5 各国の政治制度に関する記述として、妥当なのはどれか。

★

区Ｉ2011

❶ アメリカでは、厳格な三権分立制が採用されていることから、大統領は議会への法案提出権がない代わりに、「教書」の形で政策上必要な立法措置を議会に要請する勧告機能を有する。

❷ イギリスでは、成文憲法が不在であり、議会は上下両院で構成されているが、下院は終身の非民選議員からなっており、今日では実質的な権限は有しておらず、実質的な権限を有しているのは上院である。

❸ 日本は、イギリス型に近い議院内閣制であり、内閣総理大臣は国会の議決で国会議員の中から指名され、裁判所にはイギリスと同じく違憲立法審査権が与えられている。

❹ フランスでは、アメリカと同様に大統領制であるが、大統領は首相と閣僚の任命権と元老院の解散権を持ち、元老院には内閣不信任権があるので、アメリカほど徹底した大統領制ではなく、「半大統領制」などともいわれる。

❺ ドイツでは、実質的な指導者としての強力な権限を持つ大統領がおり、大統領には首相の任命権と議会の解散権が与えられていて、首相の仕事の大部分は形式的かつ象徴的なものとなっている。

【解答・解説】

正解 ❶

❹は議会の正式名称を知らなければならない点でやや細かいですが、正解の❶は文章が短く、紛らわしい内容もありませんので、一本釣りで選びたいところです。

❶ ○　アメリカの連邦議会では、法案提出権を有するのは連邦議員だけです。

❷ ×　上院と下院の特徴が逆になっています。

❸ ×　イギリスの裁判所には、違憲立法審査権がありません。これは、2009年まで上院内部の組織が最高裁判所の機能を担っており、同じ立法府に存在するため議会の行動をチェックできなかったからです。2009年に、上院とは独立した組織として最高裁判所が設置されてその機能が移管されましたが、違憲立法審査権がないことは変わっていません。

❹ ×　「元老院」（上院）を「国民議会」（下院）に入れ替えると、妥当な記述となります。このように、単に「上院」、「下院」ではなく「元老院」、「国民議会」のように正式名称で出題されることもありますので、アメリカ・イギリス・フランス・ドイツの議会については、正式名称も覚えておくとよいでしょう。

❺ ×　ドイツの行政の**実質的な長は首相で、大統領は象徴的な存在**です。ただし、首相の任命と下院の解散を行うのは、**形式上**は大統領の職務となっています。

問題6　各国の政治制度に関する記述として、妥当なのはどれか。

★

区Ⅰ 2016

❶ アメリカでは、厳格な三権分立制にたって、三権の抑制と均衡を図っており、大統領は、連邦議会に対して法案を提出することはできないが、連邦議会の立法に対する拒否権及び連邦議会を解散する権限を持っている。

❷ イギリスでは、成文の憲法典は存在していないが、議院内閣制をとっており、内閣の最高責任者である首相は、国家元首である国王が庶民院の第一党の党首を任命するという慣行になっている。

❸ フランスでは、大統領に強大な権限が付与されており、大統領は、国民議会の解散権を持つが、議院内閣制の要素も加味されており、首相と閣僚の任免権は国民議会が持つ。

❹ ドイツでは、連邦大統領は国家を代表する元首であり、国民の直接選挙により選出されるが、連邦首相は、連邦大統領の提案に基づき、連邦議会により選挙され、連邦大統領によって任命される。

❺ 中国では、立法権を行使する最高の国家権力機関は、全国人民代表大会であるが、民主集中制はとっておらず、行政は国務院、裁判は最高人民法院が担い、三権分立制をとっている。

【解答・解説】

正解 ❷

全体的に基本的な論点が並んだ易問ですので、確実に正答したいところです。

❶ ×　アメリカの大統領は、連邦議会を解散する権限を持っていません。

❷ ○　イギリスは成文の憲法典を持たないことから、慣行に基づいて成立している制度が多いです。

❸ ×　フランスの大統領は、首相と閣僚の任免権も持っています。ただし、議会の同意も必要とするため、大統領と対立する政党が議会の多数派になると、大統領の意に反して、対立する政党の党首を首相に据えざるを得なくなるケース（コアビタシオン）があります。

❹ ×　連邦大統領は国家元首ですが、国民の直接選挙ではなく連邦会議によって選出されます。また、首相には連邦議会（下院）で過半数の票を獲得した者が選出され、連邦大統領によって任命される仕組みになっています。

❺ ×　中国では、立法機関である全国人民代表大会に権限が集中していて、三権分立制ではなく民主集中制を採っています。

問題7 ★★

アメリカ合衆国の政治制度に関する次の記述のうち、妥当なのはどれか。

国税2001

❶ 大統領は、各州の選挙人によって選挙され、その選挙人は一般有権者の投票によって選ばれるため、形式的には間接選挙であるが、実質的には一般投票による直接選挙とかわらない。なお、大統領の任期は４年間で、憲法上は三選まで可能である。

❷ 大統領の下には、国務長官を始め多くの閣僚がおり、その全体は内閣（Cabinet）と呼ばれているが、閣僚には連帯責任はなく、個々に大統領に対して下僚として責任を負う。閣僚が連邦議会議員を兼ねることはできないが、厳格な三権分立の例外として、内閣の法案提出権が認められている。

❸ 連邦議会は、上院と下院とで構成され、いずれも各州を選挙区とし人口に比例した定数が定められている。法案提出権は、両院とも同様に有しているが、下院は条約及び公務員任命の同意権を有している点で上院に優越している。

❹ 大統領は、連邦議会を解散する権限を有しないが、連邦議会は、大統領を弾劾する権限を有している。しかし、実際には、連邦議会は、党派的利害に基づく弾劾権の行使は慎んでおり、大統領弾劾のための訴追がなされた例はない。

❺ 連邦最高裁判所の判事は大統領が任命する。アメリカ合衆国憲法には、違憲立法審査権に関する明文の規定はないが、多くの政治的対立が憲法解釈をめぐって生じ、最終的に連邦最高裁判所の違憲・合憲の判断により解決されてきた。

【解答・解説】

正解 ❺

❹・❺はやや細かい内容ですが、国家系の試験ではこのレベルまで出題されることもありますので、覚えておきましょう。

❶ ×　1951年に成立した合衆国憲法修正第22条では、「何人も、２回を超えて大統領の職に選出されてはならない」とされ、大統領の３選は禁止されています。

❷ ×　連邦議会に法案を提出できるのは連邦議会議員だけで、大統領も内閣も法案提出権を認められていません。

❸ ×　下院議員の定数は各州の人口に比例して配分されていますが、上院議員は州の代表として、人口に関わりなく各州に２名ずつ配分されています。また、条約批准同意権と高級公務員任命同意権を有しているのは上院です。代わりに、下院には予算先議権と弾劾訴追権が与えられています。

なお、上下両院は、法律を制定する権限では対等であり、下院優越の原則は採用していません。

❹ ×　大統領弾劾のための訴追は、1868年のA.ジョンソン大統領、1998年のクリントン大統領、2019年のトランプ大統領の３例あります。ただし、いずれの例でも、上院が担当する弾劾裁判で罷免されるまでには至りませんでした。

❺ ○　アメリカ合衆国憲法には、違憲立法審査権の明文規定はありませんが、1803年の「マーベリー対マディソン事件」の判決が判例法として定着して、裁判所に違憲立法審査権があるとされています。このように、**違憲立法審査権が判例に基づく**点で、**憲法で明文規定**されている日本とは違うということも覚えておきましょう。

問題8 各国の議会に関する次の記述のうち、妥当なのはどれか。

★★

国般2016

❶ 米国の議会は、任期6年の上院と任期2年の下院から成る。上下両院とも議長は現職の議員から選出されるが、通常はそれぞれの院で多数を占める政党の有力議員が選ばれるため、両院議長の所属政党が異なる場合もある。

❷ 英国の議会は、貴族議員によって構成される貴族院と有権者の直接選挙で選出された議員によって構成される庶民院から成る。庶民院での首相指名選挙によって選ばれた者が国王から首相に任命される一方、貴族院は最高裁判所としての機能を有している。

❸ ドイツの議会は、州議会の議員による間接選挙で選出された各州6名の議員によって構成される連邦参議院と、有権者の直接選挙によって選出された議員によって構成される連邦議会から成る。連邦参議院は州の権限・予算に関する法案にのみ議決権を持つが、その他の法案についても意見を表明することができる。

❹ フランスの議会は、有権者の直接選挙によって選出された議員によって構成される国民議会（下院）と、国民議会議員や地方議員らによる間接選挙で選出された議員によって構成される元老院（上院）から成る。両院の議決が一致しない場合、法案が両院間を往復することとなるが、最後には、政府が求めれば国民議会が最終的議決を行う権限を持つ。

❺ 韓国の議会は、有権者の直接選挙によって選出された議員によって構成される下院と、第一級行政区画を単位として地方議員による間接選挙で選出された議員によって構成される上院から成る。上院には解散はないが、その権限は下院の議決に対して意見を表明することにとどまる。

【解答・解説】

正解 ❹

❸の内容が細かいですが、この機会に覚えておきましょう。

❶ ×　「上下両院とも議長は現職の議員」という記述が誤りで、米国の上院議長は副大統領が兼任しています。大統領制を採用する米国では権力分立が徹底していることから、原則的に行政府と立法府の兼任が認められていませんが、例外的に副大統領と上院議長の兼任は認められています。

❷ ×　まず「首相指名選挙」という記述が誤りで、英国では首相の指名選挙は存在せず、庶民院で第一党となった政党の党首が慣例で任命されます。また、2009年に貴族院から最高裁判所の機能が独立したので、文末も誤りとなります。

❸ ×　「州議会の議員による間接選挙」という記述が誤りで、連邦参議院の議員を選ぶための選挙は直接・間接ともにありません。州の意見を代表する連邦参議院では、州政府から派遣された代表（州の首相や閣僚など）が議員として活動します。

❹ ○　フランスの上院議員は間接選挙で選出されることから、立法に関しては国民の直接選挙で選出される下院議員の決定が優越します。

❺ ×　韓国は一院制ですから、上院と下院の区別はありません。また、韓国の議会には解散の仕組みはありません。

問題9 ★★

執政制度と法案提出に関する次の記述のうち、妥当なのはどれか。

国般2012

❶ 議院内閣制は、議会の多数派が内閣を組織する制度である。議院内閣制においては、内閣は、議会の多数派によっていつでも総辞職に追い込まれる可能性を持つことから、議会との融合を図る必要があり、議院内閣制を採用する英国では、大多数の幹部公務員は政治任用されるとともに、議員との調整を行う役割を担っている。

❷ 大統領制は、原則として、国民による直接選挙によって大統領が選出され、大統領によって各省長官が任命される制度である。大統領制においては、議会と大統領が独立して牽制しあうことが基本となっているが、大統領制を採用する米国では、憲法において、各省長官の半数を連邦議会議員が占めることと定められている。

❸ 議院内閣制を採用している英国では、内閣提出法案も議員提出法案も認められているが、成立率は内閣提出法案のほうが高い状況にある。議会本会議においても、法案を作成している官僚が前面に立って、答弁を行うことが基本である。

❹ 議院内閣制を採用している日本では、憲法において、国会は「唯一の立法機関」と定められていることから、国会による立法以外の実質的意味の立法は、憲法の特別の定めがある場合を除いて許されないという、国会中心立法の原則が採られている。このため、国会において承認の議決を得た場合に限り、内閣は法案を提出することができる。

❺ 大統領制を採用している米国では、大統領に議会への法案提出権はなく、法案は全て連邦議会議員が提出することになっている。一方、法案提出権を持たない大統領には、議会に教書を送付して立法を促す勧告権と、議会で可決した法案の成立を拒む拒否権が与えられている。

【解答・解説】

正解 ❺

❶・❸の内容が細かいですが、この機会に覚えておきましょう。

❶ ×　原則的に、英国の幹部公務員は、政治任用（政治家の裁量による任用）ではなく、資格任用（能力試験による任用）となっています。例えば日本でも、行政機関の最上位を占める大臣や副大臣などは政治任用ですが、事務次官以下、ほとんどの幹部公務員は公務員試験を受験して採用された者が占めています。

❷ ×　大統領制を採る米国では、行政を担当する各省長官と、立法を担当する議員は**兼任できません**。つまり、「各省長官の半数を連邦議会議員が占めること」はできないこととなります。

❸ ×　「官僚が前面に立って、答弁を行う」という記述が誤りです。英国では、官僚が議会で答弁することはなく、大臣がすべての答弁に責任を持つという「大臣責任の原則」が慣行として定着しています。

❹ ×　日本の内閣には法案提出権が認められており、国会の承認がなくても議会に法案を提出することができます。

❺ ○　実務上、大統領が知り合いの議員に依頼して代わりに法案を提出してもらうことはできますが、形式的には法案を提出するのはすべて連邦議会議員です。

問題10 ★★

権力分立に関する次の記述のうち、妥当なのはどれか。

国般2006

❶ 英国では、憲法の規定により、首相は、指名選挙によって下院（庶民院）が指名し、国王が任命する。また、首相は閣僚を選任するが、首相は「同輩中の第一人者」として内閣を率いるとされ、各閣僚が、それぞれ所掌事項を分担し、議会に対して責任を負う。

❷ 英国では、議員が閣僚となる場合、議員を辞職しなければならない。これにより、立法権と行政権の融合が抑制されるが、内閣提出法案が修正されたり、廃案となったりすることも多い。このため、法案審議において活発な党首討論が行われるような制度が設けられている。

❸ アメリカ合衆国では、大統領と議会（上下両院）が対立した場合、議会は自らを解散し、選挙で国民の審判を仰ぐことにより、大統領の辞職を求めることができる。選挙の結果、大統領を不適格とする議員が上下両院それぞれにおいて過半数を占めた場合、大統領は辞職しなければならない。

❹ アメリカ合衆国では、議会に法案を提出できるのは上下両院それぞれの議員であり、大統領は、教書の送付によって立法を促すことができる。また、議会を通過した法案に大統領が拒否権を発動した場合、上下両院それぞれにおいて３分の２以上の多数で再議決すれば、法案は成立する。

❺ フランスでは、大統領は、憲法の規定により、自分と同じ党派に属する者を首相に任命しなければならないため、大統領と首相の政治的基盤が異なることはない。また、下院（国民議会）において首相に対する不信任決議が成立した場合、首相は下院を解散する権限を有する。

【解答・解説】

正解 ❹

❺はやや細かめの論点ですが、全体的には基本論点が多く、得点したい問題です。

❶ ×　イギリスでは、**憲法の規定ではなく慣例により**、首相は、**指命選挙による選出ではなく**、下院選挙で過半数の議席を獲得した政党の党首が就任します。また、首相は省庁の再編や人事などについて閣議を経ずにトップダウンで行うことができるなど、強い権限を持っています。

❷ ×　議院内閣制の英国では、議員を辞職したら閣僚になる資格を失います。**閣僚のすべてが国会議員から選出**されなければならないからです（特に首相と大蔵大臣については慣習上必ず下院議員から選出されることになっています）。また、議院内閣制のもとでは、議会の多数派によって内閣が構成されますから、内閣の意見と議会の多数派の意見はほぼ同一となるため、内閣提出法案が修正されたり廃案になったりすることはまれです。

❸ ×　大統領制のアメリカでは、三権分立の理念が厳格に採用されているため、議会における自己解散を通じた辞職要求はもちろん、大統領による解散権や大統領に対する不信任決議権などはありません。

❹ ○　法案が議会を通過した後、大統領がサインをすることで正式に法案が成立しますが、サインを拒否するとそこで手続が終わります（拒否権の行使）。しかしその後に、上下両院それぞれで、出席議員の３分の２以上の多数で再議決すれば、今度は大統領のサインは必要とせず、法案は成立します。

❺ ×　まず、下院を解散する権限を有するのは**大統領**です。また、フランスの憲法に、大統領は「自分と同じ党派に属する者を首相に任命しなければならない」という規定はありません。議院内閣制では議会の多数派で内閣が構成されますが、大統領制・半大統領制では大統領と議会がそれぞれ**別枠で**国民から直接選挙で選出されますので、選挙のタイミングによっては、大統領が所属している政党と議会の多数政党が異なる可能性もあります。そして、下院は内閣不信任権を有しているため、大統領に対立する政党が議会多数派の場合、大統領が属する政党から首相を選べず、対立する政党から首相を選ばざるを得なくなる「コアビタシオン」が生じます。

問題11 ★★★

権力分立に関する次の記述のうち、妥当なのはどれか。

国般2003

❶ 権力分立は、権力相互の抑制と均衡によって権力の暴走を防御しようとする考え方であり、政治制度の設計に大きな影響を与えた。モンテスキューは、いかなる権力も必然的に濫用されるという認識に立って、立法、行政、司法の三権の分立という原理を初めて定式化したが、ここでは「権力への自由」と称される自由主義の考え方が中心に据えられている。

❷ 議院内閣制は、代表制に最も忠実な立法府に行政府より優越した地位を認め、その上で抑制均衡を図ろうとするものである。我が国では、内閣は議会に対して責任を負う責任内閣制となっており、衆議院に内閣に対する不信任決議権が与えられる一方、内閣には衆議院の解散権が与えられている。

❸ 権力分立の原則を徹底したのが大統領制である。アメリカ合衆国の大統領制では、立法・司法・行政の厳格な三権分立を前提にしており、連邦議会の議員と大統領は国民から直接選ばれ、立法府と行政府は相互に独立している。大統領制は、議会により選ばれた首相が内閣を組織する議院内閣制とは原理的に異なるため、両制度が併存している国はない。

❹ 権力分立の原則は、多くの自由主義諸国では民主政治の基本原則とされてきたが、一方で代表制の原理と矛盾する面もある。権力分立制を否定して代表制の原理を全面的に貫こうとする立場は、旧ソ連型の一党独裁体制にみられた。社会主義国の一党独裁体制の崩壊に伴い、ソ連、東欧諸国、キューバなどは大統領制に移行した。

❺ 議院内閣制では首相のリーダーシップが発揮できないなどの理由から、我が国でも、国民が直接首相を選ぶ首相公選制についての検討が行われてきた。我が国においては、この制度は憲法改正を行わずとも権力分立の原則を徹底できるために注目されており、この制度が行われているイスラエルが参考にされている。

【解答・解説】

正解 ❷

❹・❺はかなり細かい論点なので、過去に出題されてはいますが覚える必要はありません。ただ、❷が明らかに正解なので、一本釣りすることは容易でしょう。政治学ではかなり細かい内容が出題されることはありますが、過去に出題された論点をすべて網羅するというのは効率的ではありません。この問題では、❹・❺を全く知らなくても正答できますから、「解ければよい」と割り切って、学習するようにしましょう。

❶ ×　権力分立の原理では、「**権力への自由**」（＝権力に参加し、その主体となることで得られる自由）ではなく、「**権力からの自由**」（＝個人に対する権力の介入を制限することで得られる自由）と称される自由主義の考え方が中心に据えられています。三権分立論が主眼を置いているのは権力の制限であることから類推できるでしょう。

❷ ○　議院内閣制のもとでは、立法府（議会）は国民の直接選挙で選出されますが、行政府（内閣）は国民から直接選出されないことから、立法府に行政府より優越した地位を認めています。

❸ ×　アメリカの大統領は国民から直接選ばれず、形式的には大統領選挙人によって選出される「間接選挙」で選ばれています。また、半大統領制を採るフランスのように、大統領制と議院内閣制が並存している国もあります。

❹ ×　キューバには、2019年に大統領職が置かれたものの、政治体制は大統領制とはいえず、現在でも共産党のみを合法政党とする一党独裁体制のままです。

❺ ×　国民が直接首相を選ぶ「首相公選制」の導入には、憲法改正が必要となります。現行憲法では、「内閣総理大臣は、国会議員の中から国会の議決で、これを指名する」（67条１項）と規定されているからです。また、イスラエルでは首相のリーダーシップ強化を目的に1996年に首相公選制が導入されましたが、実際は導入前よりもリーダーシップが弱体化したことから、2001年に首相公選制は廃止されています。つまり、この問題の出題時点（2003年）ですでに廃止されていました。

問題12　各国の大統領に関する次の記述のうち、妥当なのはどれか。

★★★

国般2015

❶ フランスの大統領は、国民による直接選挙によって選出される。大統領は、首相を任命し、また首相の提案に基づき政府の構成員を任命する。ただし、大統領とは党派の異なる首相が任命されることもあるため、閣議の主宰は首相が行う。

❷ 米国の大統領は、各州及びワシントンD.C.選出の選挙人による間接選挙によって選出される。大統領は議会が可決した法案に対する拒否権を持つが、これに対して議会は上下両院で３分の２以上の賛成で再可決すれば、拒否権を乗り越えることができる。

❸ イタリアの大統領は、国民による直接選挙によって選出される。大統領は、議会の解散、首相の任命、外交使節の信任及び軍隊の指揮権を単独で行使することができる強い権限を有している。

❹ ドイツの大統領は、国民による直接選挙によって選出される。大統領は、元首として国の内外に対してドイツ連邦共和国を代表し、首相の任命権や議会の解散権等の強い権限を有しており、首相の地位は象徴的なものである。

❺ 韓国の大統領は、上院議員による間接選挙によって選出される。大統領は、政治的に強い権限を持ち、首相を国会議員の中から任命するが、この人事には国会の同意は必要なく、大統領と首相が異なる党派に属することによって政治が混乱することを防いでいる。

【解答・解説】

正解 ❷

❶・❸・❹・❺は、いずれも大統領と首相の両方が置かれている国ですが、主導権を握っているのはどちらなのかを把握していれば、正誤の判断は難しくないです。

❶ ×　「閣議の主宰は首相」という記述が誤りです。フランスの行政府の首長は大統領ですから、閣議の主催者（議長）は首相ではなく大統領です。

❷ ○　米国の大統領は、形式的には大統領選挙人を間に挟む間接選挙で選出されますが、国民は大統領候補者の名前を見て投票するため、実質的には直接選挙と同様に扱われています。

❸ ×　イタリアの大統領は、イタリア議会の両院と各州の代表などによる**間接選挙**で選出されます。

ヒント

「イタリアは議院内閣制なので、大統領は飾りだ」と覚えていれば、大統領が直接選挙で選ばれているはずがないですし、「強い権限を有している」という記述で誤りだとわかるでしょう（個別の権限まで覚える必要はありません）。

❹ ×　「国民による直接選挙」、「首相の地位は象徴的」という記述が誤りです。ドイツの大統領は連邦議会議員らによって構成される連邦会議によって選出されます。また、その地位が象徴的なのは大統領で、ドイツは首相が実権を握る議院内閣制です。

ヒント

ここでも、イタリアと同様に「飾りの大統領が、直接選挙で選ばれているはずがない」と判断してください。

❺ ×　まず「上院による間接選挙」という記述が誤りです。大統領制を採る韓国では、大統領は国民の直接選挙によって選出されます。また、韓国は一院制ですので、上院／下院の区別はありません。

2 議　会

学習のポイント

・議会の類型について、近年では出題が増えています。

・国家公務員の場合は、国会の仕組みについて細かい知識が問われるケースがあります。特別区などでは基本事項の学習で十分足ります。

1 議会の基礎概念

(1) 議会の歴史

13～14世紀の中世ヨーロッパで、近代議会の前身である**身分制議会**（等族会議）が登場します。その主要な役割は国王の課税に承認を与えることにありました。18世紀の市民革命以降、身分制議会は近代議会へと発展していきます。名誉革命後のイギリスでは議会が政治の中心となり、議会は国民全体を代表する議員（国民代表の原理）からなる立法機関として位置づけられるようになりました。議会中心主義による政治は、当初「財産と教養ある市民」によって担われていましたが、19世紀後半に普通選挙が制度化され、大衆の政治参加が実現したことで、議会主義と民主主義が初めて接合し、議会制民主主義が確立しました。

(2) 国民代表の原理

代表概念には多様な類型があり、特定の身分を代表するもの（身分代表）、特定の地域を代表するもの（地域代表）、特定の職業的利益を代表するもの（職能代表）などがあります。これらは自らの選出母体の利益の実現を目指すものであり、議会はいわばそうした部分利益の実現を目指す代理人の集合体と理解されます。これに対して、イギリスの政治家**E.バーク**は**ブリストル演説**（1774）において、議員は「全体の一般的理性に基づいて判断」するものであり、議員は地域単位で選ばれても、全国民の利益を実現するために行動するものだとし、今日の**国民代表の原理**を明確に提唱しました。

◆代表概念の類型

身分代表・地域代表・職能代表	国民代表
部分集団の代理人（部分利益を表出）	国民全体の代表（全体利益の実現）

⑶ 議会政治の原理

① 国民代表の原理

議員は選出母体の指示に従うのではなく、国民全体の代表として行動します。

② 審議の原理

議会では公開の場で十分かつ慎重な審議を行います。この審議により、政治的課題や与野党間の見解の相違が明らかになり、政策の選択肢が有権者に提示されます。

③ 行政監督の原理

議会（立法府）は、行政が議会の制定した法律を忠実に実行しているかどうかを監視し、さらに行政府の活動全般も監視します。

⑷ 多数決原理

議会制民主主義では、十分な議論のうえで合意を形成することが期待されていますが、議論を続けても意見の一致を見ない場合には、多数派の意見を結論とします。これを多数決原理といいます。討論の過程では、少数意見を多数意思に吸収し、**多数派の歩み寄り**で妥協を形成することが求められます。したがって、多数派と少数派との間で徹底的に討論が行われ、妥協と譲歩の可能性が検討されて初めて、多数決原理に訴えることが可能となります。

⑸ 議会主義の危機

政治的・社会的条件の変化により、現代の議会政治は十分に機能していない状況が生まれており、これを「**議会主義の危機**」といいます。危機を生み出している要因には以下のようなものがあります。

① 利益の多様化

普通選挙の実現で有権者の利害関係が複雑となった結果、何が国民全体の利益であるかが不明確となり、議会の統合能力が低下しました。

② 審議の原理の形骸化

党派間の対立が固定化され、審議が政党単位で行われることが多くなり、議会での有効な妥協や譲歩の可能性が低くなりました。また、議会で審議すべき議案の量が増大し、十分な討論ができなくなりました。

③　**行政国家化**

行政国家により官僚の役割が大きくなる一方で、議会の役割は相対的に低下し、行政の監督機能が十分に果たせなくなりました。

確認してみよう

① 議会の機能の一つは国民を代表することであるが、個々の議員が何を代表するかについては主として二つの考え方がある。一つは選出された地域の代表とする考え方であり、もう一つは国民全体の代表とする考え方である。小選挙区制は前者、比例代表制は後者の考え方に基づく選挙制度である。国般1997

1 (2) 参照　×

特定の選挙区（小選挙区）で選出された「地域代表」であっても、国民の代表であるべきだというのがバークの国民代表の理念です。

② 議会政治の基本原則とされている多数決原理では、討論の過程で少数意見を最終意思に反映されることがある程度あるにしても、原則的には、少数者の歩み寄りによって妥協を形成し、統一意思を導き出すものとされている。国般1997

1 (4) 参照　×

多数決原理では多数派からの歩み寄りで妥協を形成するべきものと考えられています。

2 議会の類型

(1)　一院制と二院制

議会は、その構造面から区別すると、一院制と二院制に分類されます。二院制が採られる理由として、①歴史的経緯において貴族の代表が必要であった、②立法府内における抑制と均衡のため、③連邦制国家における地域利益の代表のため、といったものが挙げられます。

	一院制	二院制
特徴	一つの議会から構成	下院は国民の直接選挙 上院は任命・選挙（直接または間接）
主な採用国	スカンジナビア諸国（デンマーク、フィンランド・スウェーデン）、新興の小国（アフリカなど）、旧共産主義諸国（ブルガリア、チェコ、ルーマニア、ハンガリーなど）、中国、韓国など	❶貴族の代表が源流 イギリス、フランス、イタリア、ポルトガル、スペイン、日本等 ❷**連邦制**国家における地域利益の代表 アメリカ、スイス、ドイツ、オランダ等

(2) ポルズビーの議会類型

N.ポルズビーは、議会を、その立法機能の強弱により、**変換型議会**と**アリーナ型議会**の２種類に分類しました。日本の議会は、変換型とアリーナ型のハイブリッドとされています。

	変換型議会	アリーナ型議会
概要	議会は、社会のさまざまな要求を法律（政策）に「変換」する機能を果たしている	与野党が争点を明らかにし、各々の政策を有権者に訴えるアリーナ（闘技場）として機能している
代表例	**アメリカ議会**が典型 **委員会中心主義**を採用し、委員会における活発な立法活動を行う	**イギリス議会**が典型 **本会議中心主義**を採用し、本会議における与野党間の活発なディベートを行う

イギリスの本会議場では、議員席の最前列は与野党それぞれの幹部議員によって占められており、これを**フロントベンチャー**と呼びます。他方で新人議員など政府の役職に就かない一般議員は後列に座ることから**バックベンチャー**と呼ばれます。

イギリス下院本会議場

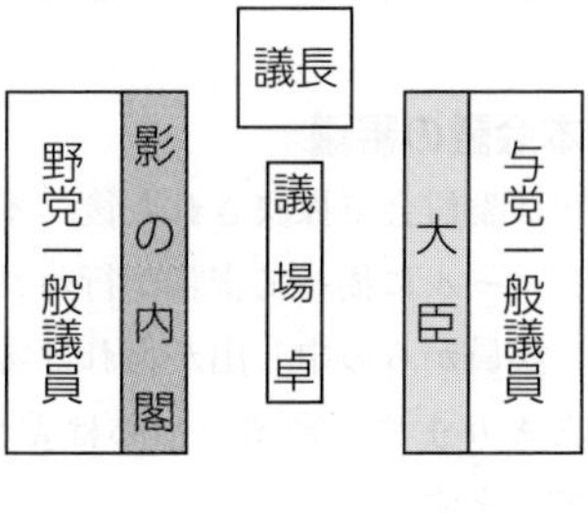

確認してみよう

① N.ポルズビーはいくつかの先進国の議会を『アリーナ型』と『変換型』に分類し、前者の特徴を与野党の有権者に対する政策アピール、後者の特徴を社会的要求の実質的法案化に求めた。変換型議会を持つ国の例として議院内閣制を採るイギリスやイタリアが、アリーナ型議会を持つ国の例としては大統領制を採るアメリカ合衆国やフランスが挙げられる。国般2004

2 (2) 参照 ×

変換型はアメリカ、アリーナ型はイギリスが代表例です。

3 日本の国会の仕組み

(1) 議事日程の決定

国会に提出された法案は、提出された院の議長によって所管の委員会に付託されます。議事の順序は正式には**議院運営委員会**（議運）が決めますが、実質的には、議運の前に、与野党の**国会対策委員会**での折衝で決定されます。

(2) 委員会の審査

提出された法案は、これを付託された委員会で審査するのが原則です。**日本は委員会中心主義を採用**しているため、法案の審査は実質的に委員会を中心に行われ、委員会での審査が法案の成否を左右します。委員会における審査は、趣旨説明、質疑、討論、採決の順序で行われます。なお、重要法案などの場合には質疑の後に、公聴会や参考人質疑が行われる場合もあります。

(3) 本会議の審議

法案は委員会で採決された後、本会議に送付されます。本会議では議長の定めるスケジュールに従って審議が行われ、議事日程に関して問題があれば議運で調整します。議員からの申し出があれば審議・討論が行われますが、概して形式的なものにとどまります。審議の中心は委員会であるため、本会議はほとんど儀式の場となっています。

⑷ 政府委員制度の廃止

政府委員とは、国会の審議において国務大臣を補佐するために任命された行政府の職員のことをいいます。従来の委員会審議では実質的な答弁が政府委員によって行われる傾向にあり、国会審議が形骸化しているとの批判がありました。そこで、1999年に制定された国会審議活性化法によって、**政府委員制度は廃止**され、大臣・副大臣・大臣政務官を中心とした答弁が行われるようになりました。ただし、国会審議における官僚答弁が完全に否定されたわけではなく、例えば大臣が答弁するのにふさわしくない技術的な問題などについては、官僚が政府参考人として出席することができます。

国会審議の過程
(衆議院先議の場合)

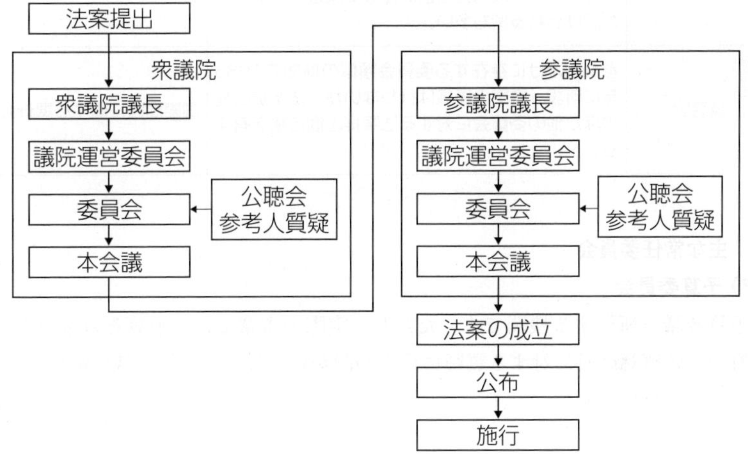

⑸　国会の委員会

①　委員会と調査会

委員会は常任委員会と特別委員会の２種類に分類されます。また、参議院だけに存在する委員会類似の機関として調査会があります。

	概要	事例
常任委員会	種類は国会法で定められており、衆参両院にそれぞれ内容の異なる17種の常任委員会が設置されている。現状では、ほぼ各省に対応した分野別の縦割りになっている。	予算委員会 外務委員会等
特別委員会	常任委員会の所管に属しない特定の案件の審査のため各議院の議決によって設置される。特別の案件に関する国政調査を目的として調査特別委員会が設けられる例も多い。	東日本大震災復興特別委員会等
調査会	参議院だけに存在する委員会類似の機関で1986年に新設。議案の審議は行わないが、法案提出権のほか他の委員会に対する法案提出勧告権を有する。	国際問題に関する調査会等

②　主な常任委員会

(ア) 予算委員会

予算審議を所管する機関です。ただし、実際の審議では、予算そのものよりも、政府の行政運営全般に対する質疑に重点が置かれ、肝心の予算審議に費やされる時間は限られています。

(イ) 議院運営委員会

会期の決定や案件の委員会付託など議事運営に関する事項について議長の諮問に答えるなど、幅広く議事の運営に携わる機関です。法案審議のスケジュールなど具体的な議事の運営に関しては、同委員会での交渉で決定されます。後述するように野党の抵抗場所として重要な意味を持ちます。

(ウ) 国家基本政策委員会

法案審議は行わず、党首討論（首相対野党党首の論戦）の場を提供するために、衆参両院に設置されている機関であり、国会の常任委員会の一つです。イギリスの党首討論をモデルとしており、国会審議活性化法（1999年制定）を根拠として、

2000年２月の通常国会から導入されています。

⑹ 国対政治

国会の議事運営は、国会の正式な機関である**議院運営委員会**で行うことになっています。しかし、いわゆる55年体制のもとでは、実質的な議事運営の主導権は、各党の国会対策委員会間の協議で決定されるという状況が生まれました。このように議事運営が、**政党の内部組織**である**国会対策委員会**（国対）の間での密室の取引により決定されることは、「**国対政治**」と呼ばれ、国会審議の形骸化を招いていると批判されてきました。

確認してみよう

① 我が国の国会の両院にはそれぞれ複数の常任委員会が設けられている。常任委員会の中で特に重要な役割を果たしていると考えられるのは、国の予算と決算について審議する予算委員会と国会の運営方法を審議する国会対策委員会である。国般2003

3 ⑸、⑹ 参照 ×

国会対策委員会は政党の組織であり、国会の常任委員会ではありません。また、国会の運営方法を審議するのは議院運営委員会です。

② 我が国では、内閣提出法案として国会に提出される法案に関して、国会対策委員会が各党への根回しや交渉を担当している。国会対策委員会は国会の主要な常任委員会の一つであり、国会審議が与野党の対立で行き詰まった場合には、各党の国会対策委員会が状況打開のための協議を行う。国般2002

3 ⑸、⑹ 参照 ×

これは議院運営委員会に関する記述です。国会対策委員会は政党の組織であり、国会の常任委員会ではありません。

4 日本の立法過程に対する評価

日本の国会は、官僚と与党によって事前に決定された法律案に対して承認印を押す「ラバースタンプ」（ゴム印）にすぎないという「国会無能論」が長年主流を占めてきました。しかし、1980年代以降、国会の実証的研究が進むと、国会に一定の機能を認める「国会機能論」も主張されるようになりました。

(1) 国会無能論

国会で成立する法案の大半は内閣提出法案が占めるなど、国会は「唯一の立法機関」としての役割を果たしていないと批判されてきました。実際、1947～1999年に国会に提出された法案の67.5%、成立法案の85.4%が内閣提出法案です。ただし、イギリスでも内閣提出法案が多く、成立率は高くなっています。つまり、議院内閣制を採る国は内閣提出法案の数、成立率が高いのが一般的なのです。

◆法案の成立率（1947～1999年）

内閣提出法案（閣法）	衆議院議員提出法案（衆法）	参議院議員提出法案（参法）
87.5%	36%	17.1%

(2) 国会機能論

議会の能力は立法機能だけで測れるものではなく、議会が政策に与える消極的な意味での影響力も考慮すべきだという議論があります。J.ブロンデルは、議会の能力を測る指標として、法案を妨害・廃案する能力を**ヴィスコシティ**（viscosity：粘着性）と名づけました。**M.モチヅキ**は、このヴィスコシティを日本の国会研究に適用し、野党は国会のルールを活用して、閣法の成立を妨害することで影響力を行使していると分析しました。具体的には、**会期不継続の原則**により会期を越えると審議未了で廃案となることや、二院制・委員会制により、野党が審議引き延ばし戦略を採る機会が多いことがあります。**全会一致慣行**により、与党は野党への妥協を強いられるのです。

補足

会期を越えた場合でも継続審議の制度があり、法案が直ちに廃案になるわけではありませんが、この継続審議を行うには議院運営委員会の決定が必要です。

過去問にチャレンジ

問題1 ★ **議会政治に関する記述として、妥当なのはどれか。**

都Ⅰ 2003

❶ 議会政治の原理の一つとして国民代表の原理があり、議会を構成する議員は、選出母体の代理人ではなく、国民全体の代表者であるとされ、この原理はトクヴィルが著書「アメリカにおけるデモクラシー」の中で初めて明確に主張した。

❷ 議会政治の原理の一つとして審議の原理があり、議会での決定は公開の場で、できるだけ多くの議員による慎重な審議を経て下されなければならないとされ、この原理は多数決原理と相反するものである。

❸ 議会政治の原理の一つとして行政監督の原理があり、議会は国家意思の発動を効果的に監督する機能を具備していなければならないとされ、この原理は行政部に対する立法部の優越性を保障する目的をもっている。

❹ 議会には、一議院で議会を構成する一院制と、二つの議院で構成する二院制があり、連邦制国家は一院制を採用する傾向があるのに対し、単一国家は二院制を採用する傾向がある。

❺ 議院内閣制においては、議会は内閣総理大臣に対して不信任議決でき、内閣総理大臣は議会を解散できるのに対し、大統領制においては、議会は大統領に対して不信任議決できるが、大統領は議会を解散する権限をもっていない。

【解答・解説】

正解 ❸

やや細かい論点ということもあり、難易度が高めになっています。この機会にポイントを確認しておきましょう。

❶ ×　「国民代表の原理」を初めて明確に主張したのは、18世紀に活躍したE.バークです。19世紀に活躍したA.トクヴィルの思想は、第4章第2節で扱います。

❷ ×　「審議の原理」と「多数決原理」は、相反するものとはされていません。多数決原理とは、いきなり多数決を実施するのではなく、多数派と少数派との間で徹底的な審議を経たうえで、それでも意見の一致を見ない場合には多数派の意見を結論とするという考え方です。つまり、審議の原理は、多数決を実施するための前提条件となっています。

❸ ○　行政監督の原理は、主権者である国民によって直接選出された議会（立法部）が、国民によって直接選出されていない内閣（行政部）を監督すべきという原則で、議院内閣制を前提に置いています。

❹ ×　逆に、**連邦制国家は二院制**を採用する傾向があるのに対し、**単一国家は一院制**を採用する傾向があります。

補足

ここで「連邦制」とは、国家に近いレベルの自治権を持った州どうしが連合して形成する国家体制を指します。この場合、国民全体の意見と、連邦を構成する州・邦の意見それぞれを代表させる場が必要になるため、二院制を採用するのが一般的です。それに対して、単一国家であれば国民全体の意見を代表される場さえあればよいため、一院制を採用する例も見られます。

❺ ×　大統領制では、議会は大統領に対して不信任議決できません。議院内閣制では、国民によって**直接選出されていない内閣**（**行政部**）は、国民によって**直接選出された議会**（**立法部**）の信任を必要とするのが原則です。それに対して大統領制では、原則として、大統領（行政部）は国民によって直接選出されていますので、議会の信任は必要としません。このように、信任していないのですから不信任することもできないという理屈になります。

問題2 ★ 次の文は、ポルスビーの議会類型論に関する記述であるが、文中の空所A～Dに該当する語又は国名の組合せとして、妥当なのはどれか。

区Ⅰ 2015

アメリカの政治学者ポルスビーは、開放的な政治システムのもとにある議会の機能の中心が、議員・政党等に媒介された社会的要求を政策へ変換することにあるとし、現代議会を大きく次の２類型に整理した。

［ A ］型議会は、人々の要求を議員が法案にし、具体的な立法作業を議員が担っているので、「立法作業の議会」ともいう。そこでは、［ B ］の議会が代表例とされている。

［ C ］型議会は、与党の意向に沿って官僚らが法案を作成し、議会は政府法案をめぐり与野党で論戦する「論戦の議会」ともいう。そこでは、［ D ］の議会が代表例とされている。

	A	B	C	D
❶	変換	イギリス	アリーナ	アメリカ
❷	変換	アメリカ	アリーナ	イギリス
❸	アリーナ	アメリカ	変換	フランス
❹	アリーナ	イギリス	変換	アメリカ
❺	アリーナ	フランス	変換	イギリス

【解答・解説】

正解 ❷

このような空欄補充型の問題は、空欄を全部埋められなくても正解を見つけられる可能性があります。「立法作業の議会」（変換型）は「アメリカ」、「論戦の議会」（アリーナ型）は「イギリス」という対応関係さえ覚えていれば、**B**が「アメリカ」で**D**が「イギリス」なのは❷だけですから、**A**・**C**を検討しなくても答えを導き出せます。または、N.ポルスビーの類型がアメリカ議会とイギリス議会を対比したものであることを覚えているだけでも、「フランス」が含まれている❸・❺は除外することができます。

A　「変換」が該当します。「人々の要求を議員が法案にし、具体的な立法作業を議員が担っている」という記述で判別できます。

B　「アメリカ」が該当します。

C　「アリーナ」が該当します。「官僚らが法案を作成し、議会は政府法案をめぐり与野党で論戦する」という記述で判別できます。

D　「イギリス」が該当します。

問題3 日本と英国の政治に関する次の記述のうち、妥当なのはどれか。

★★

国般2010

❶ 英国においては、19世紀に、議会主権が確立され、上院（貴族院）にも公選制が導入されたために、世襲貴族議員は上院の議席を失った。また、日本においても、第二次世界大戦後に、皇族、華族、勅選議員らによって構成される貴族院が廃止され、公選の第二院（参議院）が設けられた。

❷ 第二次世界大戦後の英国は、保守党と労働党だけが議会に議席を有し、両党で政権交代のある二党制の政党システムの代表例であるといわれている。一方、「55年体制」下の日本は、一つの政党（自由民主党）が他を圧倒して単独政権を形成するほど優越している一党優位政党システムであったといわれている。

❸ 法案を内閣提出法案と議員提出法案とに区分した場合には、英国においても、日本においても、第二次世界大戦後に成立した全法案の中で内閣提出法案が占める割合は、議員提出法案が占める割合よりも高い傾向にある。

❹ 英国においては、すべての大臣が上下院の議員でなければならないが、近年、下院議員が閣内大臣になる例は減っており、半数程度が上院議員の中から任命されることが通例である。一方で、日本においては、国務大臣の過半数が国会議員でなければならないが、半数以上が衆議院議員の中から任命されることが通例である。

❺ 英国においては、内閣が、官僚を、政権への奉仕者として、下院の本会議に出席して発言させることが通例である。一方、日本においては、平成11（1999）年に政府委員制度が廃止されたことにより、内閣が、官僚を、国会の審議において発言させることができなくなった。

【解答・解説】

正解 ❸

❹の内容は細かいですが、関連知識を動員することでこの種の選択肢を誤りだと推定できるようになると、正答率を上げていくことができます。

❶ ×　英国では、上院（貴族院）の公選制は採用されていません。ブレア政権時代の貴族院改革によって世襲貴族は大幅に削減されて、現在は一代貴族が多数を占めていますが、若干の世襲貴族も議席を保持しています。

❷ ×　第二次世界大戦以降の英国は保守党と労働党の二大政党制ですが、いくつかの少数政党も議席を保持しています。なお、政党制の類型については、第３章第１節で扱います。

❸ ○　議院内閣制の国では内閣が法案提出権を持つことから、重要法案の多くは内閣が提出します。また、議員提出法案よりも内閣提出法案のほうが優先的に審議されることもあり、成立法案に占める内閣提出法案の割合は高くなります。

❹ ×　英国の大臣はすべて上下院の議員で構成されていますが、人数は下院議員のほうが多いです。具体的な数を把握する必要は全くありませんが、下院優位ということから、大臣も下院議員のほうが多いだろうと推測できるようにしましょう。

❺ ×　英国では、官僚が議会で答弁することはなく、大臣がすべての答弁に責任を持つという「大臣責任の原則」が慣行として定着しています。日本でも、英国に倣って、政府委員（各省局長級の官僚が任命され、大臣に代わって答弁する職）の制度を1999年に廃止しましたが、現在でも、議長や委員会が承認する限りにおいて、官僚の答弁を認める「政府参考人」制度を設けて、官僚が国会の審議で発言させることはあります。

 議会と立法過程に関する次の記述のうち、妥当なのはどれか。

★★

国般2008

❶ 我が国の法案作成過程においては、与党による事前審査が重要な役割を果たしてきた。自由民主党内では、各省庁が作成した法案はいわゆる族議員の活躍の場である政務調査会の部会の審議を経た上で、政務調査会審議会において党としての最終的な決定に付され、ここで了承されない法案は国会に提出させないというのが自由民主党結党時からの慣例であった。

❷ M.モチヅキは、我が国の国会は二院制や会期制、委員会制、審議ルールをめぐる全会一致の慣行といった要因のためにヴィスコシティ（粘着性）が高く、政府の提出する予算案や法案が野党の抵抗によって成立しないことが少なくないと主張した。実際、第二次世界大戦後の内閣提出法案の成立率は7割程度であり、残りの3割程度は野党によって否決されている。

❸ 第二次世界大戦後の我が国の国会は、英国型とアメリカ型の制度を採り入れた混血型の議会という性格を持つといえるが、近年、与野党の論戦を活性化させるために導入された党首討論の制度と、国会議員の政策形成能力を高めて議員立法を活性化させるために導入された政策担当秘書の制度は、いずれもアメリカ議会にモデルを求めたものである。

❹ アメリカ合衆国では、大統領は教書を送るなどして自らが望む法律の制定を要請することはできるが、法案を議会へ提出する権限は持たないので、形式的にはすべて議員立法である。また、大統領には議会が可決した法案への拒否権が与えられているが、上下両院は、大統領が拒否した同一の法案について各々3分の2以上の多数で再可決すれば、これを成立させることができる。

❺ N.ポルスビーは、議会を「変換型議会」と「アリーナ型議会」に類型化した。前者は、社会の要求を実質的に法律に変換する機能を果たすものであり、後者は、与野党が争点を明確にして自らの政策の優劣を争う討論の場としての機能を果たすものである。委員会や公聴会の制度が発達したアメリカ議会は、アリーナ型議会の典型とされている。

【解答・解説】

正解 ❹

❶がかなり発展的な内容であるため、これを積極的に誤りとするのは難しいです。ただ、正解の❹の内容は一般的なものなので、一本釣りで選べるようにしておきたいところです。

❶ ×　まず、自由民主党に常設されている最高意思決定機関は**総務会**ですので、「政務調査会審議会において党としての最終的な決定に付され」という記述が誤りです。政務調査会審議会で決定されると総務会にかけられ、そこでの決定が党としての最終決定となります。また、総務会で了承されない法案は国会に提出させないというのが自由民主党の慣例となったのは、1960年代からとされます。

❷ ×　まず、「残りの3割程度は野党によって否決されている」という記述が誤りです。否決するためには過半数の議席が必要ですので、少数派の野党が3割も否決することはありえないでしょう。ヴィスコシティとは、正面切って法案を否決できない野党が、国会内のさまざまな仕組み・慣行をフル活用して何とか法案成立を回避しているという議論です。

ヒント

なお、1980年代までの内閣提出法案の成立率は8割強ですが、この数値は知らなくても「否決」のほうでこの選択肢を誤りと判断できればよいでしょう。

❸ ×　「党首討論の制度」は、イギリス議会にモデルを求めたものです。アリーナ型のイギリス議会では本会議での活発な討論が盛んということから予想できますし、そもそもアメリカの二大政党（共和党・民主党）には明確な「党首」はいませんので、党首討論もできません（政党組織について詳しくは、第3章第1節で扱います）。

❹ ○　大統領が議会に対して持つ権限と「議院内閣制」における首相が議会に対して持つ権限には大きな違いがあるので、比較しながら確認しておきましょう。

❺ ×　アメリカ議会は、変換型議会の典型とされています。

問題5　日本の国会に関する次の記述のうち、妥当なのはどれか。

★★

国般2011

❶ ポルスビーは、内閣や与党が提出した「法案」を粛々と可決して「法律」に変換するのが主たる任務になっている議会を「変換型」、個々の議員が自らの政策の優劣を競う討論の場となっている議会を「アリーナ型」と呼んだ。日本の国会は英国議会同様「変換型」の典型であるが、近年は米国流の「アリーナ型」を目指す改革が進められている。

❷ 国会においては、予算案の議決や内閣総理大臣の指名など、一部に衆議院の優越が認められているものの、法案の議決に関しては、衆参両院の権能は対等である。すなわち、法案は衆議院と参議院双方で過半数の賛成を得て可決されなければ成立しないため、衆議院で可決したものの参議院で否決された法案は、その時点で廃案となる。

❸ 国会は、「会期不継続の原則」を採用しており、会期末までに成立しなかった法案は、原則として廃案になるため、野党は、時間稼ぎをすることで反対法案を廃案に追い込むことも可能である。しかし、国会法には委員会の閉会中審査、いわゆる継続審議の規定があるため、会期末までに成立しなかったことのみをもって、法案がただちに廃案になるわけではない。

❹ 国会における議案の採決は多数決によるのが原則であるが、議事運営に関しては全会一致ルールが採用されている。例えば、国会の会期日程は、衆参両院の議院運営委員会の議を経て、両院が決定するが、国会法の定めにより、同委員会の決定は全会一致で行われなければならないので、国会の会期を延長する際には、すべての会派の賛成が不可欠となっている。

❺ 国会は委員会主義をとっており、本会議で審議される議案は、決議案も含め、事前にいずれかの委員会で可決されたものでなければならない。すべての議案は、先議院たる衆議院の議長に提出された後、いずれかの委員会に付託され、趣旨説明、質疑等を経て採決されることになるが、当該委員会において否決された議案はその時点で廃案となる。

【解答・解説】

正解 ❸

全体的に細かい内容が続きますが、国家一般職としては標準レベルとなります。

❶ ×　変換型議会とは、社会の要求を「**個々の議員**」が次々と法律へと変換していくタイプをいい、典型は**アメリカの議会**です。また、英国議会は「変換型」ではなく「アリーナ型」の典型ですが、日本は「変換型」と「アリーナ型」の両方の要素を持つハイブリッド型とされます。

❷ ×　第２文が誤りで、参議院で否決された法案も、衆議院で出席議員の３分の２以上の多数で再可決すれば成立します。予算先議や内閣総理大臣の指名などと並び、衆議院の優越事項の一つです。

❸ ○　会期不継続の原則などの国会のさまざまなルールは、野党が内閣提出法案の成立を妨害する手段となるため、日本の国会は粘着性（ヴィスコシティ）が高いとされます。

❹ ×　議院運営委員会の議事運営に関する全会一致ルールは、あくまで慣例となった紳士協定であり、国会法などの**法律に定めはありません**。そのため、与党側が多数決によって押し切ることは可能です。加えて、国会法上も、意見の一致を見ない場合には議長に裁定権限が与えられています。

❺ ×　まず、議案は原則として委員会審査を経てから本会議で審議されますが、緊急を要する場合などは委員会審査を省略して本会議に直接上程することも可能です。また、予算以外は、衆参どちらから先に法案審議を始めることもできます。そして、委員会はあくまで予備的審議の場と位置づけられていて、議案は賛否を問わず本会議に上程されますので、委員会で否決されても廃案にはなりません。

問題6 **議会と立法過程に関する次の記述のうち、妥当なのはどれか。**

★★★

国般2019

❶ N.ポルスビーは各国の議会を類型化した。米国連邦議会を典型とする「変換型議会」は、社会の様々な要求を実質的に法律に変換する機能を果たす。これに対して、英国議会を典型とする「アリーナ型議会」は、与野党が次回の選挙を意識しながら、争点や各政党の政策の優劣を争う場として機能する。

❷ J.ブロンデルは議会の「粘着性（ヴィスコシティ）」という概念を提唱した。これは、野党が様々な手段を用いて、議員提出法案の成立を促すという議会の能力を指す。M.モチヅキによると、我が国の国会は、二院制、委員会制、会期制を採っているなどの理由で審議時間が十分に確保されており、粘着性が高い。

❸ 英国議会では、三回の読会を通して法案審議が行われる。最も実質的な審議が行われる第二読会では、バックベンチャーと呼ばれる政府と野党の有力議員が議場で向かい合い、法案の原則等について討論する。この審議は全て委員会の場で行われるため、英国議会の在り方は委員会中心主義と呼ばれる。

❹ J.アバーバックらは、欧米各国の政治家と官僚に質問調査を行い、立法過程の解明を試みた。その結果、多くの国で、政治家と官僚の役割は明確に区別されていることが明らかとなった。官僚の業務は政策の実施に限定されており、政策の立法化や利害の調整を行うのは専ら政治家の役割であることが示された。

❺ 戦後日本における法案の作成過程では、与野党による事前審査が大きな役割を果たしてきた。この仕組みの下では、内閣提出法案は全て、与野党の国会対策委員会の間の折衝によって内容が決められたのち、国会に提出されていた。しかしこの仕組みは、2000年代の小泉純一郎内閣の時期に全廃された。

【解答・解説】

正解 ❶

これも全体的に細かい内容が続きますが、国家一般職としては標準レベルとなります。

❶ ○　委員会中心主義のアメリカは「変換型議会」の典型、本会議中心主義のイギリスは「アリーナ型議会」の典型だとされています。

❷ ×　「成立を促す」という記述が誤りで、逆に粘着性とは「法案の成立を**妨害**する能力」のことです。また、「審議時間が十分に確保されており」という記述も誤りです。例えば会期制は審議時間を制約する効果を持ちます。そのため、会期中での法案成立を目指す与党に対して野党は時間稼ぎの戦術を採ることが可能であり、これが粘着性を高める要因となります。

❸ ×　「バックベンチャー」ではなく「フロントベンチャー」です。政府（与党の閣僚）と野党の有力議員（影の内閣）は議場の最前列に着席するため、「フロントベンチャー」と呼ばれます。また「委員会中心主義」ではなく「本会議中心主義」です。イギリスは、全議員が参加する本会議が審議の要となる「本会議中心主義」とされます。

❹ ×　「明確に区別されている」という記述と第２文が誤りで、J.アバーバックらは、かつては政治家と官僚の役割は明確に区別されていたが次第に融合してきており、かつては官僚の役割は政策の実施に限定されていたものの、現在では利害の調整なども行っているとしています。

ヒント

アバーバックらの主張は知らなくても、行政国家化に伴って行政の役割が拡大していった流れを把握していれば、本文の内容は実際とは逆だろうと推定できるでしょう。

❺ ×　「**与野党**の事前審査」ではなく「**与党**の事前審査」です。ここで事前審査とは、内閣に法案が提出される前に与党の内部で法案の調整を行う慣行のことを指します。また、「与党の事前審査」に読み替えた場合は、「小泉純一郎内閣の時期に全廃」という記述も誤りとなります。構造改革を主張する小泉内閣は、自民党内部の「抵抗勢力」が改革の障害となっていると考えて与党の事前審査の廃止を唱えましたが、実現しませんでした。

問題7 議会政治に関する次の記述のうち、妥当なのはどれか。

★★★

国税2006

❶ 英国では、内閣の形成・存立が議会の意思に依存する議院内閣制が、名誉革命後から19世紀にかけて徐々に確立された。また、19世紀後半には、選挙権の拡張を契機として近代政党が形成され、保守党と自由党が交互に政権を担当する二大政党政治が展開された。

❷ フランスの議会では、いずれも国民の直接選挙によって選出される元老院と国民議会の二院制がとられており、総じて元老院の権限が強い。元老院が内閣不信任を決議した場合、内閣は総辞職しなければならず、後継の首相は元老院が指名し、大統領が任命する。

❸ N.ポルスビーは、アメリカ合衆国の連邦議会について、与野党が次の選挙を意識しつつ、争点を明確化して政策の優劣を争う討論の場ととらえ、そうした議会を「アリーナ型議会」と呼んだ。この型の議会においては党規律（党議拘束）が強く、政策決定は集権的になると考えられている。

❹ 日本の国会では、衆議院と参議院の二院制がとられており、首相指名及び予算については、衆議院の参議院に対する優越が定められている一方、条約承認及び裁判官の弾劾については、参議院の衆議院に対する優越が定められており、権力が分散するようになっている。

❺ 日本の国会については、議会審議の粘着性（ヴィスコシティ）を高める要因として、議院運営委員会などにおける全会一致慣行などがあるが、他方で、粘着性を低める要因として、会期不継続の原則などがあるので、総合的に見て粘着性はあまり高くないと考えられている。

【解答・解説】

正解 ❶

正解肢である❶を直接選ぶのは難しいですが、それ以外の選択肢は誤りが明確ですので、消去法で正解することはできるでしょう。

❶ ○　イギリスでは、17世紀後半のトーリー・ホイッグ両党の時代から二大党派間での政治が展開され、それが自由党と保守党に受け継がれました。しかし、20世紀には労働党が誕生し、三党鼎立時代を経て、現在は原則的に労働党と保守党の二大政党間での政権交代が行われています。

❷ ×　フランス議会では、下院である国民議会は国民による直接選挙を通じて議員を選出し、上院である元老院は国民議会議員や県会議員等による**間接選挙**を通じて議員を選出します。そのため、国民議会の権限が強く、国民議会が内閣不信任を決議した場合、内閣は総辞職しなければなりません。

ヒント

一般に、下院は国民による直接選挙で選ばれますが、上院を直接選挙で選ぶのは少数派（公務員試験で出題される国の中では、日本、アメリカ、イタリアぐらい）です。

❸ ×　ここで書かれているのはイギリス議会の特徴で、アメリカ議会は「変換型」の典型例とされます。

❹ ×　日本では、予算や**条約承認**、首相指名などにおいて衆議院が参議院に優越した地位が与えられているなど、下院優先の原理が見られます。

ヒント

なお、裁判官の弾劾は、各議院においてその議員の中から選挙された同数の裁判員で組織する弾劾裁判所がこれを行うこととなっています。ただ、そのような細かいことは覚えていなくても、日本は下院である衆議院が優越していることを覚えていれば、「参議院の衆議院に対する優越が定められており」という記述がおかしいことはわかるはずです。

❺ ×　「会期不継続の原則」とは、「会期末までに法案が可決しなければ、次の国会には継続されずに廃案になる」という原則ですから、これも野党の粘着性を**高める**要因です。

3 選挙制度

学習のポイント

・選挙制度は政治学の最重要分野です。なるべく満遍なく学習しておきましょう。

・国家一般職などでは選挙制度の類型についてもしっかり学習しましょう。

・特別区などでは小選挙区制・比例代表制などの分野を中心に基本事項を押さえましょう。

1 選挙の基本原則

普通選挙	財産・納税額・性別などとは無関係に選挙権・被選挙権が与えられること ⇔ 制限選挙（条件あり）
平等選挙	代表選出のための一票の価値が差別されないこと ⇔ 不平等選挙（重みづけがある）
秘密選挙	政治的自由を確保するため、投票する際に匿名を確保すること ⇔ 公開選挙（有権者が名前を公表して投票する）
直接選挙	有権者が直接に代表者を選出すること ⇔ 間接選挙（一般有権者は代理人や中間選挙人の選出のみ）
自由選挙	立候補の自由があり、選挙運動も自由に行うことができること ⇔ 強制選挙

2 選挙制度の類型

(1) 議席決定方式の類型

<table>
<tr><th>類型</th><th colspan="3">概要</th><th>事例</th></tr>
<tr><td rowspan="2">①多数代表制</td><td rowspan="2">有権者の「多数派」を代表している者が当選する</td><td>絶対多数制</td><td>過半数の得票を必要とする
１回目の投票で過半数の票を獲得する候補者がいない場合は、上位の候補者だけ残して決選投票をする（二回投票制）</td><td>フランス
オーストラリア</td></tr>
<tr><td>相対多数制</td><td>最多得票であれば当選する</td><td>イギリス、アメリカ、日本の小選挙区</td></tr>
<tr><td>②比例代表制</td><td colspan="3">政党を単位として、各政党の得票率に比例した議席を配分する
ただし、比例配分の計算方式や投票方法の違い、議席配分の基準値の有無など実際の制度は多様である</td><td>イタリア、オーストリア、スイス、ベルギー、オランダなど</td></tr>
<tr><td>③少数代表制</td><td colspan="3">複数の候補者が当選できるため、多数派の支持を受けていない少数派でも当選できる制度</td><td>かつての日本の中選挙区</td></tr>
</table>

(2) 選挙区定数による分類

選挙制度は、選挙区の定数を基準として、以下の２種類に分類されます。なお、日本では、さらに③中選挙区制という区分を用いることもありますが、**中選挙区制は大選挙区の一つ**に含まれます。

類型	概要	事例
①小選挙区制	すべての選挙区の定数が1である「**1人区制**」	イギリス下院、アメリカ上下院、カナダ下院、フランス下院など
②大選挙区制	一つの選挙区から**複数の議員が選出**される制度	日本の衆院の旧中選挙区制、ヨーロッパの比例代表

(3) 投票方式の類型

選挙制度は、投票方式により、候補者リストから１名だけを選ぶ**単記投票制**と複数選ぶことのできる**連記投票制**に分類されます。また、有権者がある候補者に投じた票が他の候補者に移譲されるかどうかで、**移譲式**と**非移譲式**に分類されます。移譲式とは、有権者は複数の候補者に優先順位をつけて投票し、一定の基準に従って、票が他の候補者に移譲される方式であり、オーストラリアやアイルランドで採用されています。

3 小選挙区制と比例代表制の比較

(1) 小選挙区制の長所と短所

小選挙区には一般に以下の長短が指摘できます。

長所	短所
①選挙区が相対的に小さいため、議員と選挙民との関係が比較的親密になりやすい ②同一政党内における同士討ちの弊害がなくなる ③多くの支持を得ることが必要なため、極端な政治勢力が登場しにくく、結果として議会での極度の対立が回避される ④絶対多数党の出現をみる可能性が高く、ワーキングガバメント（仕事のできる政府）が比較的形成されやすい	①**死票が増大する** ②**多数党を過大に代表する一方で、少数党を過小に代表する** ③社会の中の多様な利害を広く正確に議会に反映させることができない ④選挙区間の１票の重みを絶えず調整するために、選挙区の変更を頻繁に行う必要があり、**ゲリマンダリング**（特定の政党に有利になるような恣意的な選挙区割り）の危険性がある

(2) 比例代表制の長所と短所

比例代表制には一般に以下の長短が指摘できます。

長所	短所
①**死票が減少する** ②選挙区民の候補者の選択の幅が広くなる ③社会の中の多様な利害を反映させやすい	①政党の公認争いから同士討ちが生じる ②候補者や議員と選挙民との関係が希薄化する ③政治的利害を広く代表させるが、小政党が乱立して極端な政治勢力の進出を可能ともするため、議会などの対立を深める可能性がある

小政党の乱立を避けるため、比例代表制に政党の最低得票率の制限を設けて、それを下回る場合は議席を認めない阻止条項を設けている国もあります。例えば、ドイツの連邦議会は5％、ロシアの下院は7％の制限を設けています（日本には阻止条項はありません）。

(3) デュヴェルジェの法則

「小選挙区制は二大政党制を、比例代表制は多党制をもたらす」という選挙制度と政党システムの因果関係を示した社会科学的法則を**デュヴェルジェの法則**といいます。小選挙区が二大政党制をもたらす要因として、有権者は死票を恐れて当選の確率の高い、第一党や第二党に投票する傾向が強いということがあります。結果として第三党の票は増えないことが指摘されています。

補足

カナダのように有力な地方政党が存在すると全国的には二大政党にならない場合があります。ただし、全国レベルでは二大政党制にならなくとも、個々の選挙区では主要な2人の候補によって争われる傾向にあるので、デュヴェルジェの法則は選挙区でより成り立っていると考えられます。

また、小選挙区（多数代表制）におけるデュヴェルジェの法則を中選挙区制にまで拡張できるようにした説明モデルとして、「M+1ルール」があります。Mとは選挙定数（district magnitude）を指し、各選挙制度において、有力候補者数が定数よりも1多くなるという法則を指します。例えば、小選挙区（1人区）ならば定数+1で有力候補は2人（ゆえに二大政党化しやすい）、3人区の中選挙区ならば、定数+1で4人の有力候補が選挙を戦うことになりやすいという法則です。

4 日本の選挙制度

(1) 衆議院選挙と参議院選挙の比較

		衆議院選挙	参議院選挙
任期と被選挙権		任期4年・被選挙権25歳以上	任期6年・被選挙権30歳以上
選挙制度		**小選挙区比例代表並立制**	選挙区と比例代表
	選挙区	小選挙区（289名）	選挙区（148名、原則として都道府県単位）
	比例代表	**全国11ブロック**（176名）	**全国区**（100名）
比例代表名簿		（絶対）**拘束名簿式** （小選挙区との重複立候補可）	原則として**非拘束名簿式** （選挙区との重複立候補不可）

⑵　衆議院選挙の仕組み

①　小選挙区比例代表並立制

小選挙区と比例代表制の混合制であり、小選挙区比例代表並立制と呼ばれます。具体的には、小選挙区と比例代表はそれぞれ別に選出され、互いに連動しない仕組みです。

②　比例代表の仕組み

有権者は、小選挙区と比例代表制にそれぞれ１票を投じます。小選挙区では最多得票者が当選、比例代表制は**ドント式**によって各政党に議席が配分され、比例代表名簿順に当選が決定します（**拘束名簿式**）。

③　重複立候補と復活当選

なお、衆議院選挙では、小選挙区と比例代表制の両方に**重複立候補**することが可能です。この場合、小選挙区で落選したものの、比例代表制で当選する場合があります。これを**復活当選**といいます。また、比例代表制は、政党が付した名簿順に当選しますが、小選挙区と比例代表区の重複立候補者の場合、同じ当選順位を複数の候補者に付することができます。これらの候補者の場合、「小選挙区での最多得票者の得票数に対する割合」（**惜敗率**）が高い順に当選となります。

ただし、得票数が有効投票総数の10分の１未満になった場合は比例名簿からは除かれて、復活当選はできなくなります。

衆議院選挙の仕組み

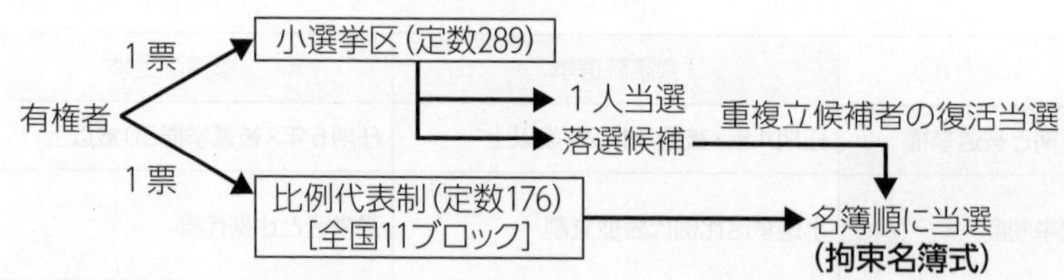

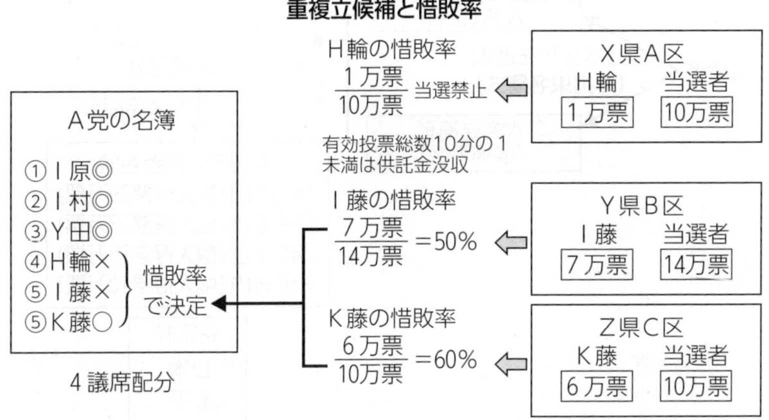

⑶　参議院選挙の仕組み

①　小選挙区と大選挙区制の混在

原則として都道府県別の選挙区と全国１ブロックの比例代表制によってそれぞれ別に選出されます（重複立候補はできません）。選挙区の定数は地域によって異なり、１人区から６人区まであります。つまり、**小選挙区と大選挙区が混在**しています。

補足

2016年の参議院選挙より合区制が導入されており、鳥取県と島根県、徳島県と高知県がそれぞれ合わせて一つの選挙区になっています。

②　比例代表の仕組み

有権者は、選挙区と比例代表制にそれぞれ１票を投じます。選挙区では最多得票者が当選、比例代表制は**ドント式**によって各政党に議席が配分されますが、衆議院と異なり名簿に順位はなく、個人得票の多い順に当選が決定します（**非拘束名簿式**）。

2019年の参議院選挙より**特定枠制度**が導入されています。これは、人気投票で順位が決まる候補者とは別に、**政党が優先的に当選させたい候補者の順位を定めることができる**仕組みです。ただし、**特定枠を用いるかどうかは任意**ですので、参議院選挙は原則としては**非拘束名簿式**ですが、拘束の要素も採り入れられています。

参議院選挙の比例代表部分の仕組み

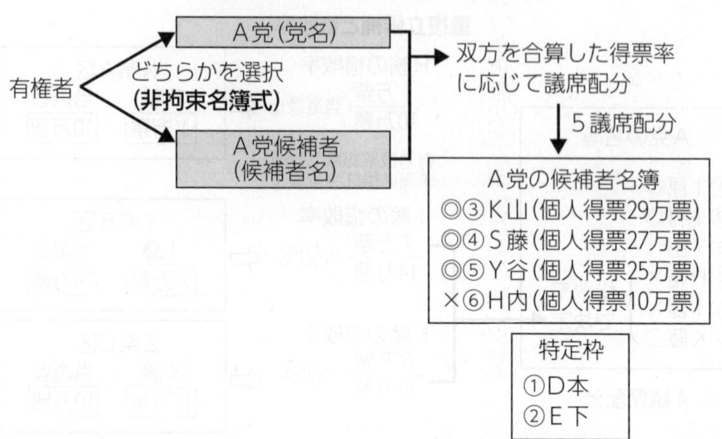

確認してみよう

① 衆議院の比例代表選挙においては、小選挙区選挙における各政党の得票数と比例代表選挙における各政党の得票数を合計し、ドント方式で各政党の議席数を決定した後に、惜敗率の高い順に具体的な決定者を決定する方式が採用されている。国税2004

4 (2) 参照 ×

日本の比例代表の議席配分は比例代表選挙での得票数だけで決定し、小選挙区での得票数は考慮されません。

② 現在の衆議院選挙制度は小選挙区比例代表併用制と呼ばれ、衆議院の総定数500議席のうち、300議席は小選挙区で選出され、残りの200議席は、全国を11のブロックに分け、ブロックごとに定められた定数を、ブロックごとの得票数に応じて、ドント式で各政党に議席が配分される比例代表制で選出される。裁判所2005教

4 (2) 参照 ×

併用制はドイツの制度です。また、小選挙区は定数289、比例代表選挙区は定数176です。

定数を丸暗記する必要はありませんが、小選挙区のほうが多いことは確認しておきましょう。

③ 衆議院選挙については、小選挙区選挙と都道府県単位の比例代表選挙とを組み合わせた小選挙区比例代表並立制が、参議院選挙については、都道府県単位の小選挙区と全国11ブロックの比例代表選挙とを組み合わせた小選挙区比例代表併用制が採用されている。国税2004

4 (2)、(3) 参照 ×

衆議院の比例代表は全国11ブロックです。また、参議院の選挙区は定員が1～6名で大選挙区も存在します。そして、比例代表は全国大の選挙区です。さらに「併用制」ではありません。

5 比例代表制の類型

(1) 配分議席決定方式による分類

類型	概要		事例
ドント式 (d'Hondt)	①政党の投票数を**整数**（自然数）で割る ②商の大きい順に議席を配分する	大政党 有利	**日本の比例代表選挙** ニュージーランド
サン・ラグ式 (Sainte-Lagüe)	①政党の投票数を**奇数**で割る ②商の大きい順に議席を配分する	小政党 有利	スウェーデン ドイツ

(2) 当選者の決定方式による分類

類型	概要	事例
拘束名簿式 (絶対拘束名簿式)	①政党は**当選順位を付した候補者名簿**を提出する ②有権者は**政党名**で票を投じる ③政党に議席を配分、**既定順位に従って**当選者確定	日本の**衆議院**
非拘束名簿式 (単純拘束式)	①政党は**順位づけのない候補者名簿**を提出する ②有権者は**政党名か候補者名**で票を投じる ③政党に議席を配分、**個人名で得票順**に当選者確定	日本の**参議院**

⑶ ドント式とサン・ラグ式の事例

例えば、定数10の比例代表選挙で、政党の得票数がＡ党30,000、Ｂ党21,000、Ｃ党11,000、Ｄ党8,000だった場合を仮定します。ドント式およびサン・ラグ式では、得票数を1、2、3…と整数で除した表を作り、その商の大きい順に議席を定数まで配分します。この際にドント式は連続整数で除した部分を、サン・ラグ式では連続奇数で除した部分に対して議席を配分します。

ドント式及びサン・ラグ式の議席配分（定数10の場合）

	A党		B党		C党		D党	
得票数	30000	順位	21000	順位	11000	順位	8000	順位
÷1	30000	①❶	21000	②❷	11000	④❸	8000	⑦❺
÷2	15000	③	10500	⑤	5500		4000	
÷3	10000	⑥❹	7000	⑨❻	3666	❿	2666	
÷4	7500	⑧	5250		2750		2000	
÷5	6000	⑩❼	4200	❾	2200		1600	
÷6	5000		3500		1833		1333	
÷7	4285	❽	3000		1571		1142	
ドント式	5		3		1		1	
サン・ラグ式	4		3		2		1	

※❶～❿はドント式、①～⑩はサン・ラグ式による議席配分

第2章 政治体制と政治制度

過去問にチャレンジ

問題1 ★

選挙制度に関する記述として、妥当なのはどれか。

区Ⅰ2008

❶ 比例代表制における議席配分方式には、サンラゲ方式やドント方式などがあり、サンラゲ方式は、ドント方式よりも大政党に有利とされており、日本の選挙制度で採用されている。

❷ 小選挙区制は、落選者に投票された票である死票が最小限に抑えられるため、小党分立を招きやすく、連立政権となる可能性が高いとされている。

❸ 比例代表制における当選者の決定方式のうち、非拘束名簿式とは、獲得議席数に応じて政党の作成した候補者名簿の上位から順次当選者が決定される方式をいう。

❹ ゲリマンダリングとは、特定の政党や候補者に有利になるように不自然な形の選挙区をつくることをいい、小選挙区制の場合に起こりやすいとされている。

❺ 小選挙区制における当選者の決定方式には、有効投票の過半数を超えた者のみを当選とする絶対多数制と、相対多数の票を得た者を当選とする相対多数制とがあり、イギリス庶民院では絶対多数制が採用されている。

【解答・解説】

正解 ❹

基本的な論点が並んだ易問ですので、確実に正答したいところです。

❶ ×　日本の比例代表選挙では、衆議院・参議院ともにドント式が採用されています。また、ドント方式は大政党に有利な特徴を持ち、（ドイツなどで採用されている）サン･ラグ式（サンラゲ式）は小政党に有利とされます。

❷ ×　これは、比例代表制の特徴です。小選挙区制は、死票が多く、二大政党制になりやすい（つまり単独政権になる）点に特徴があります。

❸ ×　これは、衆議院議院選挙で採用されている「絶対拘束名簿式」の説明になっています。それに対して、参議院議院選挙で原則として採用されている「非拘束名簿式」は、有権者の投票により候補者の当選順位を変更することが可能な方式です。

❹ ○　「ゲリマンダー」という造語は、不公平な選挙区割りを行い有名になったマサチューセッツ州知事の名前「ゲリー」と、彼が考案した選挙区の形が伝説上の動物「サラマンダー」（火とかげ）に似ていたことに由来します。

❺ ×　イギリス庶民院では、相対多数（代表）制を採用しています。公務員試験で出題される範囲内では、絶対多数（代表）制の採用例はフランスの国民議会（下院）ぐらいで、その他の日本・アメリカ・イギリスでは相対多数制を採用しています。

問題2 ★

選挙制度に関する記述として、妥当なのはどれか。

区Ⅰ2010

❶ 民主主義国家における選挙には、極端に選挙権が制限されていたり、1票の価値に極端な偏りがあったり、選挙運動が妨害されたりしないよう、普通、公平、間接、公開、自由という五つの原則の実現が要求されている。

❷ 小選挙区制は、1票でも多くを獲得した候補者や政党がその選挙区の代表となるため死票が少なく、少数派の意思を尊重できるという長所を持っているが、政党政治を不安定にするという問題点もある。

❸ 中選挙区制では、票の平等を確保するために選挙区の人口の増減に伴って、頻繁な選挙区割り変更が必要になるため、ゲリマンダーリングと呼ばれる計算方式が多く用いられる。

❹ 比例代表制における議席配分方式の一つであるドント式は、各党の得票数を1、2、3といった整数で割り、その商の多い順に議席を配分していくものであり、我が国の衆議院、参議院の比例代表の部分はこの方式を採用している。

❺ 比例代表制における非拘束名簿式では、政党の作成した候補者名簿に当選順位が記載され、獲得議席数に応じて名簿の上位から当選者が決定される方式であり、選挙手続きが簡単だが、有権者は自由に候補者を選ぶことができない。

【解答・解説】

正解 ❹

これも基本的な論点が並んだ易問ですので、確実に正答したいところです。

❶ ×　選挙の５原則は、①性・身分・財産などで選挙権が制限されない「普通選挙」、②１票の価値が差別されない「平等（公平）選挙」、③有権者が直接代表者を選出しうる「**直接選挙**」、④政治的自由を確保するため**匿名**での投票を担保する「**秘密選挙**」、⑤有権者が他者に干渉されずに自由に投票をできる「自由選挙」、の五つです。

❷ ×　小選挙区制は、**死票が多くなり、多数派の意思だけが反映される**という問題点があります。その一方、小選挙区制は、二大政党制が発達しやすく、**安定**して政権が運営されるという長所があります。

❸ ×　ゲリマンダリング（ゲリマンダーリング）は恣意的な選挙区の区割りを指し、主に小選挙区制で問題となります。小選挙区は、一つの選挙区から１人しか選出しないため、選挙区内の有権者数が変化しても定数を調整することができず、１票の平等を確保するために選挙区割りの調整が必要になります。そして、その際に公平性を欠く恣意的な区割りが生じる可能性があります。

❹ ○　問題６のように、ドント式の計算問題が出題されることもありますので、自分で計算できるように練習しておきましょう。

❺ ×　これは拘束名簿式についての説明となっています。それに対して非拘束名簿式とは、有権者は政党名または比例区の候補者名（名簿記載者）のいずれかで投票できる方式です。この方式では、各政党に配分された当選人数の中で、有権者からの得票数の最も多い名簿登載者から順番に当選者が決まっていきます。

問題3 選挙制度に関する記述として、妥当なのはどれか。

★★

区Ⅰ2019

❶ 民主的な選挙の原則としては、普通選挙、平等選挙、間接選挙、秘密選挙、自由選挙の５つの原則が挙げられ、これらのうち平等選挙の原則とは、一人一票、一票一価として、有権者の投票の価値が等しくなければならないとするものである。

❷ 多数代表制は、ある選挙区における多数派から支持を獲得した候補者や政党を代表として選出する仕組みであり、一選挙区から一人の代表を選出する小選挙区制はその典型であるが、小選挙区制には、次点以下の候補に投じられた票はすべて死票となるといった短所がある。

❸ 比例代表制は、有権者の票をできるだけ当選人数に反映させようとする制度であり、その議席配分方法には、サン・ラゲ式やドント式等があるが、サン・ラゲ式は、各党の得票を１、３、５といった奇数で割って、商の大きい順に議席を配分する方法であり、ドント式よりも大政党に有利な方法である。

❹ J.S.ミルは、安定した多数派が形成され、政局の堅実な運営を可能にすることが議院内閣制の下での議会において重要であり、その目的にかなうのは多数代表制であるとした。

❺ バジョットは、広い選挙区から最も良い候補を選べることで、高度の知性と人格をもつ指導者を選べるようになり、少数者の諸集団は当然有すべき大きさの力を正確に有するとして、比例代表制を支持した。

【解答・解説】

正解 ❷

❹・❺は発展的な内容ですが、正解の❷は定番の内容ですので、一本釣りで選ぶことができるでしょう。

❶ ×　「間接選挙」という記述が誤りです。民主的な選挙の５原則の一つは、有権者が直接代表者を選ぶ「直接選挙」です。実際に、自由民主主義諸国では、少なくとも下院の選挙は直接選挙を原則としています。

❷ ○　小選挙区制の短所としてはほかに、多様な利益を代表できない、ゲリマンダリングが生じるなどの問題があります。

❸ ×　「ドント式よりも大政党に有利」という記述が誤りです。１、２、３と整数（自然数）で割って商の大きい順に議席を配分するドント式は「大政党に有利」であり、１、３、５と奇数で割って商の大きい順に議席を配分するサン・ラグ式（サン・ラゲ式）は「小政党に有利」という特徴があります。

❹ ×　これは、W.バジョットの主張です。J.S.ミルは多数代表制を批判し、**比例代表制**を主張しました。多数代表制は「多数の専制」を生み出す可能性があるため、少数派でも代表を得やすい比例代表制が好ましいとしています。ミルについて、詳しくは第４章第２節で扱います。

❺ ×　これは、ミルの主張です。バジョットは、比例代表制では政党中心の選挙となるために政党幹部の影響力が強くなりすぎると批判し、候補者（政治家）中心の選挙となる多数代表制（小選挙区）が好ましいと論じました。

問題4 ★★ 次の文は、各国の国民代表を選出する選挙制度に関する記述であるが、文中の空所A～Cに該当する国名の組合せとして、妥当なのはどれか。

区Ｉ 2017

選挙制度は、大きくは、多数代表制と比例代表制の２つに分けることができる。

多数代表制は、１選挙区から１人の代表を選出する小選挙区制がその典型であり、アメリカや［　Ａ　］では相対多数でも当選とする制度だが、［　Ｂ　］では１回目の投票において絶対多数でなければ当選としないとする制度で、一度で決まらない場合、上位者で決選投票を行う。

比例代表制は、個々の有権者の票をできるだけ生かし、有権者の政党支持の分布がそのまま議席比に反映されるように配慮されており、過度の小党乱立を防ぐために、一定の得票率を獲得しないと議席を比例配分しないという［　Ｃ　］の５％条項は有名である。

	A	B	C
❶	フランス	イギリス	オーストラリア
❷	フランス	イギリス	ドイツ
❸	カナダ	フランス	オーストラリア
❹	イギリス	フランス	ドイツ
❺	イギリス	オーストラリア	カナダ

【解答・解説】

正解 ❹

まず、「フランス」が絶対多数制の代表例だと覚えていれば、それだけで正解は❸か❹に絞られます。そのうえで、Cの５％条項が「ドイツ」だということで、正解は❹になります。

A　「イギリス」が該当します。イギリスは相対多数制を、フランスは絶対多数制を採用しています。カナダも相対多数制を採用していますが、選択肢の組合せから「イギリス」が正答となります。

B　「フランス」が該当します。難しく考えず、「絶対多数制といえばフランス」という連想で選んで問題ありません。

補足

なお、公務員試験対策としてはマイナーな知識なので覚える必要はありませんが、オーストラリア連邦議会の下院では選択投票制が採用されており、二回投票制ではありません。選択投票制は、得票数の50％以上の得票が当選に必要な点で二回投票制と重なりますが、有権者が候補者に好ましさの順位をつけて投票するなど、投票や集計の仕方は大きく異なります。

C　「ドイツ」が該当します。オーストラリア連邦議会の上院では単記移譲式の比例代表制が採用されていますが、５％条項は採用されていません。また、カナダは小選挙区制を採用しており、比例代表制ではありません。

問題5 選挙に関する次の記述のうち、妥当なのはどれか。

★★

国般2003

❶ 多くのヨーロッパ諸国においては、18世紀には、財産や納税額が一定以上の成年男性に対してのみ選挙権を与える制限選挙制が採られていたが、19世紀前半には、女性も含めた普通選挙制が実現した。

❷ 我が国においては、明治23年（1890年）に最初の衆議院選挙が行われた際には直接国税を15円以上納める成年男性に対してのみ選挙権が与えられていたが、大正14年（1925年）に納税要件が撤廃されて普通選挙制が実現し、さらに昭和5年（1930年）には女性を含めたすべての成人に平等に選挙権が与えられた。

❸ 小選挙区制は、イギリス、アメリカ合衆国などの国で用いられているもので、一つの選挙区から一人の議員を選出する制度であり、必ず過半数の有権者の意思が代表される等の長所がある。その一方で、大選挙区制と比べて死票が多くなる、候補者が乱立するとの指摘がなされている。

❹ かつて我が国の衆議院選挙で用いられていた大選挙区制は、一選挙区から6人以上の議員を選出する制度である。このため、原則として一選挙区3～5人の議員を選出する中選挙区制とは明確に区別されるものである。

❺ 比例代表制は、原則として、各政党にその得票数に比例した議席が配分される選挙制度である。小選挙区制に比べて、死票が少なくなる、少数意見がより反映されやすくなるとされる一方で、小党分立の傾向が生まれやすいとの指摘もある。

【解答・解説】　　正解 ❺

正解の❺は定番の内容ですので、一本釣りで選ぶことができるはずです。❶はやや細かい内容ですが、この機会に覚えておきましょう。

❶ ×　19世紀前半の段階では、女性も含めた普通選挙制は実現していません。ヨーロッパ諸国で、**男性限定**で納税要件によらない政治参加が実現したのは19世紀後半から20世紀前半期であり、**女性の選挙権**が初めて認められたのは1893年（ニュージーランド）、女性の被選挙権が初めて認められたのは1906年（フィンランド）です。

❷ ×　日本で、女性を含めたすべての成人に平等に選挙権が与えられたのは、第二次世界大戦後の1945年です。

❸ ×　「必ず過半数の有権者の意思が代表される」という記述が誤りです。**絶対多数制**を採用するフランスであればこの記述は成り立ちますが、イギリスやアメリカは**相対多数制**を採用していますので、**過半数の票を獲得しなくても最多得票者であれば当選可能**です。

❹ ×　中選挙区制は大選挙区制と明確に区別されるものではなく、政治学上の定義では、中選挙区制は大選挙区制の一種となります。日本の衆議院選挙では、1928年の選挙から1993年の選挙まで（1946年の選挙を除く）、いわゆる「中選挙区制」が採用されてきましたが、それは原則として１選挙区３～５人を選出する大選挙区となります。

❺ ○　小選挙区制と比例代表制はそれぞれ長所短所があるため、日本では両者を組み合わせた小選挙区比例代表並立制を採用しています。

問題6 ★★

比例代表制の選挙において、A党は6,000票、B党は4,000票、C党は1,800票の得票があった。議席数が12議席である場合、ドント式による議席配分法でA党、B党及びC党が獲得する議席数の組合せとして、妥当なのはどれか。

区Ⅰ2015

	A党	B党	C党
❶	5議席	4議席	3議席
❷	6議席	3議席	3議席
❸	6議席	4議席	2議席
❹	7議席	3議席	2議席
❺	7議席	4議席	1議席

【解答・解説】

正解 ❸

ドント式の計算問題は変則的ですが、過去にも地方上級試験で出題されたこともありますので、計算できるようにしておきましょう。

以下の計算により、各党への議席配分は、A党6議席、B党4議席、C党2議席となり、❸が正解となります（丸数字は、議席配分の優先順位です）。

政党	A党	B党	C党
得票数	6,000	4,000	1,800
÷1	① 6,000	② 4,000	⑥ 1,800
÷2	③ 3,000	④ 2,000	⑫ 900
÷3	④ 2,000	⑧ 1,333	600
÷4	⑦ 1,500	⑩ 1,000	450
÷5	⑨ 1,200	800	360
÷6	⑩ 1,000	666	300
÷7	857	571	257

 我が国の選挙に関する次の記述のうち、妥当なのはどれか。

★★

国税・財務2014

❶ 選挙区制は全ての選挙区の定数が１である小選挙区制と、一つの選挙区から複数の議員が選出される大選挙区制に分けられる。また、大選挙区制のうち1996年に小選挙区比例代表並立制が導入される以前の我が国の衆議院議員選挙のように、各選挙区の定数が最少10から最多20までである選挙区制は、特に中選挙区制と呼ばれている。

❷ 投票率を上げるためには、有権者が投票に行く際にかかる投票コストを軽減することが考えられる。例えば、1998年に行われた参議院議員選挙においては、投票時間が２時間延長されたほか、不在者投票の条件が緩和された。しかし、同年の参議院議員選挙の投票率は約45%となり、1995年の参議院議員選挙の投票率である約59%を下回った。

❸ 多数代表制の選挙制度には、米国などのように得票数が過半数に達していなくとも最も多い得票をした候補者が当選する相対多数制と、フランスなどのように過半数の得票をした候補者以外は当選できない絶対多数制がある。我が国の衆議院議員選挙の小選挙区選挙では選挙区内で最多数の票を得た場合であっても、有効投票総数の過半数の得票がない場合は当選することができないことから、絶対多数制を採用しているといえる。

❹ 我が国の衆議院議員選挙においては、小選挙区に立候補した上で、比例代表選挙にも名簿登載をされる、重複立候補が認められている。小選挙区で落選した候補者のうち、名簿の当選人となるべき順位が同一のものとされた者の間において比例代表での当選を決める際には、小選挙区で落選した候補者の得票数が、その小選挙区で当選した候補者の得票数に対し何%であったかを計算した「惜敗率」が用いられている。

❺ 比例代表制における議席配分方式として、大政党に有利に働くとされるサン・ラゲ（サン・ラグ）式、大政党に不利に働くとされるドント式などがある。我が国では1996年に衆議院議員選挙において小選挙区比例代表並立制が導入された際にドント式が採用されたが、小政党が乱立したことから、その後現在のサン・ラゲ（サン・ラグ）式に変更された。

【解答・解説】

正解 ❹

全体的に細かい内容が多いです。特に❷は細かいですが、「投票率を上昇させるための対策を行ったのだから、下がることはないだろう」と推定してください。

❶ ×　日本の衆議院選挙で、(1946年の選挙を除き) 1928年から1993年まで採用されていた中選挙区制では、各選挙区の定数は概ね3～5です。10～20というのは多すぎます。

❷ ×　1995年の参議院選挙の投票率は過去最低の44.5%を記録しましたが、1998年の参議院選挙では、投票時間の延長や不在者投票の要件緩和によって、投票率は58.8%と大幅に改善されました。これは細かい内容ですが、1995年の参議院選挙の投票率が (1993年の政権交代に対する幻滅などもあり) 過去最低になったことは覚えておきましょう。

❸ ×　日本の衆議院の小選挙区は、有効投票数の過半数の得票がなくても (法定得票数を上回れば) 当選できるので、相対多数制に分類されます。

❹ ○　衆議院選挙では、本肢にあるような重複立候補が認められています。また、各政党は、比例区の候補者名簿で2人以上の重複立候補者を同一順位とすることができます。そして、重複立候補者が小選挙区で落選した際に、比例名簿の同一順位の候補者の中から当選者を決める際には、「惜敗率」が高い候補者が優先されます。

❺ ×　まず、日本では衆議院・参議院選挙ともに、比例代表制の導入から現在まで一貫してドント式が採用されています。また、サン・ラグ式とドント式を比較すると、ドント式のほうが大政党に有利に働くとされます。

問題8　**選挙制度に関する次の記述のうち、妥当なのはどれか。**

★★★

国般2005

❶　選挙制度は、選挙区の面積や有権者数に着目して、小選挙区制、中選挙区制、大選挙区制に分類される。大選挙区制は、当落を左右するに当たって一票の価値が低く、相対的に死票が多い選挙制度であるといわれる。

❷　選挙制度は、得票の多い候補者を当選者とする多数代表制と、得票数に比例して議席を配分する比例代表制とに分類することができる。我が国の衆議院選挙で現在採用されている小選挙区比例代表並立制は両者を同一選挙区において適用する選挙制度であり、以前採用されていた中選挙区制は比例代表制の一つである。

❸　比例代表制における議席配分方式としては、得票数を奇数で除するドント式と偶数で除するサン・ラゲ式がある。サン・ラゲ式は、ドント式が大政党を相対的に有利にする点を改善するものであり、我が国の参議院選挙において、有権者が候補者個人を選べる非拘束名簿方式に変更されるとともに導入されている。

❹　選挙制度は投票方式によっても分類することができる。投票用紙に候補者1名だけを書く方式を単記投票制、複数名を書くものを連記投票制という。また、不在者投票が認められるか否かに着目すると移譲式と非移譲式とに分類され、我が国の衆議院選挙で採用されていた中選挙区制は単記移譲式とされる。

❺　多数代表制の選挙では、当選する見込みのある候補者数は選挙区定数プラス1になると論じられている。これは、当選の見込みのない候補者が立候補を見合わせ、有権者も当選の見込みのない候補者に投票しなくなると考えられるからである。

【解答・解説】

正解 ❺

難易度が高い問題です。特に❹は細かい内容ですが、移譲式の詳細を覚える必要はありません。ここでは「日本では移譲式は採用されていない（**非**移譲式だ）」ということだけ覚えておいてください。

❶ ×　小選挙区制と大選挙区制の分類は、選挙区の面積や有権者数ではなく、1選挙区から選出される議員の数で区別されています。そのうち、小選挙区制は1選挙区から1人、大選挙区制は2人以上選出する制度です。また、「中選挙区制」は大選挙区制の一種であり、特に定員3～5人のものを指します。そして、第2文は、小選挙区制に関する記述です（「死票が多い」で判別できます）。

❷ ×　衆議院選挙における「小選挙区比例代表並立制」は、多数代表制である小選挙区制と、比例代表制について、**それぞれ別の**選挙区を設けて適用した制度です。また、中選挙区制と比例代表制は、全く別の仕組みです。

❸ ×　我が国では、衆議院・参議院ともにドント式を採用しています。また、ドント式は各政党の投票数を**自然数**（1、2、3……）で割っていき、その商が大きい順に議席を配分していく方法であり、サン・ラグ式（サン・ラゲ式）は投票数を**奇数**（1、3、5……）で割っていき、議席を配分していく方法です。

❹ ×　移譲式とは、有権者が全候補者に望ましいと思う順位をつける制度で、不在者投票とは全く関係ありません。また、日本では移譲式は採用しておらず、かつて採用されていた中選挙区制は、**単記非移譲式**です。

補足

具体的には、例えば1人区で候補者が3人以上出て、いずれの候補者も過半数を獲得できなかった場合、有権者が候補者につけた優先順位に従って、票を再分配する方法です。

❺ ○　小選挙区については、各選挙区での有力政党・候補者数が2になる傾向があることを示した「デュヴェルジェの法則」が知られています。

問題9 選挙制度に関する次の記述のうち、妥当なのはどれか。

★★★

国般2008

❶ 一票の価値の格差を是正するために選挙区割りを変更することがあり、我が国の衆議院選挙でも、かつての中選挙区制の時代は選挙のたびごとに選挙区割りが改定されてきた。しかし、小選挙区の区割りの改定は制度上困難であるため、小選挙区比例代表並立制の導入以降は、現在まで小選挙区の区割りの改定は行われておらず、一票の価値の格差は拡大している。

❷ 比例代表制は、各党の獲得した得票数に応じて、各党へ議席が配分されるという仕組みである。そのため、比例代表制は、各政党の得票率と議席率が大きく乖離しないことや、いわゆる死票の発生を抑制できるなどの利点があるが、一方で、この制度で有権者が選択できるのは政党だけであり、候補者を選ぶことができないという難点がある。

❸ 多数代表制のうち、相対多数制は、得票数や（有効投票に占める）得票率にかかわらず、相対的に最も多くの票を獲得した候補を当選者とする制度である。そのため、相対多数制の我が国の首長選挙では当選者の得票率が有効投票の10％未満という例も見られるが、こうした著しく低い得票率での当選を避けるために、当選に必要な最低ラインを別途設けている国もある。

❹ 多数代表制のうち、絶対多数制は、有効投票の絶対多数、すなわち過半数の票を獲得した候補を当選者とする制度である。そのため、絶対多数制の下では、過半数の票を獲得する候補が現れるまで何度でも選挙をやり直す必要があり、例えば、フランスの下院議会の選挙では、4～5回程度、再選挙が行われるのが通例となっている。

❺ 単記式投票とは一名の候補者に投票する方式で、連記式投票とは複数名の候補者に投票する方式である。連記式には、議員定数と同じ数の候補者に投票する完全連記式と、議員定数よりも少ない数の候補者に投票する制限連記式がある。現在の我が国においては、国政選挙、地方選挙を問わず、候補者に投票する選挙はすべて単記式投票である。

【解答・解説】

正解 ❺

全体的に細かい内容が並んだ問題ですが、常識を働かせれば外せるように問題文が工夫されています。

❶ ×　「中選挙区制の時代は選挙のたびごとに選挙区割りが改訂されていた」、「現在まで小選挙区の区割りの改定は行われておらず」という記述が誤りです。現在の小選挙区比例代表並立制のもとでは、選挙区割りは10年ごとに国勢調査の結果を受けた衆議院議員選挙区画定審議会の審議を経て内閣総理大臣に対し勧告が行われた後、国会で審議されており、2002年と2013年に選挙区割が変更されています。

補足

ここで「1票の価値の格差」とは、選挙区における議員1人当たりの有権者数が選挙区によって差があることを指し、大きく異なる場合には憲法で規定された法の下の平等に反するとされています。

このうち、中選挙区制では一つの選挙区から複数の議員を選出するため、選挙区内の有権者数の変化には定数の変更で対応できます（有権者が増えた場合は定数を増やし、有権者が減った場合には定数を減らせばよいです）。

それに対して、小選挙区制では一つの選挙区から1人しか選出しないため、選挙区内の有権者数が変化しても定数を調整することができず、1票の平等を確保するために選挙区割りの調整が必要になります。

❷ ×　比例代表制で有権者が選択できるのは、政党だけではありません。我が国の比例代表制度のうち、参議院選挙では非拘束名簿式が採用されており、有権者は政党だけでなく候補者個人への投票も可能です。

❸ ×　我が国の地方公共団体の首長選挙では、選挙で当選が認められるために必要な**法定得票数**が厳格に定められているため、得票率10％未満では当選できません。都道府県知事と市町村の長ともに、首長選挙において有効投票総数の4分の1以上の票を獲得した者がいない場合は、「当選人なし」の告示の後、再選挙が行われることになります。これは細かい内容ですが、「さすがに10％未満で当選させるのはおかしいだろう」という推定で誤りと判断しましょう。

❹ ×　「4～5回程度、再選挙が行われるのが通例」という記述が誤りです。フランスでは絶対多数代表制を基礎としていますが、問題文後段のような事態が生じないように「2回投票制」が採用されており、2回目の選挙では最も得票数の多かった候補を当選者とすることになっています。ともあれ、選挙には多額の費用がかかることを考えて、「4～5回も実施しないように工夫しているだろう」という推定で誤りと判断しましょう。

❺ ○　我が国でも、幣原内閣のもと、戦後最初に行われた1946年の衆議院議員総選挙（旧憲法下で最後の選挙）で、定数10以下の選挙区2名連記、定数11以上の選挙区3名連記という形で制限連記式の大選挙区制が採用されたことがありますが、ほとんどは単記式投票で実施されています。

MEMO

4 政治体制の類型

学習のポイント

・全体主義や権威主義体制の出題は多くありませんが、関連する論点の出題は多いので、基本事項の一つとして押さえておきましょう。
・ダールのポリアーキー、レイプハルトの多極共存型民主主義は各試験共通の頻出事項です。

1 全体主義体制

(1) 定 義

狭義では、イタリアのファシスト党の一党独裁体制のことです。広義では、ナチス・ドイツ、旧ソ連などの政治体制に対する呼称として用いられます。

(2) 特 徴

経済・文化・思想などの社会のさまざまな領域を強制的に画一化しました。したがって、**一党独裁体制**が確立され、複数政党制は否定されるなど、**多元主義が否定**されます。また、明確に体系化された指導的なユートピア的**イデオロギー**が存在します。そして、マス・メディアなどを利用した集中的で広範な**国民動員**が存在します。

(3) ファシズム

ファシズムとは、自由主義を否定し、一党独裁による専制主義を採り、指導者に対する絶対の服従、対外的には**反共産主義**を掲げ侵略政策を採ることを特色とする政治体制や思想をいいます。狭義ではイタリアのファシスト党の支配を指します。ファシズムは全体主義の一類型であり、具体的にはイタリアのムッソリーニの体制、ナチス・ドイツ、日本の天皇制ファシズムを指します。

丸山眞男（まるやままさお）は、大衆運動の形式を採りながら成立したドイツやイタリアのファシズムを**下からのファシズム**、大衆運動が弱く既存の支配体制が主導した日本のファシズムを**上からのファシズム**と呼びました。例えば、ドイツでは多党制のもとでの選挙でナチスが第一党になり、合法的に政権を獲得したあとに、ナチス以外のすべての政党を非合法化して、一党独裁体制に移行しています。

2 権威主義体制

(1) 背　景

スペインの政治学者**J. リンス**がスペイン・フランコ体制の分析から概念化したものです。その後、ラテンアメリカの軍事政権や東南アジアの「**開発独裁**」などを説明する概念としても用いられるようになりました。

(2) 特　徴

権威主義体制は、自由民主主義と全体主義の中間的な特徴を持ちます。また、団体の数は少なく、自治の範囲も限定的で、相互に競合しないものとなっており、**多元主義**は否定されているわけではないものの**限定**されています。また、イデオロギーが全体主義ほど体系化されておらず、厳格性に欠け、解釈の幅が大きい信念体系である**メンタリティ**（伝統に結びつく感情的な思考や心情の様式）が存在します。また、全体主義のような大衆動員は行わず、むしろ**大衆を非政治化**し、政治参加を低いものとさせます。

	全体主義	権威主義	自由民主主義
多元主義	不在	制限的	多元的
イデオロギー	強固に存在	メンタリティ	多様な思想を許容
大衆動員	網羅的	最低	自発的

確認してみよう

① 「権威主義体制」とは、アフリカや中東の諸国に見られるカリスマ的指導者が宗教的権威に依拠する政治体制を指す。これらの国では、社会構造の専門化・分化が進まず、西欧型の議会主義も十分に機能せず、宗教権威が世俗権威に優越するという特徴を持っている。裁判所2008教

2 (2) 参照 ×

権威主義体制は宗教的権威に依拠するとは限りません。本肢は、権威主義体制の中でも神権政治的体制についての説明です。

② 開発独裁とは、急速な経済開発のためには最適な資源投入を強制し得る独裁的権力が効果的であると同時に、効果的に開発された経済力によって増強される警察力・軍事力をもって独裁的政治権力が強化され、さらに強力に最適な資源投入を強制できるようになるという、明治維新後の日本を研究する中で導き出された経済開発と独裁的政権の親和性を説明した概念であり、1970～80年代の東南アジア諸国には当てはまらない。国税2009

2 (1) 参照 ×

開発独裁の説明は妥当ですが、これは1970～80年代の東南アジア諸国に当てはまります。

3 ポリアーキー

(1) 民主主義とポリアーキー

アメリカの政治学者**R.ダール**は、一般に民主主義という言葉で示される内容は多分に理想的な内容を含みすぎており、現実の民主政の分析にはふさわしくないとして、「**現存する民主主義**」を記述するための概念として、**ポリアーキー**を提示しました。

補足

「ポリアーキー」(polyarchy：多頭制)は、多元的な(poly)＋支配体制(archy)という意味で、ダールの造語です。これは、単一者による政治である「モナーキー」(monarchy：君主制)や、少数者による政治である「オリガーキー」(oligarchy：寡頭制)と対比して提起されていて、複数者による政治というのが「ポリアーキー」のポイントです。

(2) ポリアーキーの条件

ポリアーキーを成り立たせている「条件」は、①**公的異議申し立て**(自由)、すなわち反対派の意見に対する許容度、②**政治参加の包括性**(包括性)、すなわち政治参加の権利が認められている範囲の二つに集約されるとし、この二つの次元によって政治体制を比較しました。

	（理想としての）民主主義	ポリアーキー
概要	市民の要求に対して、政府が平等に責任を持って対応すること	「公的意義申し立て」と「政治参加の包括性」の条件が高い状態を保っている状態
特徴	多様な意味合いを持ちすぎ、現存の民主政の分析にふさわしくない	現実の政治体制がどの程度民主化されているかその程度が測定可能

(3) 政治体制の類型

ダールは上記二つの次元は、現実の政治制度がどの程度民主化されているかの尺度となると考え、政治体制を四つに類型化しました。

類型名	公的異議申し立て	政治参加の包括性	例
閉鎖的抑圧体制	低い	低い	前近代の封建制国家・君主制国家
競争的寡頭体制	高い	低い	制限選挙の時代の英国等
包括的抑圧体制	低い	高い	旧ソ連や社会主義下の東欧諸国等
ポリアーキー	高い	高い	現代の欧米諸国や日本等

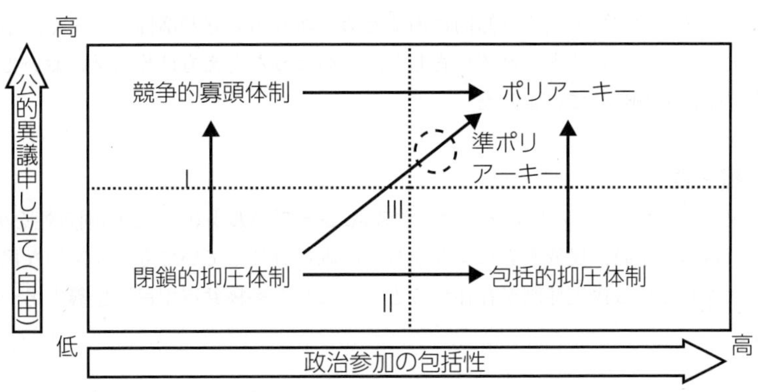

補足

ポリアーキーの条件を完全には満たしていないものの、両方の指標がある程度は高い国家の体制について、ダールは「準ポリアーキー」と呼んでいます。

確認してみよう

① ダールは、ポリアーキーは現実に存在する政治体制であり、デモクラシーの諸条件を完全に満たした純粋なタイプの政治体制であるとした。区Ⅰ 2002

3 (1) 参照 ×

「諸条件を完全に満たした」ものは現実に存在するものではないのでポリアーキーではありません。

4 多極共存型民主主義

(1) 背 景

イギリス・アメリカでは、人々が多種多様な団体に加入する傾向があるため、民族・宗教・言語などの違いがあっても、それが世界観やイデオロギーの対立にまで深まることが防がれており、安定的な民主政が運営されているとされていました。

他方で、大陸ヨーロッパでは、民族・宗教・言語などの同一の下位文化のもとにある同系統の団体に所属する傾向にあるため、相互の対立が増幅しやすく、不安定な民主政となっているとされていました。このような考え方は政治学においてかつて広く受け入れられていました。

(2) 概 要

上記に対して、オランダ出身の政治学者**A. レイプハルト**は、社会的同質性を欠き、社会が言語、宗教、民族などにより複数の区画に分裂していても、安定的な民主政が運営されている民主体制が存在するとし、これを**多極共存型民主主義**と名づけました。

(3) 特 徴

主にヨーロッパ中小国の**ベルギー**、**オランダ**、**スイス**、オーストリア（1944～66）が該当するとされ、国内の多様なグループに対する配慮が以下のような形で政治制度に組み込まれているとされています。

①大連合	全区画に関係する争点については、各区画の代表がすべて関与
②各区画の自治	その他の争点については各区画の自立性が確保
③比例制	各区画のバランスに配慮したポスト配分・任命
④少数者の拒否権	少数者の死活的利益を守るための拒否権

(4) 多数決型民主主義と合意型民主主義

また、レイプハルトは制度的要因に注目して民主主義を、多数決型と合意型に分類しています。

多数決型民主主義（ウエストミンスターモデル）	合意型民主主義（コンセンサスモデル）
多数決原理に基づき、過半数を獲得した一つの政党に権力を集中する	多数派の強制ではなく、幅広い合意を追求し、権力の制限と共有を目指す
①執行権の集中（一党による単独政権） **②二大政党制** **③多数決型の選挙制度**	**①執行権の共有（幅広い連立内閣）** **②多党制** **③比例代表制**
典型例：ニュージーランド、**イギリス** （アメリカ、カナダ、ドイツ、日本も含まれる）	典型例：スイス、ベルギー、オランダ

確認してみよう

(1) 多極共存型デモクラシーの基本的特徴の一つは、あらゆる重要な分野での政治指導者たちが、国の統治のために大連合を形成することであり、協調的な行動が前提とされている。このため、多極共存型デモクラシーの下では、全体の決定に対する個々の分野からの拒否権の行使は認められない。国税2001

4 (3) 参照 ×

多極共存型民主主義では各セクションに拒否権が認められています。

過去問にチャレンジ

問題1 ★

リンスの権威主義体制論に関する記述として、妥当なのはどれか。

都Ⅰ2004

❶ リンスは、フランコ時代のスペインの分析を通じて、民主主義と全体主義の中間に位置する国家体制として、権威主義体制という概念を提起した。

❷ 権威主義体制の政治構造では、政党や利益集団の自由な設立と活動を認めるなど、民主主義体制と同様の広範な多元性が存在する。

❸ 権威主義体制では、国民に対して高度の政治的動員が行われ、国民が政治に無関心であることは許されない。

❹ 権威主義体制では、伝統に結びつく感情的な思考や心情の様式であるメンタリティーは、曖昧でわかりにくいものであるとして排除される。

❺ 権威主義体制は、精緻で体系的なイデオロギーによって理論武装されているが、実際にはそれが徹底されることはない。

【解答・解説】

正解 ❶

民主主義体制・全体主義体制とは異なる権威主義体制の特徴を理解していれば、簡単に解ける問題です。

❶ ○　J.リンスは、スペインのフランコ体制を念頭に置いて「権威主義体制」の特質を示していますが、この概念はラテンアメリカの軍事体制や東南アジアの開発独裁についても説明力を持っています。

❷ ×　「民主主義体制と同様の広範な多元性が存在する」という記述が誤りです。「同様」であれば、わざわざ民主主義体制と別の類型を作る必要はないはずです。権威主義体制では、全体主義体制のような社会の一元化はなされていませんが、教会や労働者組織など少数の団体が活動を許されるのみで、民主主義体制に比べると多元性は**限定的**なものにとどまります。

❸ ×　権威主義体制は、政治的動員はせずに、大衆の政治的無関心を助長することで体制の維持を図る点が特徴です。

❹ ×　権威主義体制は、明確なルールや精緻で体系的なイデオロギーを示すのではなく、伝統に結びつく感情的な思考や心情の様式である**メンタリティ**を積極的に活用して権威を維持しようとする点が特徴です。

❺ ×　精緻で体系的なイデオロギーによって理論武装するのは、全体主義体制の特徴です。❹で示したように、権威主義体制では明確なイデオロギーには依存しません。

★

リンスの権威主義体制論に関するA～Dの記述のうち、妥当なものを選んだ組合せはどれか。

区Ⅰ2016

A リンスは、全体主義と民主主義の中間に位置する政治体制を権威主義体制として概念化し、この体制では、高度の政治動員体制がないとした。

B リンスは、全体主義と民主主義の中間に位置する政治体制を権威主義体制として概念化し、この体制は、発展途上国に一切見られないとした。

C リンスは、全体主義と民主主義の中間に位置する政治体制を権威主義体制として概念化し、この体制では、体制や指導的理念としてのメンタリティは存在するものの体制を支える体系的なイデオロギーが存在しないとした。

D リンスは、全体主義と民主主義の中間に位置する政治体制を権威主義体制として概念化し、この体制では、限られた範囲であっても多元主義が認められないとした。

❶ A B
❷ A C
❸ A D
❹ B C
❺ B D

【解答・解説】

正解 ❷

組合せ問題で、易問といえます。

A ○　権威主義体制は、大衆の政治的無関心を助長する体制です。

B ×　「発展途上国に一切見られない」という記述が誤りです。スペインのフランコ体制を分析するためにJ.リンスが概念化した「権威主義体制」は、その後、東南アジアの「開発独裁」やラテンアメリカの軍事政権を分析するための概念として利用されています。

ヒント

ともあれ、問題文の見方として、ものごとには例外があるのが普通ですから、「一切ない」といった言い回しが出てきたら間違いの可能性が高いと判断してください。

C ○　明確なイデオロギーに依存しないのが、権威主義体制の特徴です。

D ×　「限られた範囲であっても多元主義が認められない」という記述が誤りです。権威主義体制では、教会、経営者組織、労働者組織などの活動は許されています。ただし、団体の数は少なく自治の範囲も限られているので、限定された多元性となります。

問題3 ファシズムに関する記述として、妥当なのはどれか。

★

都I 2005

❶ ファシズムは、共産主義と同様に、体系的な理論に基づいて発展した政治運動であり、ドイツでは、ヒトラーがこの運動の中心となって非合法的に政権を獲得した。

❷ ファシズムは、その成立過程によって、上からのファシズムと下からのファシズムとに分類されるが、イタリアのファシズムは、上流階級の支持を背景としたものであり、上からのファシズムに当たる。

❸ ファシズムの特徴の一つとして、反共産主義があげられ、ドイツのナチス政権は、共産主義政党を非合法化したが、これ以外の政党については、政権の合法性を標ぼうするため、複数の存在を認めた。

❹ ファシズムの特徴の一つとして、対外膨張主義があげられ、ドイツとイタリアは、植民地をもつ他国を批判する一方で、自ら軍事力を行使して対外的侵略を行った。

❺ ファシズムに反対した代表的な学者として、C.シュミットがあげられるが、彼は、自由主義的な立場から政治理論を展開し、ヒトラーの政策を批判したため、投獄された。

【解答・解説】

正解 ❹

❺はまだ扱っていない論点ですが、正解の❹は文章も短く判断に迷う記述も見当たらないので、一本釣りすることはできるでしょう。

❶ ×　「非合法的に政権を獲得した」という記述が誤りです。ヒトラーは1923年11月にミュンヘン一揆を企てて失敗し、党は解散、自身は禁錮刑となりました。しかし1924年末に釈放された後は、国会選挙を通じて法律の枠組みの中で政権を獲得する方針に転換し、1925年のナチス党再建後、議席を着実に伸ばしていき、1932年に第一党の地位を確保、1933年に首相の座に就きました。なお、「体系的な理論」という記述も正しいとはいえず、共産主義と比べるとファシズムの理論は体系性に欠けます。

❷ ×　**ドイツ**や**イタリア**のファシズム成立の背景には、小企業主・零細商業者・手工業者・農民・労働者などの熱烈な支持があり、「**下からのファシズム**」と呼ばれています。一方、日本やスペインでは、下からの運動というよりは既存の支配層によってファシズムが成立したため、「上からのファシズム」と呼ばれています。

❸ ×　「複数の存在を認めた」という記述が誤りです。ナチスは、1933年に政権を獲得してすぐに「全権委任法」を制定し、ナチス以外のすべての政党を非合法化し、一党独裁制を確立しました。

❹ ○　ドイツは1938年以降、次々と領土を拡大していきました。

❺ ×　C.シュミットは、ナチスに思想的基盤を与えたとされています。彼は、ナチスが政権を得た後ナチ党に入党し、各種著作でナチズムを正当化するとともに反ユダヤ主義にも共鳴しています。なお、シュミットについて詳しくは、第4章第3節で扱います。

問題4 ★ **ダールのポリアーキー論に関する記述として、妥当なのはどれか。**

区Ⅰ2006

❶ ダールは、ポリアーキーと対極的位置にある政治体制を閉鎖的抑圧体制とし、そこから自由化だけが拡大すれば包括的抑圧体制になるとした。

❷ ダールは、ポリアーキーとは、デモクラシーの条件を不完全だが近似的に満たし、現実に存在する政治体制であるとした。

❸ ダールは、ポリアーキー論では、イギリス的民主政治を理論化することはできるが、世界各国の政治体制や歴史的発展を比較分析することはできないとした。

❹ ダールは、自由化と政治参加の二つの次元だけを捉えて政治体制の位置付けを試みることはできないとし、さらに多くの次元から構成されるポリアーキー論を提唱した。

❺ ダールは、ポリアーキーが成り立つための条件として、政治指導者が民衆の支持を求めて競争する権利は必要ではないが、政府の政策を投票あるいはその他の要求の表現に基づかせる諸制度は必要であるとした。

【解答・解説】

正解 ❷

❸〜❺は、R.ダールのポリアーキー論を逆に言い換えた「わざとらしい」記述になっています。こういう言い回しの怪しさにすぐに気づけるようになれば、正答率が上がるようになります。

❶ ×　閉鎖的抑圧体制から自由化だけが拡大すれば「競争的寡頭体制」になります。ポリアーキー以外の体制は、それぞれの特徴が名称になっています。名称から、公的異議申し立ての「自由化」と、政治参加の「包括性」の高低を判別できるようにしましょう。

①「閉鎖的抑圧体制」は、大衆が政治参加できないから「閉鎖的」（＝包括性：低）、公的異議申し立てができないから「抑圧」（＝自由化・低）となります。

②「競争的寡頭体制」は、一部のエリートだけが政治参加しているから「寡頭」（＝包括性：低）、言論の自由はあり議会での論戦はあるから「競争的」（＝自由化・高）となります。

③「包括的抑圧体制」は、普通選挙制だから「包括的」（＝包括性：高）、公的異議申し立てができないから「抑圧」（＝自由化・低）となります。

❷ ○　ダールは「デモクラシー」という概念について、目の前の現実を示すものではなく目指すべき目標と捉え、不完全ではあっても「デモクラシー」の条件をある程度満たした現実の政治体制を指す言葉として「ポリアーキー」という言葉を作りました。

❸ ×　ダールのポリアーキー論は、世界各国の政治体制や歴史的発展を比較分析するために考案された概念図式です。

❹ ×　ダールは、自由化と政治参加の二つの次元からポリアーキー論を提唱しました。

❺ ×　ダールは、ポリアーキーが成り立つための条件として、政治的指導者が民衆の支持を求めて競争する権利（公的異議申し立ての自由）も必要だとしています。

問題5 ★

ダールのポリアーキー論に関するA～Dの記述のうち、妥当なものを選んだ組合せはどれか。

区Ⅰ2014

A　ダールは、デモクラシーという言葉を理念型としての民主主義のために留保しておき、民主主義の現実形態にはポリアーキーという名前を与えて理念型と区別した。

B　ダールは、ポリアーキーを成立させる条件を不完全だが近似的に満たした体制を準ポリアーキーとし、競争的寡頭体制と包括的抑圧体制を準ポリアーキーに分類した。

C　ダールは、近代社会における政治体制を閉鎖的抑圧体制と呼び、閉鎖的抑圧体制から、選挙に参加し公職に就く権利のみが拡大すれば、競争的寡頭体制になるとした。

D　ダールは、民主化の条件として、公的異議申立てと包括性の２つの基準を設け、どちらも高い状態にあるのがポリアーキーであるとした。

❶　A　B
❷　A　C
❸　A　D
❹　B　C
❺　B　D

【解答・解説】

正解 ❸

Bの「準ポリアーキー」は発展的な内容ですが、**A**と**D**は文章が短く間違いも見当たらないため、正しいと判断することができるでしょう。

A ○　R.ダールは、目指すべき理念としての「デモクラシー」と、現実形態を記述する概念としての「ポリアーキー」を区別しました。

B ×　競争的寡頭体制は「包括性」が低いため、包括的抑圧体制は「自由化」が低いため、いずれも準ポリアーキーには該当しません。

補足

ダールは、ポリアーキーまでは到達していないものの、「包括性」と「自由化」の両方の指標が比較的高い国家の体制について、「準ポリアーキー」と呼んでいます。

C ×　閉鎖的抑圧体制は、**前近代社会**に典型的な政治体制です。また、閉鎖的抑圧体制から、選挙に参加し公職に就く権利（つまり「包括性」）のみが拡大すれば、**包括的抑圧体制**になります。

D ○　「公的異議申し立て」は「自由化」、「包括性」は「参加」と表現されることもあるので、どちらでも対応できるようにしましょう。

問題6 ★ ダールの民主主義についての理論に関する記述として、妥当なのはどれか。

都Ⅰ2008

❶ 彼は、デモクラシーとは、すべての市民の選好に対して政府が政治的に公平に責任をもってこたえるという特性をもった政治体系のことをさすものであるとし、多元的民主主義論を否定した。

❷ 彼は、完全ではないが比較的民主化された体制をポリアーキーとよび、理念型としてのデモクラシーとは区別した。

❸ 彼は、民主主義の実現の程度について、公的異議申立ての自由化と参加の包括性との２つの指標を用いて分析し、両方とも低い状態を包括的抑圧体制とした。

❹ 彼は、競争的寡頭体制では、閉鎖的抑圧体制と比較して公的異議申立ての自由化が低いため、政府に対する公的異議申立ての自由化を高めることが必要であるとした。

❺ 彼は、ヨーロッパ諸国を分析して、同質的な社会でなくとも、又、同質の文化を有していない国においても民主主義が実現されることを明らかにし、これを多極共存型民主主義とよんだ。

【解答・解説】

正解 ❷

これは消去法で選ぶこともできますし、正解肢も明確な易問といえます。

❶ ✕　「多元的民主主義論を否定した」という記述が誤りです。R.ダールは「多元的民主主義」の提唱者として有名な政治学者です。

❷ ○　ダールは、すべての人民が政治的決定に参加し、そこで決定される人民の意思に従って政治を行うという人民主義的民主主義は、現代の大衆社会においては実現不可能だと考えて、そうした「理想としての民主主義」ではなく「実現可能な民主主義」の客観的記述を目指して「ポリアーキー」という新たな用語を生み出しました。

❸ ✕　二つの指標が両方とも低い状態は、**閉鎖的抑圧体制**です。

❹ ✕　競争的寡頭体制は、閉鎖的抑圧体制と比較して、公的異議申し立ての自由化が**高い**です。

❺ ✕　これは、A.レイプハルトの「多極共存型民主主義（多極共存型デモクラシー）」についての記述です。

第3章

政治過程

政　党

圧力団体

マス・メディアと世論

政治意識と投票行動

1 政　党

学習のポイント

・政党の類型論や政党システム論が特に重要です。
・国家公務員では日本政党史が問われる場合もあります。
・アメリカ、イギリスの政党の特徴が問われやすいので、各国政治の論点とともに基本事項をしっかり学習しましょう。

1 政　党

⑴ 背　景

今日、政党は政治過程の重要アクターとして認識されていますが、その発生当初は否定的に評価されていました。例えば、G.ワシントンやJ.マディソンなどのアメリカの建国指導者たちは、**政党と徒党を同一視し政党を非難**しました。当時において政党は徒党（派閥）という位置づけで、特殊利益を追求するものと考えられたのです。

⑵ バークによる政党の定義

このような時代にあってイギリスの政治家**E.バーク**は、「政党とは、全員が同意しているある特定の原理に基づいて、共同の努力によって**国民の利益を促すために結集した人々の集合体**である」と定義し、**政党の存在を積極的に擁護**しました。

⑶ バーカーによる政党の定義

他方でアメリカの政治学者**E.バーカー**は、現代民主主義において政党の果たしている利益集約機能に注目し、政党を「一方の端を社会に、他方の端を国家にかけている**橋**」であり、「社会における思考や討論の流れを政治機構の水車まで導き、それを回転させる**導管**であり、**水門**」であると定義し、政党が政治過程において、利益集約機能を果たしていることを論じました。

⑷ 政党の機能

政党は現代の政治過程において極めて重要な役割を果たしていますが、**最も重要なのが、政党の利益集約機能**です。この利益集約機能を含めて、政党の主な機能は4点にまとめることができます。

①政策の形成	**利益表出**：利益団体や個人のニーズを政治過程に表出する **利益集約**：多様な諸利益をいくつかの政策案に集約する
②政治家の補充と教育	候補者を擁立し、有権者を選挙に動員する また、所属する政治家にさまざまなポストを配分することでキャリアを積ませる
③議会政治運営と政権担当	多数党は議会政治運営の中心を担い、少数党は多数党に対する批判勢力として議会における討論を展開する また、議院内閣制であれば、多数派が与党として政権を担当する
④国民の政治教育	選挙運動や政策論争を通じて、国民の政治参加を促進し、政治の価値観や態度を習得させる（政治的社会化の機能）

確認してみよう

①　E.バークは、国民的利益を重視する観点から、政党は単なる私的利益にしか関心のない派閥や徒党と変わらない存在であるとして、政党を批判した。
都Ⅰ 2002

1 (2) 参照 ×

E.バークは政党を積極的に擁護しました。

2 政党の類型化と理論

(1) ウェーバーの類型

M.ウェーバーは、政党の発展を支配体制の変化と関連づけ、主に18世紀から20世紀初頭にかけてのイギリスやアメリカにおける政党発達に即して、政党は**貴族政党、名望家政党、大衆政党という段階を経て発達してきた**と論じました。

類型	概要	特徴
貴族政党 〔19C前半まで〕 ↓	官職任命権を持った貴族とその追随者からなる政党	有力派閥の指導者＝貴族が党派の行動を実質的に支配 貴族の「徒党」
名望家政党 〔19C前半～〕 ↓	政治に参加できる教養や財産を持った有力者（名望家）から構成された政党	①選挙区ごとにクラブ（有力者のサロン）が形成され、地方名望家が副業（名誉職）としてクラブを運営し、クラブが候補者を選択する ②議員は選挙綱領の作成、リーダーの選択、議会政党の運営に関してのみ結束する
大衆政党 **（近代組織政党）** 〔19C後半～〕	多くの選挙民大衆を組織した政党	①多数の大衆を組織化する必要から選挙区ごとに政党組織や党大会が整備される ②政党運営は本職の政治家によって担われる 党首は党大会で選出され、厳格な党規律が存在する ③選挙活動を合理的に行うため、党組織が官僚化する

(2) デュヴェルジェの類型

M.デュヴェルジェは、政党組織の基本的構成単位に着目し、政党を幹部政党、大衆政党、そして両者の中間的形態である間接政党（中間政党）の３種類に分類し、**「幹部政党から大衆政党へ」**という一般的な政党発展の図式を提唱しました。

	幹部政党 →	**大衆政党**
概要	**制限選挙**のもとで、有力者中心に形成された伝統的な形態の政党	**普通選挙**のもとで、大衆の組織化を図る近代的形態の政党
政党構造	**分権的**	**集権的**
党規律	**弱い**	**強い**
事例	**欧米の保守主義政党・自由主義政党** 例 イギリスの保守・自由党、アメリカの共和・民主党、日本の自民党	**西欧民主諸国の社会主義政党** 例 社会主義政党のほか、西欧のカトリック政党、日本の社会党

⑶ ミヘルスの寡頭制の鉄則

R.ミヘルスは、ドイツやイタリアの**社会民主党に参加**した経験や、M.ウェーバーやG.モスカの組織論の影響を受け、独自の政党論を提示しました。彼は「組織の肥大化とともに民主主義は減退し、指導者の権力は組織の拡大に正比例して増大する」とし、これを「**寡頭制の鉄則**」（少数者支配の鉄則）と名づけました。彼によれば、組織の大規模化は組織運営の専従者（官僚制）の支配力を強化し（組織的要因）、指導者は組織自体の維持・権力欲を望み、大衆は無力感から指導者を希求する（心理的要因）ことになります。

⑷ リプセットとロッカンの凍結仮説

S.M.リプセットと**S.ロッカン**は、**社会的亀裂**が支配勢力に対抗する競争勢力を生み出し、こうして累積された社会勢力の力関係が政党システムに反映されると考え、「1960年代の政党システムは、少数の例外を除いて、1920年代の亀裂構造を反映している」という**凍結仮説**（社会的亀裂理論）を提示しました。例えばイギリスでは、地主、都市企業家、労働者という階級対立があり、これが保守党、自由党、労働党という政党間対立を形成しています。

⑸ キルヒハイマーの包括政党

戦後の西欧諸国では、イデオロギー対立や階級対立が事実上消滅し、労働者階級など特定の支持層に焦点を絞っていては支持が拡大できない状況が生まれました。そこで「**特定の社会階層、地域職業グループなどに焦点を絞らず、どのタイプの有権者からも支持を取り付けようとする政党**」が登場するようになります。**O.キルヒハイマー**は、1960年代、旧西ドイツの社会民主党が現実路線に転向していった事例を念頭に、このような政党を**包括政党**（catch-all party）と名づけました。その後、西欧諸国の多くの社会主義政党（大衆政党）、宗教政党、そして一部の幹部政党が包括政党化していきました。アメリカの共和党と民主党、日本の自由民主党も包括政党に分類されます。

確認してみよう

① M.ウェーバーは、名望家政党、貴族政党、近代的な大衆民主主義型政党という段階を経て政党は発達してきたとする。彼によれば、地位と財産を持つ限られた人々からなる名望家政党は、貴族の特権を利用して支持者層を組織した貴族政党にとって代わられ、その後大衆の政治参加の拡大により、大衆民主主義型組織政党が主流となった。国般2003

2 (1) 参照 ✕

ウェーバーによれば、政党は貴族政党→名望家政党→大衆政党（大衆民主主義型組織政党）の順に発達しました。

---

② M.デュヴェルジェが分類した幹部政党と大衆組織政党とを比較すると、幹部政党の組織は集権的であり、大衆組織政党の組織は分権的である。都Ⅰ 2002

2 (2) 参照 ✕

幹部政党の組織が分権的、大衆政党の組織が集権的であり、逆になっています。

---

③ 政党の組織類型には、大衆政党、幹部政党、その中間の間接政党などがある。大衆政党は最も伝統的な類型であり、大衆の支持に支えられた地域代表が集まって組織した政党を指す。幹部政党は比較的現代的な形態であり、政党の幹部が公認候補者の選定や政治的ポストの配分に関して強いリーダーシップを持つような政党をいう。国般2004

2 (2) 参照 ✕

最も伝統的で地域代表が集まって組織化されたのは幹部政党であり、比較的現代的で幹部が強いリーダーシップを発揮するのは大衆政党です。

---

④ R.ミヘルスは、少数支配の法則として、いわゆる「寡頭制の鉄則」を挙げたが、これはミヘルスがイギリス保守党の研究から導き出した結論である。国般1999

2 (3) 参照 ✕

ミヘルスの研究は旧西ドイツの社会民主党などを対象としています。保守主義的な政党は上下関係に厳しい傾向を持っていますので、保守党が少数支配になっていても意外ではありません。しかし社会民主党は、建前としては「平等・民主的」を標榜しているにもかかわらず少数支配になっていたことに意外性があるのです。

---

⑤ ミヘルスは、イギリスの労働党を研究し、民主主義を標榜する政党であっても、党内では少数支配の傾向があることを発見し、それを「民主集中制」と名付けた。この傾向は、組織の効率的運営の必要性、リーダーの権力維持

動機、大衆の無能力と指導者願望に由来するとした。裁判所2007教

2 (3) 参照 ×

ミヘルスの研究はドイツの社会民主党などを対象としています。また、少数支配の傾向を「民主集中制」ではなく「寡頭制の鉄則」と名づけました。

⑥ S.リプセットとS.ロッカンは、第二次世界大戦後の西欧諸国では、社会に存在する民族、言語、宗教、階級といった、人々を区分し、潜在的に対立を引き起こしうる分断線（社会的亀裂）に沿った形で政党が形成されており、1960年代の西欧諸国の政党システムは、少数の重要な例外を除いて、1920年代の亀裂構造を反映しているという政党システムの凍結仮説を唱えた。国税・財務2020

2 (4) 参照 ○

ただし、1970年代以降は政党システムの変動が大きくなり、凍結仮説の妥当性も失われていきました。あくまで1960年代の西欧諸国の政党システムを説明する理論と理解しておきましょう。

⑦ どのような有権者層を支持層とするかという点から政党を見た場合、ある特定の有権者層のみではなく、どのタイプの有権者層からも支持を得るような政党は包括政党と呼ばれる。我が国では、自民党が1970年代に包括政党化したが、西欧民主主義諸国では、社会民主主義政党や宗教政党が依然としてイデオロギーや宗教を重視しているなど、包括政党への変容は見られない。国般2003

2 (5) 参照 ×

西欧民主主義諸国の社会民主主義政党や宗教政党の包括政党化はよく見られます。

⑧ キルヒハイマーは、民主化後の旧東欧社会主義国に出現した政党を包括政党と名付け、その特徴は、民主化の中で社会主義イデオロギーを放棄し、市場経済体制を支持し、特定の社会階層や地域に限定せず、あらゆる階層の選挙民から広く支持を集めようという戦略を採用することにあると論じた。裁判所2007教

2 (5) 参照 ✕

キルヒハイマーがもともと包括政党化を分析したのは1960年代の旧西ドイツの社会民主党でした。旧東欧社会主義国が民主化したのは1990年代です。

3 政党システム

(1) デュヴェルジェの政党システム論

M.デュヴェルジェは、**政党数を主要な基準**として政党システムを３種類に分類しました。

類型	概要	具体例
一党制	競争政党が存在せず、政権交代が行われない	旧ソ連、中国
二党制	有力な２党が競争し、両党間の間で政権交代が起こる（**単独政権**）	イギリス、アメリカ
多党制	政党数が多く、単独で過半数を獲得することができる政党が存在しないので、**連合政権**の形成が不可避	大陸ヨーロッパ諸国一般

(2) ドットの連合政権研究

従来の政治学では、多党制は不安定であり連合政権は短命であると考えられていました。これに対して各国の政党システムを実証的に分析した**L.ドット**は、40か月以上続いた内閣の80%は多党制議会のもとで生まれていることから、「**連合政権は必然的に不安定であるとはいえない**」としました。

(3) サルトーリの政党システム論

① 概　要

G.サルトーリは「政党数」と「政党間のイデオロギーの強度と距離」という二つの視点から、政党システムを７種類に分類しました。政党数のみでなくイデオロギー的次元を組み込んだその政党システムの類型化論は、現代政党研究のスタンダードになっています。

② 類 型

	類型	概要	具体例
非競合的	**❶一党制**	法律上も事実上も政党が一つしか存在せず、その党が国家を支配している政党システム	社会主義やファシズムの一党独裁
	❷ヘゲモニー政党制	**形式的には複数の政党**が存在するが、実際には一党制で、政権交代の可能性が排除されている政党システム	共産主義時代のポーランド メキシコ (2000年まで)
競合的	**❸一党優位政党制**	**複数政党間で競争が行われている**にも関わらず、１政党が継続して（定義上最低連続４回の選挙を通じて）、絶対多数議席を獲得し、事実上政権交代が行われない政党システム 選挙の結果によって二党制に移行する余地はある	55年体制下の日本 インド（1952年～）
	❹二党制	二つの大きな政党が中心をなしており、２党の間で政権交代の現実的可能性があるもの ２党間のイデオロギー距離は小さい	イギリス、アメリカ
	❺限定的多党制 （穏健な多党制）	政党数が**３～５**で、政党間の**イデオロギー距離が小さく**、イデオロギー上または政策上妥協が可能で中央に寄る傾向がある（求心的）政党システム **安定的**	戦後西ドイツ、ベルギー スイス、オランダ デンマークなど
	❻分極的多党制 （極端な多党制）	政党数が**６～８**で、政党間の**イデオロギー距離が大きく**、イデオロギーの方向性も反対方向を向いている場合で（遠心的）、その国の政治体制を否定するような**反体制政党が存在**する政党システム **不安定**	**戦後イタリア** **第四共和政のフランス** **ワイマール期のドイツ**
	❼原子化政党制	特に優位な政党がなく、多数の政党が競合している政党システム	❶～❻以外のもので民主政が未発達な途上国

確認してみよう

① 一党優位政党制は、複数政党間で競争が行われているにもかかわらず、特定の一党が継続して政権を担当し、事実上政権交代が生じないという点に特徴がある。したがって、選挙結果によって二党制に変化できる余地はない。国税2005

3 (3) 参照 ×

一党優位政党制が選挙結果によって二党制に変化する余地は大いにあります。

② 二党制は、ほとんどの民主主義諸国においてみられる政党制であり、政治的安定をもたらす。一方多党制は連立政権にならざるを得ないため政治的不安定を招くとされる。国税2005

3 (3) 参照 ×

二党制の事例は多くありません。また、多党制のうち限定的多党制は政治的安定があります。

③ 穏健な多党制とは、政党の数が３ないし５と比較的少なく、政党間のイデオロギー距離が比較的小さい場合で、ワイマール体制下のドイツや第四共和制下のフランスが含まれる。国般1999

3 (3) 参照 ×

ワイマール体制や第四共和制は分極的（極端な）多党制の事例です。

4 戦後日本政治史

(1) 独立以前

アメリカ軍の占領下で、第二次世界大戦後の日本の政治はスタートします。東久邇宮内閣、幣原内閣を経て、旧憲法下の1946年に**戦後初**の**衆議院選挙**（男女普通選挙・大選挙区制限連記式）が実施され、第一党になった**自由党**の党首の**鳩山一郎**が組閣を準備しますが、占領軍により**公職追放命令**に遭い、代わりに**吉田茂**が自由党に入党して首相になりました。

在任	首相名	概要
1946～47	吉田茂	旧憲法下で最後の首相 その後、日本国憲法制定で衆参同時選挙
1947～48	片山哲	現憲法下で最初の首相 **日本社会党**が**第一党**となるも議席占有率は３割強だったため、**日本社会党・民主党・国民協同党**の**三党連立内閣**となり、**日本社会党**の**党首**の**片山哲**が首相に就任
1948	芦田均	同じ三党連立の枠組みで、民主党の党首の芦田均が首相に就任 しかし、政治スキャンダルが続き、７か月ほどで退陣
1948～54	吉田茂	**サンフランシスコ講和条約**により**日本**を**独立**させるとともに、**日米安全保障条約**を締結 対米協調下で経済外交を重視

⑵ 独立後と55年体制の成立

日本は、アメリカを中心とする資本主義陣営とは講和して独立したものの、当初はソ連との講和は果たせませんでした（**片面講和**）。そこで、ソ連抜きの講和を受け入れるかどうかで、日本独立前の**1951年**に**社会党**は**左派**社会党と**右派**社会党に**分裂**します。

そして独立後、鳩山一郎は公職追放命令の解除を受けて政治活動を再開し、**日本民主党**を結成しました。すると、**憲法改正**を**主張**する**鳩山**が首相に就任したことに危機感を持った**左右社会党**は、**1955年**10月に**再統一**し、今度は勢力を増した社会党に対抗して**保守合同**するために、**同年**11月に、**自由党**と**日本民主党**が合併して**自由民主党**（自民党）が**結党**されました。

以降、1993年に**細川護熙**（ほそかわもりひろ）**内閣**（**非自民連立内閣**）が成立するまで、自民党は一貫して政権を担当し、社会党も第二党であり続けたこの体制を「**55年体制**」と呼びます。なお、1955年は**高度経済成長期**（1955～73年）が始まった年でもあり、55年体制が終焉した1993年は**バブル経済が崩壊した時期**でもあります。

補足

自民党と社会党の有する議席比が２：１だったことから、55年体制時代の政党制は「１か２分の１政党制」とも呼ばれます。

在任	首相名	概要
1954～56	**鳩山一郎**	自民党の初代総裁 **日ソ国交回復**を実現し、**国際連合**に**加盟**
1956	石橋湛山	発病により、65日で辞任
1957～60	**岸信介**	1960年に**日米安全保障条約の改定**を実現 「**60年安保反対運動**」が激化するも、**強行採決**により新条約を成立させて退陣
1960～64	**池田勇人**	**国民所得倍増計画**を提唱 1964年には**東京オリンピック**を実現
1964～72	**佐藤栄作**	岸信介の実弟 **日韓基本条約**批准、**沖縄返還**を達成 また、**非核三原則**の提唱により、**ノーベル平和賞**を受賞
1972～74	**田中角栄**	日中共同宣言で中国との国交を回復 「**日本列島改造論**」を提唱するも、**第一次石油危機**で1973年末に**高度経済成長期**が終了
1974～76	三木武夫	党内基盤が弱く、党内の対立が激化して退陣
1976～78	**福田赳夫**	**日中平和友好条約**を締結
1978～80	**大平正芳**	大蔵官僚出身で**一般消費税**の**導入**を目指したが**失敗** 1980年の**衆参同日選挙**の**期間中**に**急死**
1980～82	鈴木善幸	土光敏夫を会長とする**第二次臨時行政調査会**を発足させる
1982～87	**中曽根康弘**	**第二次臨時行政調査会**を引き継ぎ、行政改革を推進 **三公社**（日本電信電話公社・日本専売公社・日本国有鉄道）の**民営化**を断行 「**売上税**」の**導入**には**失敗**。**任期満了**で首相を退陣
1987～89	**竹下登**	**消費税**を**導入**するも、**リクルート事件**で**退陣**
1989	宇野宗佑	スキャンダルで、69日で辞任
1989～91	海部俊樹	党内基盤が弱く、大きな実績を挙げられず
1991～93	**宮澤喜一**	55年体制最後の首相

(3) 55年体制の終焉とその後

1993年、宮澤喜一内閣で自民党の内部対立が激しくなります。そして、野党が提出した内閣不信任案に、自民党内の**羽田 孜**(はた つとむ)・**小沢一郎**のグループが**賛成**して**不信任**が**成立**したため、宮澤内閣は**衆議院**を**解散**しました。その結果、**自民党**が**過半数割れ**し、自民党と共産党以外の８党・会派連立の**非自民内閣**が成立します。首相には、**日本新党**の**細川護煕**が就任しました。

しかし、**自民党**は**社会党・新党さきがけ**と**連立**を組むことで**政権**に**復帰**し、以降はリーマン・ショックにより景気が低迷した2009年まで政権を維持し続けます。

仕任	首相名	概要
1993～94	**細川護煕**	自民党と共産党以外の８党・会派連立の**非自民内閣** **小選挙区比例代表並立制**の導入、**政治資金規正法**の改正、**政党助成法**の制定
1994	羽田孜	非自民内閣だが、64日で終了したため大きな実績なし
1994～96	**村山富市**	**社会党・自民党・新党さきがけ**の**三党連立内閣** **社会党党首**を**首班**とする内閣は、片山内閣以来47年ぶり
1996～98	**橋本龍太郎**	**中央省庁再編**を実現 その他、**独立行政法人化**など、その後に続く新自由主義的な政策を推進
1998～2000	小渕恵三	**政府委員制度を廃止**し、**党首討論**を導入 しかし、首相在任中に脳梗塞で倒れて意識不明の重体になり、そのまま死去
2000～2001	森喜朗	失言が多く、支持率が低迷
2001～06	**小泉純一郎**	**「聖域なき構造改革」**の名のもと、行政改革を推進 特に**郵政民営化**は、自民党内の反対を押し切って推進

（以下、略）

5 イギリスとアメリカの政党

(1) イギリスの政党

19世紀イギリスでは、自由党と保守党の二大政党が相互に政権を担当する二大政党制でした。20世紀初頭には労働党が自由党から分党して三党制となり、その後自由党が勢力を失う中で労働党は支持を拡大し、戦後は保守党と労働党の二大政党制となりました。

保守党	トーリー党を前身とする保守政党 政策的には小さな政府と自由市場経済を重視してきた 富裕層を主な支持基盤としている
労働党	1900年に労働組合などを代表する政治組織として結成された政党で、元来は**社会主義政党** 第一次大戦期に党勢を拡大し、1924年に初めて政権を担当 第二次大戦後は二大政党の一つになった ブレア党首（首相）時代に国民政党への脱皮が図られ、**新生労働党**へと変貌した
自由民主党	ホイッグ党を前身とする自由党と1980年代に労働党から分離した社会民主主義者グループが合流して結成された政党で、イデオロギー的には中道左派・リベラル 保守党・労働党に次ぐ第三党として一定の得票を獲得しているが、小選挙区の性質上獲得議席は少ない 2019年選挙で11議席
その他	スコットランド国民党、ウェールズ国民党のように特定の地方においてのみ有力な政党が複数存在している

(2) アメリカの政党

アメリカの連邦議会では共和党と民主党が議席を独占しており、典型的な二大政党制となっています。イギリスの政党と異なり、政党組織が弱いのが特徴です。

共和党	黒人奴隷制反対の勢力により1854年に結成された政党で、フェデラリスト（連邦党）の流れを汲む、**アメリカの「保守」政党** 政策的には、「小さな政府」を志向する 元来はアメリカ北東部・中西部を支持基盤とする政党だが、1960年代以降南部にも進出している
民主党	1828年にA.ジャクソンを領袖に結成された「民主共和党」が前身であり、アンチ・フェデラリストの流れを汲む、**アメリカの「リベラル」政党** 当初は農村部・南部を支持基盤としていたが、F.ルーズベルト大統領のニューディール改革により、支持基盤を北部労働者・黒人にも拡大した（**ニューディール連合**）
その他	共和党と民主党以外にも多数の政党が存在してきた 大統領選挙でも一定の得票を確保しているが、全国的な基盤もなく勢力的には弱小であり、連邦議会には二大政党以外は議席を持たない

◆イギリスとアメリカの政党の比較

	イギリス	アメリカ
政党組織	集権的	分権的（州の独立性が高い）
党議拘束	強い	弱い（議員の独立性が高い）
党首	明確	党首はいない
党員	登録制（党費を納入）	支持者（組織化されていない）
選挙	党中心	候補者中心

確認してみよう

① アメリカ合衆国においては、共和党と民主党による二大政党制が定着しており、20世紀以降の大統領選挙ではすべて共和党又は民主党いずれかの候補者が選出されており、両政党以外の候補者が一般投票の得票率10%以上を獲得したことはない。また、20世紀以降の連邦議会では、共和党又は民主党いずれかの候補者がすべての議席を占めている。国般2009

5 (2) 参照 ✕

共和党と民主党以外の候補者が10%以上の得票率を得たことはありますが、20世紀以降共和党と民主党以外が当選したことはありません。

過去問にチャレンジ

問題1 ★ **政党又は政党制に関する記述として、妥当なのはどれか。**

区Ⅰ 2012

❶ M.ウェーバーは、政党制を一党制、二大政党制、多党制に分類し、多党制とは3つ以上の政党が存在し、いずれもが過半数を制しておらず、連立によって政権が形成されているものであるとした。

❷ バークは、政党とは、全員が同意しているある特定の原理に基づき、共同の努力によって国民的利益を推進するために結集した人々の集まりであると定義し、政党を徒党と区別した。

❸ サルトーリは、社会問題を政治問題に転換していく機能を利益表出機能、政治的諸問題を体系的な政策へと凝集していく機能を利益集約機能と呼び、政党は主に利益集約機能を果たすとした。

❹ アーモンドは、政党は、貴族が支配層であった時代の貴族政党から、新たに支配層として台頭した名望家による名望家政党を経て、政治的重要性を増してきた大衆を動員するための組織を備えた大衆政党へと発展していったとした。

❺ デュヴェルジェは、政党の数だけでなく、政党間のイデオロギー距離などを基準にして政党制を7つに類型化し、そのうちの一つである分極的多党制の例としてワイマール共和国の時期のドイツ、フランス第四共和制を挙げた。

【解答・解説】

正解 ❷

学者名とその学説内容をずらしただけの易問です。G.アーモンドの議論はマイナーですが、正解肢が明確なので一本釣りできるでしょう。

❶ ×　これは、M.デュヴェルジェによる分類です。

❷ ○　当初、政党は私利私欲を追求する集団として否定的に評価されていましたが、E.バークはこのような定義で政党を正当化しました。

❸ ×　利益集約機能と利益表出機能は、アーモンドが政治システム論で政党の機能を分類する中で示したものです。アーモンドは、第4節でまた別の学説で扱います。

❹ ×　これは、M.ウェーバーによる政党の発展段階図式です。

❺ ×　これは、G.サルトーリによる政党類型です。

問題2　**政党に関する記述として、妥当なのはどれか。**

★

都Ⅰ2007

❶ シュンペーターは、政党とは、全員が同意する特定の原理に基づいて公共の福祉を促進するため、メンバーが結束して政治権力をめぐる競合的闘争を展開しようとする集団であるとした。

❷ デュヴェルジェが分類した大衆政党と幹部政党とを比較すると、大衆政党は、組織の結束力が強く集権的であり、幹部政党は、組織の結束力が弱く分権的である。

❸ バーカーは、政党と徒党とを明確に区別し、政党は、ある原理に基づき共同の努力によって国家的利益を推進するための人々の集合体であるとした。

❹ バークによると、政党は、一方の端を社会に他方の端を国家にかけている橋であり、バークは、政党を社会における思考や討論の流れを政治機構の水車まで導入し回転させる導管や水門にたとえている。

❺ ミヘルスは、政党を幹部による少数支配という視点で分析し、民主主義的な政党には寡頭制はみられないことを指摘した。

【解答・解説】

正解 ❷

これも、学者名とその学説内容をずらしただけの問題です。ややマイナーな論点もありますが、正解肢が明確なので一本釣りできるでしょう。

❶ ×　政党を「全員が同意する特定の原理に基づいて公共の福祉を促進する」集団と定義したのは、E.バークです。それに対してJ.シュンペーターは、政党を「政治権力をめぐる競争的闘争を展開する集団」と定義し、バークの議論を「古典的民主主義学説」の一つとして批判しています。

補足

シュンペーターについて、詳しくは第4章第3節で扱いますので、今の段階ではバークの定義が混ざっているために誤りだとわかれば十分です。

❷ ○　なお、M.デュヴェルジェは、「大衆（組織）政党」と「幹部政党」との中間的な位置づけの政党として「中間政党」を挙げて、政党組織を三つに分類しています。

❸ ×　これはバーカーではなく、バークによる政党の定義です。言い回しは多少変わっていますが、❶で挙げられている定義とポイントは同じです。

❹ ×　これはバークではなく、E.バーカーによる政党の定義です。この例は、起源としての自発的集団と政治機構の一部という「政党の二重の性格」に対する考察の中で表現されたものです。

❺ ×　R.ミヘルスは、民主主義を標榜する政党も含めて、あらゆる団体は少数者が支配する「寡頭制の鉄則」から逃れることができないと指摘しています。

問題3 ★★

政党又は政党制に関する記述として、妥当なのはどれか。

区Ⅰ 2018

❶ アーモンドは、政党の機能には、社会における個人や集団が表出する様々な要求、利益、意思などを調整し、政策提案にまとめあげていく利益集約機能があるが、社会問題を政治問題に転換していく利益表出機能は、圧力団体がその機能を果たしているため、政党にはその機能はないとした。

❷ サルトーリは、政党制を、その国の政党数のほか、政党間のイデオロギー距離を主な基準として７つに分類し、そのうちの１つであるヘゲモニー政党制とは、支配的な政党がないため、極めて多くの政党が乱立している状態であるとした。

❸ シャットシュナイダーは、政党とは、全員が同意しているある特定の原理に基づき、共同の努力によって国民的利益を推進するために結集した人々の集まりであると定義し、徒党と異なり、政党は公的利益実現をめざす存在でなくてはならないとした。

❹ デュヴェルジェは、政党制を、政党の数を基準として、１つの政党だけが存在し、支配している一党制、２つの強力な政党が存在し、政権をめぐって有効競争をしている二大政党制、３つ以上の政党が存在し、いずれもが過半数を制しておらず、連立によって政権が形成されている多党制に分類した。

❺ バークは、政党の発展を選挙権の拡大と関連づけて、政党が、貴族が支配層であった時代の貴族政党から、新たに支配層として台頭してきた名望家による名望家政党を経て、政治的重要性を増してきた大衆を動員するための組織を備えた大衆政党へと発展していったとした。

【解答・解説】

正解 ❹

❶と❷は内容の理解が必要ですが、❸と❺は学者名とその学説内容をずらしただけの問題であり、全体的には易問といえます。

❶ ×　政党の機能として最も重要なのは利益集約機能ですが、政党は利益表出機能も果たしています。

❷ ×　これは、原子化政党制に関する記述です。ヘゲモニー政党制とは、選挙による政権交代が想定されない非競合的政党制において、第二次的な衛星政党の存在は認めつつも事実上唯一の政権政党がある状態を指します。

❸ ×　これは、E.バークによる政党の定義です。なお、E.シャットシュナイダーは、圧力団体や政党制についての研究者です。

❹ ○　M.デュヴェルジェの類型をさらに細分化して精密に分析したのが、上記のG.サルトーリの類型です。

❺ ×　これは、M.ウェーバーによる政党の発展段階図式です。

★

サルトーリの分類による政党制の類型に関する記述として、妥当なのはどれか。

区Ⅰ2014

❶ 分極的多党制は、極度の混乱期を除いて存在せず、他に抜きんでて支配的な政党がないまま無数の政党が乱立している政党制である。

❷ 穏健な多党制は、政党数が３～５で、政党間のイデオロギーの相違が比較的小さく、連合政権軸は二極で、政党間の競合が求心的な政党制である。

❸ 一党優位政党制は、形式的には複数の政党が存在しているものの、実際には一党が支配しており、その他の政党は第二次的政党、衛星政党としてのみ許され、制度的に政党間の競合が存在しえない政党制である。

❹ ヘゲモニー政党制は、唯一の政党しか法律上も事実上も認められない、非競合的政党制である。

❺ 原子化政党制は、政党数が６～８で、政党間のイデオロギーの相違が大きく、反体制政党や過剰公約の無責任政党が存在し、政党間の競合が遠心的な政党制である。

【解答・解説】

正解 ❷

これは、G.サルトーリの政党類型とその特徴をずらしただけの問題です。間違えた場合は、適切に復習することが必要となります。

❶ ×　これは、原子化政党制に関する記述です。「極度の混乱期を除いて存在せず」、「無数の政党が乱立」という点で、分極的多党制ではないことがわかります。

❷ ○　サルトーリは、安定した多党制として、この類型を挙げています。

❸ ×　これは、ヘゲモニー政党制に関する記述です。一党優位政党制も、一党が政権を担い続けている点はヘゲモニー政党制と共通していますが、制度的に政党間の競合が認められている点で異なります。

❹ ×　これは、一党制に関する記述です。ヘゲモニー政党制では、支配政党以外の衛星政党の存在は認められます。

❺ ×　これは、分極的多党制に関する記述です。原子化政党制では、「6～8」どころではなく、もっと多くの政党が乱立しています。

★

サルトーリの分類による政党制の類型に関する記述として、妥当なのはどれか。

区Ⅰ2010

❶ 一党制は、唯一の政党しか法律上も事実上も認められない非競争型政党システムであり、イデオロギー支配の強度と下位集団の自立性の程度に応じて全体主義一党制、権威主義一党制、プラグマティズム一党制に分類される。

❷ 穏健型多党制は、イデオロギー距離が大きい3ないし5の政党からなるもので、絶対多数を獲得した政党はなく、何らかの形での連立政権は必至な政党システムである。

❸ 一党優位政党制は、政権を掌握し、政治体制を維持する政党以外の弱小政党の合法的存在は許容されているものの、事実上も公式上も政治体制を維持する政党と政権を争うことが許されない政党制である。

❹ 二党制は、アメリカ、イギリス、フランスのように、イデオロギー距離が大きい二つの大政党が、絶対多数議席を目指して競合し、そのうち一方が実際に過半数議席の獲得に成功して、単独政権を組織する政党制である。

❺ 極端な多党制は、イデオロギー距離の小さい数多くの政党が乱立する政党制であり、有力政党がないため、複数の政党が合同して一定の政策協定を結び、それを基礎にした連合政権が形成されやすい。

【解答・解説】

正解 ❶

正解肢はマイナーな内容なので一本釣りはしにくいですが、その他の選択肢が基本的な内容ですので、消去法で正解にたどり着けるでしょう。

❶ ○　ここまで覚える必要はありませんが、G.サルトーリは、一党制をさらに三つ、ヘゲモニー政党制はさらに二つの下位類型に分けています。

補足

一党制の中でも、特に強固なのが「全体主義一党制」、中間的なのが「権威主義一党制」、比較的柔軟なのが「プラグマティズム（実利主義的）一党制」となります（類型名から特徴が予想できます）。

また、ヘゲモニー政党制の中でもイデオロギーの比重が重いのが「イデオロギー志向ヘゲモニー政党制」、比較的柔軟なのが「プラグマティズム（実利主義）志向ヘゲモニー政党制」となります。

❷ ×　穏健型多党制では、政党間のイデオロギー距離は**小さい**です。

❸ ×　これは、ヘゲモニー政党制に関する記述です。一党優位政党制とは、公式上は政権交代が認められているにもかかわらず、事実上、与党が長期政権を維持している状況を指す概念で、我が国における55年体制がそれに当てはまります。

❹ ×　二党制は、政党間のイデオロギー的な距離が**小さい**とみなされています。例えば、アメリカの二大政党である民主党と共和党は、「レッテル（ラベル）の異なる二つのビン」と称され、イデオロギー的な差異がそれほどないとされています。

❺ ×　極端な多党制（分極的多党制）は、イデオロギー距離が**大きい**、数多くの政党が乱立する政党制です。

問題6 ★★

アメリカ合衆国とイギリスの政党に関する次の記述のうち、妥当なのはどれか。

国税2003

❶ アメリカ合衆国では、19世紀半ば以来共和党と民主党の二大政党制となっている。一方、現在イギリスでは保守党、労働党の二大政党制となっているが、第三党も議会において議席を有している。

❷ イギリスでは産業国有化や共産主義国家の確立を目標とする労働党が現在では二党制の一方を担っているが、アメリカ合衆国ではそのような性格の政党は全く振るわない。

❸ アメリカ合衆国の政党はイデオロギー的な面が政策に反映されており、中央集権的であるのに対し、イギリスの政党はイデオロギー的なものや社会的な基盤の上に創設されたものではなく、地方分権的な性格が強い。

❹ アメリカ合衆国においてもイギリスにおいても議員の議会内行動に対する党リーダーシップの拘束は極めて強く、議員は党の決定に従って行動する。

❺ アメリカ合衆国では政党の財政を支えているのは多数の党員から徴収する党費収入であるのに対し、イギリスでは主に献金である。

【解答・解説】 正解 ❶

ややマイナーな論点ですが、アメリカの政党よりはイギリスの政党のほうが日本の政党に近いと捉えると、特徴をイメージしやすいでしょう。

❶ ○　アメリカとイギリスはともに二大政党制ですが、イギリスでは自由民主党やスコットランド国民党も､庶民院で一定の規模の議席を有しています。

❷ ×　イギリスの労働党は、産業国有化や共産主義国家の確立を目標とする政党ではなく、穏健な社会民主主義を掲げる政党です。

❸ ×　アメリカの政党とイギリスの政党の特徴が逆になっています。連邦制国家であるアメリカの政党は州ごとの自律性を尊重して地方分権的なのに対して、イギリスの政党はイデオロギー指向で中央集権的とされます。

❹ ×　イギリスの政党は中央集権的で党議による議員の拘束が強いのに対して、アメリカの政党は分権的で党議拘束が弱く、議員は各自の判断で投票する傾向があります。

❺ ×　アメリカの政党とイギリスの政党の特徴が逆になっています。イギリスの政党の活動資金は党費によってまかなわれていますが、アメリカでは党費を支払う党員はおらず、政治活動の資金は主に献金によります。

問題7　アメリカ合衆国の政治に関する次の記述のうち、妥当なのはどれか。

★★

国般2005

❶ アメリカ合衆国の二大政党は、いずれも州単位の地域政党の連合体という色彩が強く、また、英国と同様に労使の階級対立を反映している。その意味で、アメリカ合衆国の民主党と共和党はいずれも包括政党とはいえない。

❷ 我が国のような議院内閣制を採らないアメリカ合衆国でも、連邦政府の閣僚（各省長官）は大統領に対する助言を行い、結果として政府の決定に際し連邦議会に対する連帯責任を負う。また、憲法の規定により、閣僚は連邦議会の議員を兼ねることはできない。

❸ 民主、共和の各党の党首の選出は、４年に一度の大統領選挙時に行われる全国規模の党大会においてのみ行われる。また、党首の選出は党員による多数決によって行われるため、我が国の各政党党首と比べて党員の利益を代表しやすい。

❹ アメリカ合衆国の大統領には立法権はないが、連邦議会を通過した法案に対する拒否権があるため、拒否権が発動されると、その時点で法案が廃案となる。また、大統領による拒否権発動の対象となった法案は、その大統領の任期中には再提出できない。

❺ アメリカ合衆国の連邦議会では、我が国の国会にみられるような採決における党議拘束が慣例化しておらず、法案などの採決において、政党の違いを超えて賛否の投票をする交差投票（cross voting）が行われることがある。

【解答・解説】

正解 ❺

細かい内容もありますが、問題6でも扱われていたように、アメリカの政党は分権的であることを把握していれば、その特徴はある程度は予測できるでしょう。

❶ × イギリスでは、社会民主主義政党である労働党は主に労働者層から、保守党は主に富裕層から支持されています。しかしアメリカでは、伝統的には、共和党は主として経営者、専門職、プロテスタント、ホワイトカラー（事務労働者）から、民主党は主として黒人、ユダヤ系、ブルーカラー（肉体労働者）、労働組合から支持されていますが、それ以外の階層の支持もあり、その関係も入り乱れていますので、イギリスのように明確に労使の階級対立を反映しているとはいえません。このような点から、**民主党と共和党はともに包括政党**とされます。

❷ × 議院内閣制では、**議会の信任に基づいて内閣が成立しますので、内閣は議会に対して責任を負います**。しかし、**国民により選出された大統領**は、連邦議会に対してではなく、**国民に対して直接の責任を負います**。また、**大統領により任命された閣僚**も、連邦議会に対してではなく、**大統領に対して直接の責任を負います**。つまり、自分を選んでくれた者に対して責任を負うという構図です。

❸ × アメリカの政党には、党首は存在しません（したがって、党首を選出する選挙もありません）。また、政党の中央機関が存在せず、党員と支持者の区別も曖昧なため、我が国の政党に比べて、アメリカの政党組織の機能は相対的に弱くなっています。

❹ × 大統領は、議会が可決した法律案に対して拒否権を持っているものの、その法律案が上院・下院の両方で、出席議員の３分の２以上で再可決した場合は、大統領は拒否できずに成立します。

❺ ○ 我が国では、政治資金の多くはいったん政党本部に集まって、そこから各議員に配分される流れになっていますので、党本部の力が強くなります。しかし、アメリカでは政党の中央機関がないため、議員それぞれが直接政治資金を集める流れになっていますので、党全体のまとまりが弱くなります。

問題8　**政党に関する次の記述のうち、妥当なのはどれか。**

★★

国税・財務2013

❶ M.デュヴェルジェは、政党を、大衆政党と幹部政党に区分・対比し、大衆政党は、分散的な組織形態で、大衆の利益や意見を政治に反映させようとする点に特徴があるのに対し、幹部政党は、左翼・社会主義政党の一般的な組織形態で、多数の党員を持つことをその特徴とするとした。

❷ G.サルトーリは、多党制を、穏健な多党制、分極的多党制及び原子化多党制の三種類に分類しているが、このうち穏健な多党制では、イデオロギー距離の小さい政党が競合し、政治的に不安定化するものの、分極的多党制では、イデオロギー距離の大きい多数の政党が競合し、政治的に安定化するとした。

❸ M.ウェーバーは、多くの選挙民大衆を組織した政党を大衆政党、特定の社会グループだけに基盤を持つのでなく、ほとんどの階級・階層・セクター集団から万遍なく緩やかな支持を集める政党を名望家政党と呼んだ。

❹ E.バークは、政党を、メンバーが合意している原理に基づいて共同で国家的利益を推進するためにつくられた集合体であると定義し、社会の中の特定のグループの利益をはかるための組織ではないとした。

❺ S.リップセットとS.ロッカンは、1960年代に政党勢力配置についての国際比較研究を行い、先進国における戦後の基本的な政党勢力配置パターンは1920年代と大きく変わっており、政党制に強い持続性は見られないと指摘した。

【解答・解説】

正解 ❹

正解である❹が明確ですので一本釣りできるでしょう。

❶ ×　「左翼・社会主義政党の一般的な組織形態で、多数の党員を持つことをその特徴とする」のは、幹部政党ではなく、大衆政党です。また、大衆政党は、**集権的**な組織形態を採ります。

❷ ×　G.サルトーリは、穏健な多党制では政治的に**安定化**し、分極的多党制では政治的に**不安定化**するとしています。

❸ ×　「特定の社会グループだけに基盤を持つのではなく、ほとんどの階級・階層・セクター集団から満遍なく緩やかな支持を集める政党」は、「名望家政党」ではなく「包括政党」です。なお、包括政党はO.キルヒハイマーによる概念です。

❹ ○　E.バークは政党をこのように定義することで、政党を正当化しました。

❺ ×　S.リプセット（リップセット）とS.ロッカンは、「1960年代の政党システムは、1920年代の社会的亀裂の構造を反映している」として、政党勢力配置パターンが「凍結保存」されて**持続している**という「凍結仮説」を提示しました。

政党の機能と組織に関する次の記述のうち、妥当なのはどれか。

★★

国般2020

❶ E.バークは、政党とは社会の中の特定の集団の利益を図るための組織であり、社会全体の利益を推進することはないと考えた。また、彼は、政党の構成メンバーの考え方がしばしば一致しないことを指摘し、政党とは私的利益にしか関心を持たない派閥や徒党と同じであるとして否定的に捉えた。

❷ M.ヴェーバーは、19世紀に各国の政党が貴族政党から近代組織政党へと発展を遂げ、さらに20世紀に入って近代組織政党が名望家政党へと変化しつつあることを指摘した。このうち名望家政党とは、カリスマ的なリーダーシップを持った名望家がマスメディアを用いて有権者に直接訴え、支持を集める政党を指す。

❸ R.ミヘルスは、20世紀初頭にドイツの社会民主党について分析を行い、この政党が民主主義を掲げているにもかかわらず、組織の内部では一握りのエリートが支配している実態を明らかにした。このことから彼は、あらゆる組織において少数者支配が生じるという「寡頭制の鉄則」を主張した。

❹ M.デュヴェルジェは、20世紀初頭に、欧米諸国で大衆政党と呼ばれる新しい組織構造を持った政党が出現したと指摘している。大衆政党は、この時期に新しく選挙権を得た一般大衆に基盤を置く政党で、従来の政党に比べて極めて分権的な組織であるとされる。大衆政党の典型例に、米国の民主党が挙げられる。

❺ O.キルヒハイマーは、20世紀前半に、西欧諸国で社会主義政党やファシズム政党が台頭する状況を観察し、これらの新たな政党を包括政党と類型化した。包括政党は、極端なイデオロギー的主張を用いて大衆を動員すること、また多様な利益団体と接触することにより、社会の広範な層から集票する点に特徴がある。

【解答・解説】

正解 ❸

誤りのポイントがわかりやすいので消去法で選べますし、正解肢が明確なので一本釣りすることもできるでしょう。

❶ × E.バークは、政党とは**特定の集団の利益を図るための組織ではなく**、社会（国民）全体の利益を推進するための組織と考えました。そして政党を、私的利益にしか関心を持たない**派閥や徒党と区別して、肯定的に捉えました**。

❷ × M.ウェーバー（ヴェーバー）は、19世紀に各国の政党が貴族政党から**名望家政党**へと発展を遂げ、20世紀に入って名望家政党が**近代組織政党**へと変化しつつあることを指摘しました。また、名望家政党の特徴も異なります。1920年に亡くなったウェーバーは、現代的なマス・メディアを念頭に置いて議論することができません。

❸ ○ R.ミヘルスは、社会主義を民主的に実現しようとしているはずの社会民主党が、組織内部では民主的ではないと指摘し、さらにこれは社会民主党固有の特徴ではなく、どのような組織でも大規模になると少数支配が生じるようになると主張しました。

❹ × M.デュヴェルジェによれば、19世紀に主流だった幹部政党は**分権的**なのに対して、20世紀になって一般化した大衆政党は**集権的**だと主張しています。 また、米国の民主党と共和党は党規律が弱く分権的ですので、むしろ**幹部政党**に該当します。

❺ × O.キルヒハイマーは、**1960年代**に、西欧諸国で社会主義政党や宗教政党が**現実路線**に転換する状況を観察し、これらの政党を「包括政党」と類型化しました。包括政党は、**穏健で中道的な主張**を用いて、社会の広範な層から集票する点に特徴があります（極端なイデオロギー的主張を用いたら、広範な支持は得られません）。

問題10 ★★ **第二次世界大戦後の我が国の連立政権に関する次の記述のうち、妥当なのはどれか。**

国般2005

❶ 第二次世界大戦後初の衆議院選挙で第一党となった自由党と進歩党との連立で組閣された鳩山内閣は、安定した政治基盤の下で連続７年を超える長期政権となった。その間、憲法改正やサンフランシスコ講和条約及び日米安全保障条約の締結など、我が国の国際社会への復帰に向けて、大きな成果を上げた。また、対米協調下で経済外交を重視し、再軍備には消極的だった。

❷ 社会党は、日米安全保障条約の締結をめぐる国内世論の混迷の中で、左右両派が合同を果たした。その後、戦後初めての中選挙区制の下で行われた衆議院選挙で第一党となり、民主党との連立で片山内閣が成立した。我が国初の社会党政権であったが、党内の路線対立が激しく、10か月足らずで民主自由党の吉田内閣に政権を譲り渡すこととなった。

❸ 宮澤内閣の下で進められた選挙制度改革により、小選挙区比例代表並立制が新たに導入された。この制度の下で行われた衆議院選挙の結果、自民党の議席数は過半数を大きく割り込み、日本新党などによる連立政権である細川内閣が発足した。細川内閣は、政治資金規正法の改正や政党助成法の制定など政治改革に積極的に取り組んだが、連立与党間において他の政策課題をめぐる主張の隔たりが大きく、社会党の政権離脱により総辞職となった。

❹ 平成６年（1994年）に、村山社会党委員長を首班として、社会党、新進党、新党さきがけの３党による連立政権が発足した。村山内閣では、戦後50年の節目にアジア諸国に対するお詫びの気持ちを表明する談話を公表するなど戦後処理問題に取り組んだほか、地方分権推進法の制定などの成果を上げた。しかし、国連平和維持活動への自衛隊の派遣をめぐり連立与党間の意見集約ができなかったことから連立政権を維持できず、村山内閣は総辞職した。

❺ 第一次橋本内閣は、自民党、社民党、新党さきがけによる連立政権であったが、第二次橋本内閣では、社民党及び新党さきがけは閣外協力することとなり、自民党が単独内閣を組織した。この内閣は、内閣機能の強化、中央省庁の再編成、政策評価制度の導入、独立行政法人制度の創設などの中央省庁等改革の実現に取り組んだ。

【解答・解説】

正解 ❺

細かい内容も出題されていますが、戦後政治史の大まかな流れを把握していれば、消去法で正解肢を選ぶことはできるはずです。

❶ ×　戦後初の衆議院選挙で組閣されたのは「吉田内閣」です。この選挙で自由党は第一党になりましたが、自由党総裁の鳩山一郎は組閣に着手する最中にアメリカ占領軍（GHQ）から公職追放を受けたため、代わりに吉田茂が総裁となって総理大臣になりました（鳩山内閣ができたのは、日本独立後です）。また、日本国憲法は、制定されてから一度も改正されていません。さらに吉田内閣は**連続**７年は担当していません。

❷ ×　戦後誕生した日本社会党は、講和条約と日米安全保障条約の賛否をめぐる混乱から、1951年に左右に**分裂**しました。左右両派が統合を果たしたのは「55年体制」が始まった1955年のことです。片山哲内閣は、社会党・民主党・**国民協同党**の連立内閣です。そして、片山内閣の次は同じ連立の枠組みで芦田均内閣が成立し、その次に第二次吉田内閣が成立しました。

❸ ×　選挙制度改革を行ったのは、自民党の宮澤内閣ではなく、非自民連立の細川内閣です。自民党にしてみれば、中選挙区制のもとで長期政権を続けてきたわけですから、自民党自身でその成功パターンを壊すのは難しいでしょう。細川首相の退陣についての記述も誤りです。辞任のきっかけとなったのは、社会党の政権離脱ではなく佐川急便疑惑でした。

❹ ×　村山内閣は、社会党、**自民党**、新党さきがけの３党による連立政権でした。また、村山内閣は、政権運営自体は安定していましたが、1996年１月に突如退陣を発表し、自民党の橋本龍太郎総裁に政権を移譲しました。

❺ ○　橋本内閣は、「行政改革」、「財政構造改革」、「社会保障構造改革」、「経済構造改革」、「金融システム改革」、「教育改革」という六つの改革を内閣の最重要課題として挙げ、その改革の一つとして、中央省庁再編などを積極的に推し進めました。

戦後の我が国の政権に関する次の記述のうち、妥当なのはどれか。

★★★

国般2015

❶ 池田勇人内閣は、「寛容と忍耐」をスローガンに、所得倍増計画を提示して国民生活水準の顕著な向上と完全雇用の達成のために経済の安定的成長の極大化を目指した。また、外交面では、国際通貨基金（(IMF）８条国へ移行して通商・金融面での自由化を果たすとともに、経済協力開発機構（OECD）への加盟を実現した。

❷ 佐藤栄作内閣は、対米協調路線を基本とし、対米貿易黒字が恒常化するなど深刻となっていた日米経済摩擦問題を解決するため、繊維輸出の自主規制を実施した。また、沖縄返還を目指したが、昭和45（1970）年の日米安全保障条約改定に対する国民的規模の反対運動を受け、返還交渉の合意に至ることなく同年、退陣した。

❸ 田中角栄内閣は、過密過疎を解消し、全国土に効果を及ぼすネットワークを形成するために鉄道、高速道路、情報通信網、港湾などの整備を図ることを主な内容とする「新全国総合開発計画（新全総）」を閣議決定した。また、昭和47（1972）年には田中首相が日中国交正常化を図るため中華人民共和国を訪問し、同年、日中平和友好条約が締結された。

❹ 福田赳夫内閣は、高まる政治不信に対して選挙制度改革で対応すべく小選挙区比例代表並立制を導入するための政治改革関連法案を提案した。また、不況脱出のための国際協力の重要性を主張し、日米独３国が高い成長率を達成することで積極的な役割を果たすという「機関車理論」を受け入れ、年７％成長の達成を国際公約とした。

❺ 大平正芳内閣は、高度経済成長を背景に衆議院、参議院同日選挙で自由民主党が圧勝した後誕生し、法案、予算などについて安定した国会運営を行った。また、外交面では、政府開発援助（ODA）倍増政策を打ち出すとともに地域の相互依存の深まりを重視して、アジア諸国に加え、米国、オセアニア諸国も含めた環太平洋連帯構想を提唱した。

【解答・解説】

正解 ❶

細かい内容も出題されていますが、それぞれの選択肢にわかりやすい間違いが入っているため、消去法で正解肢を選ぶことはできるはずです。

❶ ○　池田勇人内閣（1960 ～ 64）は、岸信介内閣（1957 ～ 60）が安保闘争と呼ばれる国民的規模の反対運動を押し切って日米安全保障条約を改定した後に総辞職したのを受けて発足し、経済成長を目指す政策を推進しました。その結果、日本は先進国として認められ、IMF 8条国への移行やOECD加盟が実現しました。

❷ ×　沖縄返還協定（1971）は、佐藤栄作内閣（1964 ～ 72）によって締結されました。また、日米安全保障条約の改定に対する反対運動（安保闘争）は、佐藤首相の在任中である1970年ではなく、岸首相の在任中の1960年に起きています。

❸ ×　田中首相は1972年に**日中国交正常化**を図るために中華人民共和国を訪問しましたが、**日中平和友好条約**は福田赳夫内閣（1976 ～ 78）によって1978年に締結されました。新全総（1969）は田中角栄内閣（1972 ～ 74）が閣議決定した計画ではなく、高度経済成長期に佐藤内閣が定めたものです。

❹ ×　小選挙区比例代表並立制を導入するための政治改革関連法が提案されたのは1990年代で、1970年代の福田赳夫内閣ではありません。「機関車理論」とは、1978年の先進国首脳会議（サミット）で確認された考え方で、経済危機に陥ったアメリカに代わって、日本と西ドイツが経済を牽引すべきだというものです。

❺ ×　高度経済成長期は1955 ～ 1973年とされており、大平正芳内閣（1978 ～ 80）は**その後**に成立しました。1980年の衆議院・参議院同日選挙の期間中に大平首相は急死したため、大平内閣が衆参同日選挙の後に誕生したという記述は誤りです。

戦後の日本政治に関する次の記述のうち、妥当なのはどれか。

★★★

国般2017

❶ 池田勇人内閣が打ち出した所得倍増計画は、日本経済の高度成長をもたらしたが、この高度成長は第一次石油危機によって終焉を迎え、経済は停滞期に入った。こうした状況を受けて登場したのが、日本列島改造論を掲げた田中角栄内閣である。

❷ 田中角栄内閣は社会保障制度の大幅な拡充を行ったが、それはその後の我が国の財政に大きな負担を与え続けることとなった。こうした状況の中で、大平正芳内閣は財政再建のために間接税の一種である「売上税」の導入を目指して法案を国会に提出したが、審議が進まず廃案となった。

❸ 大平正芳内閣における間接税導入の挫折は、その後の自由民主党政権に「増税なき財政再建」を課題として突き付けた。この課題に対して、中曽根康弘内閣は、経済的自由主義を背景として行財政改革を推進し、民間活力の導入等の政策によって対応する姿勢を打ち出した。

❹ 中曽根康弘内閣の経済的自由主義に基づいた政策は、その後、いわゆるバブル経済を引き起こすこととなった。このバブル経済の崩壊と景気の急激な停滞に直面した竹下登内閣は、景気対策の財源確保のため間接税の導入を試み、「消費税」の導入を実現した。

❺ 竹下登内閣がリクルート事件をきっかけに退陣したことを受け、我が国においては政治改革が喫緊の課題となった。こうした状況の中で、非自民の連立内閣である羽田孜内閣の下で選挙制度改革を含む政治改革関連4法案が成立した。

【解答・解説】

正解 ❸

全体的に細かい内容（特に❷）ですが、国家一般職ではこのレベルで出題されることもあるので、この機会に覚えておきましょう。

❶ ×　田中角栄内閣（1972〜74）の**任期中**の1973年10月に第一次石油危機が発生し、高度経済成長期（1955〜73）が終焉していますので、**高度経済成長期後**に田中内閣が登場というのは誤りです。

ヒント

田中内閣の「日本列島改造論」は、高度経済成長期の経済状況を背景にした議論です。

❷ ×　大平正芳内閣は、「売上税」ではなく「一般消費税」の法案を国会に提出しましたが、廃案になりました。その後、中曽根康弘内閣は、ほぼ同様の税制を「一般消費税」から「売上税」に名称を変えて導入を目指しましたが、やはり廃案になりました。

❸ ○　中曽根康弘内閣は、日本電信電話公社、日本専売公社、日本国有鉄道の分割民営化などを断行しました。

❹ ×　日本のいわゆる「バブル経済」が崩壊したのは1991年以降とされており、竹下内閣期（1987〜1989）ではありません。また、竹下内閣で「消費税」が導入されたのは事実ですが、景気対策ではなく社会保障の財源確保を目的としていました。

ヒント

そもそも「消費税」は消費にマイナスの誘因を与える税制ですから、景気にはマイナスの影響を与えます。

❺ ×　選挙制度改革を含む政治改革関連４法案が成立したのは、羽田孜内閣ではなく細川護熙内閣のもとにおいてです。

問題13 戦後日本の政党政治に関する次の記述のうち、妥当なのはどれか。

★★★

国般2019

❶ 1955年に、それまで左派と右派に分裂していた日本社会党が統一された。この動きに対抗して、同年に、保守政党の側でも日本民主党と自由党が合併し、自由民主党が結成された。国会における自由民主党と日本社会党の議席数の割合から、当時の政党システムは「1か2分の1政党制」と称された。

❷ 1960年代になると、自由民主党が国会における議席数を漸減させた一方、民主社会党（後に民社党と改称）や公明党といった中道政党が進出したことで、与党陣営の多党化か進んだ。他方この時期、日本社会党に対する支持は高まる傾向にあり、1970年代には、国会における野党の議席数が、全体として与党の議席数と伯仲するようになった。

❸ 1960年代から1970年代にかけて、農村部の地方自治体を中心に、日本社会党や日本共産党に支援された革新系首長が次々に誕生した。こうした地方自治体は「革新自治体」と呼ばれる。多くの革新自治体では、老人医療費への補助が減額されるなど福祉政策の見直しが進められ、自治体財政の再建が実現された。

❹ 1980年代には、バブル崩壊後の深刻な経済的停滞を背景として、多くの有権者が安定政権を志向するようになり、自由民主党の支持率が回復した。この現象を「保守回帰」という。1986年の衆議院議員総選挙及び1989年の参議院議員通常選挙に大勝した結果、自由民主党は衆参両院で総議席数の3分の2以上を占めるに至った。

❺ 1993年に、消費税導入の是非を巡って、自由民主党が分裂し、新党が結成された。その直後に行われた衆議院議員総選挙の結果、自由民主党は衆議院の過半数の議席を確保できなかったため、自由民主党・日本新党・新党さきがけ三党の連立政権が組まれることとなった。新政権の首班には、新党さきがけ党首の細川護熙が就いた。

【解答・解説】

正解 ❶

これも全体的に細かい内容ですが、国家一般職ではこのレベルで出題されることもあるので、この機会に覚えておきましょう。

❶ ○　1955年10月に日本社会党が統一し、この動きに対応して同年11月に自由民主党が結党しました。しかし、社会党は自民党の約半分の議席しか有しなかったことから、「1か2分の1政党制」とも呼ばれました。

❷ ×　「**与党**陣営」ではなく、「**野党**陣営」の多党化が進みました。この時代の民社党や公明党は、政権に与しない野党です。そして他の野党が増えた分、日本社会党の支持は**低落**しました。1960～70年代は自民党も長期低落傾向であり、非自民の連立構想が語られていました。

❸ ×　「農村部」ではなく、「都市部」を中心に革新系首長が誕生しました。1970年代は都市部の首長選挙で、環境や福祉問題への取組みをアピールした共産党や社会党の公認や支援を受けた候補者が多数当選しました。したがって、「老人医療費への補助が減額」、「財政の再建が実現」という点も誤りです。革新自治体では福祉費などを増大させましたが、それによって財政規模が膨らみ、その後は財政的には危機に陥っています。

❹ ×　バブル崩壊は1990年代初頭のことで、1980年代にはバブル景気などを背景として自民党が安定した票を獲得したことから、「保守回帰」と呼ばれています。また1989年の参議院選挙では、リクルート事件や消費税導入などを背景に野党が票を伸ばし、自民党が大敗しています。さらに、衆議院・参議院いずれも、自由民主党が**単独で**総議席数の3分の2以上を占めたことは、過去に一度もありません。

❺ ×　消費税はすでに1989年（平成元年）に導入されています。自民党が分裂したのは、選挙制度や政治資金規正などの政治改革の是非をめぐる問題です。また、1993年の衆議院選挙の後に成立したのは、自民党と共産党以外の8党派による細川護煕**非自民**連立政権で、その次の次に**日本社会党・**自由民主党・新党さきがけの三党連立内閣が組まれ、日本社会党党首の**村山富市**が首相になりました。さらに細川護煕は、「日本新党」の党首でした。

2 圧力団体

学習のポイント

・圧力団体の類型について、国家公務員を受験する場合は基本事項として学習しましょう。

・ベントレー、多元主義、コーポラティズムなどの理論についての学習が最重要です。近年ではオルソンの論点も出題が増えているので、要注意です。

1 圧力団体の発生と機能

(1) 圧力団体の発生

現代政治過程において圧力団体（利益集団、利益団体）は重要な役割を果たしていますが、政治過程において大きな影響力をもたらすようになったのは、20世紀になってからのことです。このような状況を指して**E.バーカー**は「**集団の噴出**」と呼びました。

補足

「利益団体（集団）」とは何らかの利益を成員が共有している団体（集団）のことであり、「圧力団体」とは政党や行政機関などに票の取りまとめや献金などをすることで成員が共有する利益の実現を目指す団体のことです。つまり、圧力団体のほうが範囲は狭く、利益団体（集団）のうち政治と関わりを持っている団体が圧力団体ということになります。

しかし、過去問では「利益団体（集団）」と「圧力団体」を区別せずに使っていることがほとんどですので、違いを意識する必要はありません。

(2) 圧力団体発生の背景

20世紀になり「集団の噴出」が表面化した背景には主に以下の4点が挙げられます。

① 機能的社会集団の設立

第一に**機能的社会集団**の設立です。近代化により個人が身分や共同体から解放されると、資本主義の発展とともに、労働組合や企業連合などのさまざまな職業集団に所属するようになりました。

② 地域代表制の補完

第二に**地域代表制の補完**です。工業化･都市化により国民各層の利益が細分化し、地域代表制を柱とする選挙制度では、地域を越えた職業利益を反映させることが困難となったのです。

③ 政党の寡頭制化と機能障害

第三に**政党の寡頭制化と機能障害**です。大衆民主主義の進展により政党の組織化が進むと、政党が寡頭制化・官僚化し、国民の要求に敏感に反応できなくなりました。このように政党が政府と国民の媒介機能を果たすことができなくなると、集団が直接的に議会や政府に利益を表明するようになりました。

④ 積極政治の展開

第四に**積極政治の展開**です。政府が社会のあらゆる領域に介入するようになり、政府の決定が諸集団の利害に大きな影響を与えるようになると、集団に有利な決定を引き出すために積極的な圧力活動を展開するようになります。

⑶ 圧力団体の機能

圧力団体は、公共政策に影響を及ぼしているという点では政党と類似していますが、政党は利益集約機能が中心となるのに対して、**圧力団体は利益表出機能が中心**となる点で大きく異なります。その他、政党と比較した場合には、以下の表のように対比されます。また、下表に挙げた以外にも圧力団体が果たす役割として、①地域代表制の補完機能（全国横断的な利益追求、職能利益の追求）、②情報提供機能（政党や行政などの政策決定者、あるいは大衆に「潜在的要求」を認知させる）などが挙げられます。

	政党	圧力団体
最終目的	政権の獲得	利益の実現
責任	公的責任	団体の成員に責任を負う
主な機能	**利益集約**	**利益表出**
代表する利益	多様な利益を一般化	特殊利益

第3章 政治過程

⑷ 圧力団体の逆機能

① 政治参加のパラドックス

社会・経済的地位が高い者は、法制度に関する知識も組織を作るノウハウも資金も持っているため、圧力団体を結成して活動しやすく、自分たちの社会・経済的地位を守れます(例経営者団体、医師会)。それに対して、社会・経済的地位が低い者は、法制度に関する知識も組織を作るノウハウも資金も持っていないため、圧力団体を結成し活動することができず、もともと低かった自分たちの社会・経済的地位も守れないその結果、裕福な人たちはさらに裕福に、貧困な人たちはさらに貧困になっていく傾向があるという状況が指摘されています。

② 鉄の三角同盟

議員、官僚、企業の三者が次のような持ちつ持たれつの関係にあることを**「鉄の三角同盟」**(鉄の三角形)と呼びます。もともとはアメリカで指摘された関係ですが、日本では、日本の**「政・官・財(業)の癒着構造」を指す言葉**として使用されています。

議員	業界に有利になるよう、当該官庁に協力を求める(**見返り**に**立法・予算面**で**配慮**)
官僚	業界団体に**天下り先**の**提供**を要請(**見返り**に**許認可・規制面**で**優遇**)
企業	有利な立法を議員(特に**族議員**)に訴える(**見返り**に**政治献金**や**票**を**提供**)

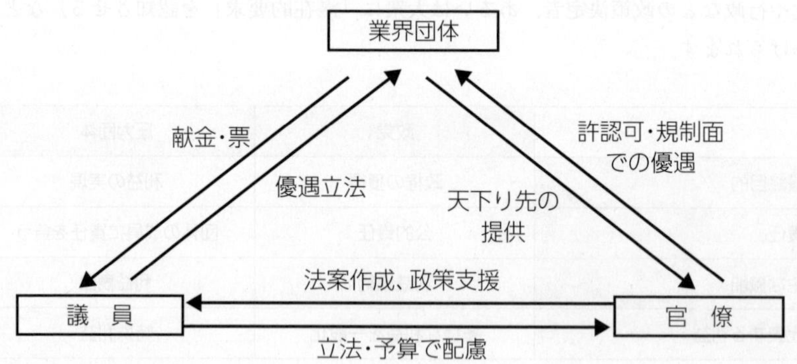

2 圧力団体の分類

(1) 圧力団体の分類

圧力団体を分類する最も一般的な方法は、圧力団体をセクター団体と、利害関係集団とに分類する方法です。

セクター団体（利害関係集団）	価値推進団体（態度集団）
職業的・経済的利益など成員に共通する利益を基礎に形成された団体 特定の自己利益の実現に向けて活動を展開する 例　経済、労働、農業、専門家団体など	特定の価値や主義（態度）を共有することで成立している集団 自分たちの主義・主張を実現するために活動する 例　平和団体、環境団体など

(2) マッケンジーの分類

R.T.マッケンジーは圧力団体を３種類に類型化しました。

部分的集団	促進的集団	潜在的集団
共通の経済的・職業的利益を追求（部分利益の追求） 例　労働団体、経済団体など	公共の利益を追求（社会正義の追求） 例　環境保護、人権擁護団体	通常は政治過程に登場せず、特別の場合にのみ顕在化 例　「日本野鳥の会」が、ある地域開発計画に反対する場合

(3) アーモンドの分類

G.アーモンドは利益表出を遂行する構造の違いから４種類に類型化しました。

結社的利益集団	制度的利益集団	非結社的利益集団	アノミック利益集団
特定集団の利益を明確に代表し、利益の定式化に順序だった手続を踏む 例　労働組合、経済団体	立法府や行政府などの公式的な集団の中で自己利益を表出する 例　日本の地方六団体	血縁・種族・宗教・地域などによる非公式的な集団 例　血縁、種族	社会規範を喪失した（anomic）集団 例　暴動やデモ

⑷ オッフェの分類

C.オッフェは、福祉国家の進展に伴う圧力団体の政治経済的な展開の仕方から圧力団体を市場団体と政策受益団体の２種類に分類しました。

市場団体	政策受益団体
市場における財・労働を含めたサービスの供給と需要に関する利益を代表する団体 例　経済、労働、農業団体、消費者団体	補助金の分配など政府の支援によって成立した団体で、政府の特定の政策に利害関心を持つメンバーによって構成された団体 例　福祉団体、教育団体、行政関連団体

確認してみよう

① 現代の政治においては、政党と並んで利益集団が大きな発言力を持っている。利益集団とは、政治以外の領域でそれぞれ特定の目的で活動する団体であり、経済団体や労働団体が含まれるが、学術文化団体や自然保護団体は含まれない。国般2002

2 ⑵ 参照 ×

学術団体も自然保護団体も政治過程に影響を与える限りにおいて利益集団に含まれます。

3 集合理論

⑴ ベントレー

アメリカの政治学者**A.ベントレー**は利益集団研究の先駆けである『統治の過程』（『政治の過程』）（1908）において、旧来の政治学は、政治制度の外面的特徴のみを分析する制度論中心の「**死んだ政治学**」であると批判し、政治現象を「**集団現象**」として理解することを提唱しました。ただし、学会からは基本的に無視され、第二次世界大戦後になるまで忘れ去られました。

⑵ トルーマン

D.トルーマンは、第二次世界大戦後に長年無視されてきたベントレーの理論の意義を再評価し、自らをベントレーの理論的後継者と位置づけ、**集合理論**（grouptheory）を展開しました。彼は、社会的要因に基づいて利益集団の発生について考察し（**社会要因論**）、要求あるところに集団は生成するとの観点に立ち、工業化や都市化などが利益と価値の多様化を生み、さまざまな集団を生み出すとしています（増殖仮説）。そして、既存の社会勢力間の均衡が崩れると、不利な集団の組織化や活動の活性化が起こるとしました（均衡化仮説）。

また、さまざまな集団が生み出されても政治過程が混乱せず、特定集団の利益の偏りが防止されるのは、以下のように集団間の対立を緩和する要素が社会に存在するからだと考えました。

(3) 集団間の対立が緩和される要因

① 集団のクリス・クロス

個人は複数の集団に所属することで、利害が均衡し、特定の利益への偏りが防止されます。これをベントレーは「**集団のクリス・クロス**」、トルーマンは「**重複的メンバーシップ**」と呼びました。

② 習慣背景

集団間の対立が激化したり、特定の利益の過度の表出が行われたりした場合には、大多数のメンバーが共有する慣習的ルールがその対立を抑制します。これを、ベントレーは「**習慣背景**」、トルーマンは「**潜在的多数者集団**」と呼びました。

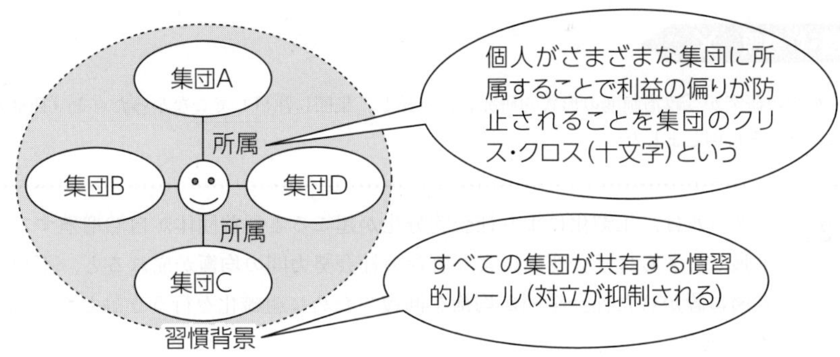
集団A
集団B
集団D
集団C
所属
所属
個人がさまざまな集団に所属することで利益の偏りが防止されることを集団のクリス・クロス（十文字）という
すべての集団が共有する慣習的ルール（対立が抑制される）
習慣背景

補足

A.ベントレーは今でこそ政治過程論の創始者とされますが、彼の著書『政治の過程（The Process of Government）』（1908年）刊行当時は、あまり評価されませんでした。第二次世界大戦後、D.トルーマンが『統治過程論（The Governmental Process）』（1951年）でベントレーの基本的枠組みを発展させた研究を発表したことで、ベントレーが学界で再評価されることになります。

なお、ベントレーの著作『政治の過程』は、邦題が『統治の過程』、『統治過程論』など、いろいろな表記があって紛らわしいのですが、それに輪をかけているのがトルーマンの著作名も（原題でも）ほぼ同じである点です。このような事情がありますので、過去問では著作名が問われたケースもありますが、ベントレーとトルーマンの著作名を厳密に区別して覚える必要はありません。

確認してみよう

1 A.F.ベントレーは、その著書『統治の過程』の中で、政治とは各集団の利益達成をめぐる活動の対立と統治機構による調整の過程に他ならないとの観点から、政治制度の形式的研究を省みなかった当時の制度的政治学を「死せる政治学」と呼んで批判した。国税2001

3 (1) 参照 ✕

従来の研究が「政治制度の形式的研究」に終始し、集団に注目してこなかった点を「死せる政治学」と批判しました。

2 ダールは、工業化により社会的分化が起こると利益団体が自然増殖すると主張し、さらに社会変動により既存の社会勢力間の均衡が崩れると、不利な立場に置かれた社会集団が均衡を回復のために組織化を行うと論じた。裁判所2006教

3 (2) 参照 ✕

ダールではなくトルーマンの集合理論についての説明です。

4 多元主義とコーポラティズム

(1) 背　景

1970年代の石油危機以降の不況下において、西側諸国で異なる対応と成果が確認され、不況下でも良好な経済パフォーマンスを示した北欧諸国などに注目が集まりました。**P.シュミッター**は、これらの多元主義とは別の圧力団体政治のタイプを**コーポラティズム**と呼びました。

(2) 多元主義とコーポラティズムの比較

	多元主義（pluralism）	コーポラティズム（corporatism）
概要	圧力団体は、特に国家から許可や承認などを受けることもなく、**自由に組織**され、政府の政策決定に影響を与えることを目指して、**相互に競争**している 人々は多数の団体に属する	圧力団体は、政府の政策決定過程に組み込まれている**頂上団体に組織化**されており、頂上団体が政府と交渉することで政策の実質的内容が決定される 穏健な社会民主主義政党が強い国によく見られる 人々は一つの団体にのみ属する。
事例	**アメリカ**、カナダ、ニュージーランド、イギリス、フランス	**スウェーデン**に代表されるスカンジナビア諸国、オーストリア

(3) コーポラティズムの分類

	国家コーポラティズム （権威主義コーポラティズム）	社会コーポラティズム （自由主義的コーポラティズム）
概要	圧力団体が国家に全面的に依存し（国家に浸透され）、実施下部機関としての性格を強く有する	圧力団体が国家から一定の自律性を保持しながら、国家に浸透する形で政策決定に参画し、結果として政策実施にも責任を負う **ネオ・コーポラティズム**ともいう
事例	ファシズム期の国家体制、発展途上国の「開発独裁」、第一次世界大戦後のポルトガル・イタリアなど	先進国の自由民主主義体制を前提としたコーポラティズム、第二次世界大戦後のオーストリア・スウェーデン

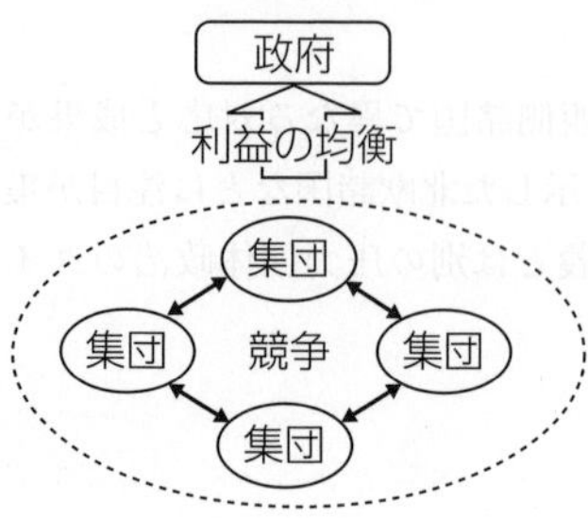

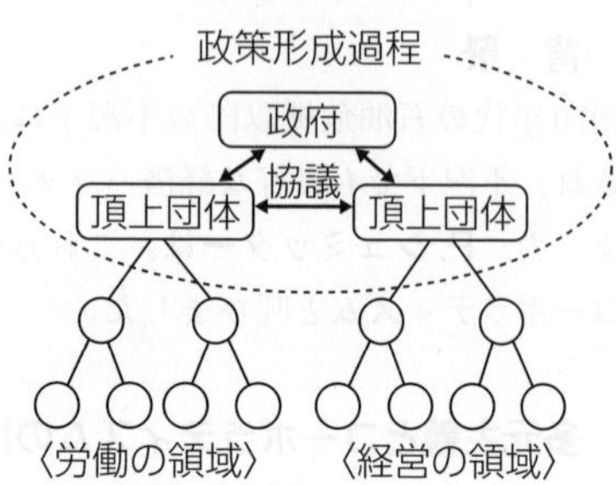

確認してみよう

1 利益集団の政治的発言力が増大していくと、重要な政策決定が主要な利益集団と官僚との協議によって進められるようになる。こうした政策決定の在り方は、コーポラティズムと呼ばれるが、利益集団の統合が進むと、団体内部での意見の統一が困難となることから、コーポラティズムは成立しづらくなる。国般2002

4 (2) 参照 ×

利益集団の統合が進んだほうが意見統一はより容易でコーポラティズムは成立しやすくなります。

2 コーポラティズム・システムは限られた数の利益集団が政策形成に参加することが制度化され、その執行においても、公的機関に協調するという特徴を有する。コーポラティズム・システムは政策形成過程に多様な主体が参加するものであるため、政策決定における議会の影響力が増すとされる。国税2007

4 (2) 参照 ×

コーポラティズムでは、政府・団体間で政策調整が行われるため、議会の影響力は一般的に小さくなります。

③ P.シュミッターは、国家機関による認可を特に持たない複数の利益団体が各領域内で競合しながら政治の在り方を決めていくシステムを「ネオ・コーポラティズムシステム」と呼び、集団間の階統化が進む「多元主義」と対比した。このようなネオ・コーポラティズムシステムが典型的に見られるのは、オーストリア、スウェーデンなどである。国般2008

4 (2)、(3) 参照 ✕

コーポラティズムでは、団体が国家に認可を得て設立され、集団間の階統化が進みます。国家による認可を得ず諸団体が競合するのは多元主義の特徴です。

5 オルソンの集合行為論

(1) 背景

M.オルソンは集合行為理論を確立した経済学者であり、政治学に公共財の概念を導入し、政治学における集団と組織に関する新しい視点を提示しました。

(2) 集合行為問題

集団に所属しなくても、利益を享受できる場合には、個人はフリーライダー（ただ乗り）を選択し、集団が設立されない場合があります。ただし、集団の規模でフリーライダーの発生状況は変化します。

小規模集団	大規模集団
小規模ゆえに、集団の利益に占める自分の割合が大きく、集団への不参加が目立つため、参加が促進される（**フリーライダーが発生しにくい**）	大規模ゆえに、集団の利益に占める自分の割合が小さく、集団への不参加が目立たないため、不参加になりがちである（**フリーライダーが発生しやすい**）

(3) フリーライダーの抑制

そこでオルソンはフリーライダーを抑制する方策として次の点を指摘しています。第一に**強制加入**です。共通の利益を持つものには、労働組合のクローズドショップ制のように団体に強制加入させればフリーライダーが防止できます。第二に**選択的誘因**です。例えば、労組に所属することで得られる保険制度や厚生特権を用意するというように、団体に参加しないと利益が得られないような枠組みを提供します。

⑷ 留意点

ただしオルソンの議論では、現実に利他的な目的を持つ団体が存在することを十分に説明できません。実際、アメリカでは、1970年代の環境、教育、福祉、政治浄化などの公共利益を主張する「**公共利益団体**」（public interest group）が興隆しています。

確認してみよう

① オルソンは、合理的経済人を前提とする限り、多様な社会集団を組織化することは困難であり、法などによる強制や、自分だけ選択的利益が提供されることがなければ、「ただ乗り」への誘因を持つ人々は組織されないと論じた。裁判所2006教

5 ⑵ 参照 ○

そこでオルソンは「ただ乗り」を抑制する方法を検討しています。

② D.トルーマンは、社会変動の帰結として利益団体が自動的に形成されると主張した。一方M.オルソンは、個人は合理的に行動するため、大きな力をもちやすい大規模集団は自動的に形成されるが、小規模集団は形成・維持するためには団体への強制加入若しくは団体加入と引換えの選別的誘因が必要であるとした。国般2008

5 ⑵ 参照 ×

大規模集団はフリーライダーが発生しやすく、小規模集団はフリーライダーが発生しにくいとされます。

6 ローウィの多元主義批判

多元主義の利益政治は集団間の自由競争だといわれます。これに対して**T.J.ローウィ**は行政機関と圧力団体の癒着を生んでいるにすぎないと批判し、議会統制の重要性を指摘しました。具体的には、現実の多元主義とは、議会が行政機関に権限を委任することで成り立つもので、行政機関と圧力団体を中心とする政策決定システムであり、**利益集団自由主義**にすぎないと批判しました。そこで、議会が行政機関

の具体的行動指針となる法律を制定し、行政機関はこの指針どおりに行動する（法の支配の徹底）、**依法的民主主義**を提唱しました。これにより行政機関の恣意的な権力行使が抑制されると考えたのです。

確認してみよう

①　A.ベントレーは、補助金獲得をめぐる利益集団の政治的圧力について分析し、利益集団が、政治における公共利益集団の実現を阻害すると指摘した。彼はこれを「利益集団自由主義」と呼び、利益集団の競争を抑制することによって公共利益の実現を図るべきであるとした。国般2004

6 参照 ×

利益集団自由主義はローウィによる分析です。

7 アメリカの圧力団体

(1) ロビイスト

多元主義の国アメリカでは、圧力団体は互いに政治への影響力を競います。アメリカでは**全国的な政党組織が発達しておらず党議拘束が弱い**ことから、**議員は個人の判断で動く**ことができるため、圧力団体は、政党本部に働きかけるのではなく、**個々の議員に直接働きかけて**、当該圧力団体に有利な法案に賛成するように依頼します。

しかし、圧力団体のメンバーは他に仕事を持つなどしており、交渉を本職としているとは限りません。そこで、政治交渉を専門に扱う「**ロビイスト**」が発達しました（彼らは議会のロビーにいて議員と交渉する人だから「ロビイスト」と呼ばれています）。

しかし、ロビー活動が野放図になりすぎたことから、1946年に**連邦ロビイング規制法**が制定され、ロビー活動の収支報告が義務づけられています。

(2) ロビイングの種類

権力分立が厳格なアメリカでは**議会の力が強く**、**立法権**を**掌握**しています（大統領は法案を提出できません）。そこで圧力団体は、自らの利益につながる法律を制定してもらうために、議会に所属している議員に対してロビイングを行います（**立**

法ロビイング）。

しかし、近年では**行政国家化**に伴って行政官僚の力も強くなっているため、行政部に対するロビイングも盛んになっています（**行政ロビイング**）。さらに、マス・メディアなどを利用して自分たちの主張を訴えることで世論を変えていき、それによって世論の変化に敏感な議員たちに間接的に影響を与える**グラスルーツ**（草の根）**ロビイング**もあります。

8 日本の圧力団体

日本の圧力団体の特徴は、「**系列化**」、「**既存集団丸抱え**」、「**行政ロビイング中心**」の３点とされます。

⑴ 系列化

日本では、**特定政党**と**特定圧力団体**が**結びついています**（「系列」とは、もともとは「親会社－子会社－関連会社－系列会社」と結びついた企業グループを指す言葉です）。55年体制下では、系列化された利益集団は各政党の集票母体としての役割を果たしてきました。

自民党	経団連、日本医師会、日本遺族会など
社会党	労働組合（総評→連合）
民社党	労働組合（同盟→連合）
公明党	創価学会

⑵ 既存集団丸抱え

目的意識がはっきりしている圧力団体の上層部とは違って、下位組織や地域組織は「つきあい集団」としての色彩が強く、労働組合も、自発的結社というより企業という経営組織の枠組みをそのまま労働組合の単位に移行させた「企業別組合」となっています。これを上位組織から見ると、**目的**の**不明確**な**下位組織**を（**仲間はずれにされないように**）「**自然的連帯**」に**訴える**ことで、**目的意識をあまり持っていない人**も**丸ごと抱え込んでいる**ということになります。このような特徴を**石田雄**は「**既存集団丸抱え**」と呼びました。

⑶ 行政ロビイング中心

議院内閣制の日本では、主要な法案は内閣（行政部）が提出するため、圧力団体は、立法部のメンバーである議員にではなく、**行政部**を**中心**に**ロビー活動**を行います。

⑷ 労働なきコーポラティズム

政治と圧力団体のつながり方について、日本は明らかに多元主義ではありませんが、かといって典型的なコーポラティズムとも違います。そのような日本の特徴を、**T. ペンペル**と**恒川恵市**は「**労働なきコーポラティズム**」と呼びました。

日本では、1955年以降、ほとんどの期間において自民党が与党であり政・官・財の鉄の三角同盟が強固に結成されていたため、社会党・民社党・共産党などを支援していた労働者側が政治決定の場から外されてきました（典型的なコーポラティズムの国であるスウェーデンでは、政界・労働界・使用者側の三者が代表されています）。また、労働組合の統一的な全国組織である連合が形成されたのが1989年ということもあり、労働者の意見が代表されにくかったという側面もあります。

過去問にチャレンジ

問題1 ★ **圧力団体に関する記述として、妥当なのはどれか。**

都Ⅰ 2004

❶ 圧力団体は、社会に散在する潜在的要求を集約し政治的要求としてまとめあげ、これを広く社会に明らかにする利益表出機能をもっており、特定の問題をめぐって形成され、その問題が解決すれば組織は解消される。

❷ 圧力団体は、社会生活の場で生じる利害対立を政治的に解決すべく、社会の要求や紛争を、団体の方針に則して政策体系にまとめあげる利益集約機能をもっており、その機能は政党よりも優れている。

❸ 圧力団体は、部門的集団、促進集団及び潜在的集団の３つに分類され、このうち促進集団とは、本来、非政治的団体であるが、状況に応じて圧力団体として活動するものであり、わが国では農業団体や労働団体がこれに当たる。

❹ アメリカでは、圧力団体の活動の対象は、かつては立法府が中心であったが、今日ではこれとともに、行政府を対象とする行政ロビイングや世論の支持を求める草の根ロビイングが活発になってきている。

❺ ネオ・コーポラティズムとは、重要な政策決定が、圧力団体と官僚との協議によって進められる形態をいい、第一次世界大戦後のポルトガルやイタリアがその代表例とされる。

【解答・解説】

正解 ❹

圧力団体のさまざまな特徴を理解していれば、消去法で選べる問題です。

❶ ×　例えば、医師会や経済諸団体などの圧力団体は恒常的に組織化されていて、特定の問題が解決すれば組織が解消されるようなことはありません。

❷ ×　政党は**利益集約機能**が中心となるのに対して、圧力団体は**利益表出機能**が中心になります。確かに、圧力団体も下部組織の利益を集約する機能を持ちますが、政党と比べると取り上げられる利益の種別は、団体の同質的な成員から出される限定的なものにとどまりますので、「政党よりも優れている」とはいえません。

❸ ×　R.マッケンジーによるこの分類では、農業団体や労働団体は、「部門的（部分的）集団」に分類されます。また、「本来、非政治的団体であるが、状況に応じて圧力団体として活動する」のは、「促進集団」ではなく「潜在的集団」です。

❹ ○　アメリカでは立法府に対するロビイング活動が中心ですが、他にも行政府の官僚への接触なども行う行政ロビイングや、マス・メディアなどを積極的に利用する草の根ロビイングなども行われており、ロビイング活動も多元化しています。

❺ ×　「第一次世界大戦後のポルトガルやイタリア」は、国家コーポラティズムの代表例とされます。ネオ・コーポラティズムの代表例は、**第二次世界大戦後**のオーストリア、スウェーデンです。

問題2　**圧力団体に関する記述として、妥当なのはどれか。**

★

都Ⅰ2008

❶　圧力団体は、政権の獲得を直接の目的とはしない団体であり、地域代表制の補完機能や利益表出機能などの機能を有する。

❷　圧力団体が台頭した最大の理由は、工業化や都市化により社会の利害が分化し国民の多様化が進み、行政国家から立法国家への転換が図られたことである。

❸　圧力団体は、部分団体、促進団体及び潜在団体の3つに分類され、このうち潜在団体は、共通の経済的利益を基礎にした団体であり、環境保護団体や消費者団体は潜在団体に該当する。

❹　わが国の圧力団体の特徴は、他の目的で存在している集団を自己の組織に参加させる「既存集団の丸抱え」であり、職業的ロビイストを通じて、行政部ではなく立法部を対象として圧力団体の働きかけが行われることである。

❺　アメリカの圧力団体の特徴は、圧力団体の働きかける対象が、政党の組織の規律が厳しいため、個々の議員ではなく政党の本部であることである。

【解答・解説】

正解 ❶

これも圧力団体のさまざまな特徴を理解してれば、消去法で選べる問題です。

❶ ○　政党は、政権を獲得して（権力を握って）自分たちの政策理念を実現することを目的としているのに対して、圧力団体は自分自身では政権を獲得せずに、政党に資金協力・選挙協力などをすることにより、圧力団体自身が達成したい利益を政党に実現してもらう団体です。つまり圧力団体は、自分自身では権力を握らず、権力を握っている政党に頼ることで自己利益の実現を目指します。

❷ ×　正しくは、「**立法国家から行政国家への転換**が図られたこと」です。圧力団体のことを全く知らなくても、国家論の知識があれば間違いがわかるでしょう。

❸ ×　環境保護団体や消費者団体は、「潜在団体」ではなく「促進団体」に分類されます。

❹ ×　我が国の圧力団体の特徴は、**立法部**ではなく**行政部**を対象として圧力団体の働きかけが行われることです。また、「職業的ロビイスト」によるロビイング活動はアメリカの特徴で、我が国では職業的ロビイストの存在は一般的ではありません。

❺ ×　アメリカでは政党の党議拘束が緩いため、政党本部に働きかけても各議員の投票行動は決められません。そこで、個々の議員に直接働きかけることが一般的になります。

問題3 圧力団体に関する記述として、妥当なのはどれか。

★

区Ⅰ2012

❶ 我が国の圧力団体の特徴は、構成員の自発性に基づいて組織されるというよりも、既存団体を丸抱えするように組織される傾向があるということや、活動目標が行政部よりも議会に向けられているということにある。

❷ 重複メンバーシップとは、圧力団体は予算や許認可の点で官僚から大きな影響を受け、官僚は省庁の予算や法案成立の面で議員に依存し、議員は政治資金や選挙での支援で圧力団体に依存しているような、相互に緊密な関係をいう。

❸ 圧力団体の行動を通じて積極的に利益を受けるものは、政府の援助に頼る必要の少ない中流以上の階層ではなく、政府の援助を最も必要とする低所得者層や社会的弱者である。

❹ 利益集団自由主義とは、巨大な圧力団体が国家の政策に協力しながら、自己の利益を部分的に反映させ、かつ集団相互の妥協・調整を図っていく政策決定過程であり、オーストリア、スウェーデンがその代表例とされる。

❺ アメリカでは、圧力団体の代理人であるロビイストが連邦議会の議員に対して働きかけを行う場合、連邦ロビイング規制法によって、連邦議会へのロビイストの登録及びその収支報告が義務づけられている。

【解答・解説】

正解 ⑤

これも、圧力団体の基本的な特徴と学説を覚えていれば、消去法で選ぶことができるでしょう。

❶ ✕ 我が国の圧力団体の特徴は、活動目標が議会（**立法部**）よりも**行政部**に向けられていることにあります。

❷ ✕ これは、「重複メンバーシップ」ではなく「鉄の三角同盟」に関する記述です。

❸ ✕ 圧力団体に対する批判の一つに、圧力団体への加入者は**高い**社会・経済的地位にある者に偏っており、圧力団体による活動は社会の**上層**部分に有利に展開するというものがあります。

❹ ✕ これはコーポラティズムに関する記述です。それに対して利益集団自由主義とは、圧力団体による圧力政治が野放しにされていた1960年代からのアメリカ政治をT.J.ローウィが批判したもので、議会が実質的な政策決定をせず、行政機関に委ねられていることを民主主義の危機であるとしています。ともあれ、「利益集団自由主義」という言葉を知らなかったとしても、「国家の政策に協力」、「妥協・調整」という記述が、「自由主義」のイメージとずれていることから誤りだとわかるようにしたいです。

❺ ○ 連邦ロビイング規制法では、ロビイストに対して登録・収支報告を義務づけていて、野放図なロビイングを規制しています。

問題4 ★ **圧力団体に関する記述として、妥当なのはどれか。**

区Ⅰ2009

❶ D.トルーマンは、人々が複数の集団に重複的に加入することで集団間の利害対立が調整され、また、特定の集団の利益が過剰に代表されるような場合には、潜在集団が現れ、それを抑制するとした。

❷ A.ベントレーは、圧力団体による政治を「利益集団自由主義」と呼び、政府が圧力団体の要求を拒否できずに応じてきたため、政策の一貫性が損なわれ、少数の私的利益を優遇してきたとして批判した。

❸ 圧力団体の機能には、社会に散在する潜在的要求を集約組織し具体的要求として表現する利益集約機能と、多様な要求を調整し政策に転換する利益表出機能があり、圧力団体は利益集約機能を中心に営むとされる。

❹ アメリカでは、連邦ロビイング規制法により、立法府に対するロビイング活動が禁止されているため、圧力団体の代理人であるロビイストは、法案や予算に影響力を有する行政府に対して圧力行動を展開している。

❺ 圧力団体は政治家を選挙や政治資金で支援し、政治家は官僚に対し予算や法案成立で協力を与え、官僚は圧力団体に補助金や保護的な規制を与えるなどの圧力団体、政治家及び官僚の強固な結びつきを「クリス・クロス」という。

【解答・解説】

正解 ❶

やや細かい内容もありますが、問題１～３で問われた内容の繰り返しもあり、全体的には易問といえます。

❶ ○　D.トルーマンは、A.ベントレーの理論を継承し、人々が複数の集団に重複的に加入する**重複的メンバーシップ**によって、各集団間に交差圧力が発生する集団のクリス・クロスが起こり、その結果、集団間の利害対立が調整されるとしました。

❷ ×　「利益集団自由主義」のキーワードからもわかるように、これはT.J.ローウィによる多元主義批判に関する記述です。

❸ ×　利益集約機能を中心とするのは政党で、圧力団体は**利益表出機能**を中心に営むとされます。

❹ ×　**連邦ロビイング規制法**は、ロビイング活動を「禁止」する法律ではありません。これは、ロビイストに登録･収支報告を義務づける（規制をする）ことと引換えに、ロビイングを公認する法律です。また、アメリカでは連邦議会の議員にしか法案提出権がないこともあり、現在でも立法府に対する圧力活動が中心です。

❺ ×　これは「鉄の三角同盟」に関する記述です。それに対して「クリス・クロス」とは、人々が複数の圧力団体に参加する重複的メンバーシップを行うことで、それぞれの団体間に働く交差圧力を指します。

問題5 ★

ネオ・コーポラティズムに関する記述として、妥当なのはどれか。

区Ⅰ2003

❶ ネオ・コーポラティズムとは、巨大な圧力団体が、国家の政策決定過程に制度的に組み込まれ、国家の政策に協力しながら、自己の利益の部分的な達成を図るという仕組みのことである。

❷ ネオ・コーポラティズムとは、直接的には私的な経済利益を志向しない圧力団体が、政治制度の改革や環境保護など公共利益の追求を目的として、政策決定機関に影響力を行使することである。

❸ ネオ・コーポラティズムとは、圧力団体が、選挙に際して特定の候補者のスポンサーとなって金と票を提供し、その団体の代表を確保する活動様式のことである。

❹ ネオ・コーポラティズムとは、圧力団体が、特別の政策決定を得るため、あるいは自己に好意的な人物を政府の要職に任命させるために努力を払うことである。

❺ ネオ・コーポラティズムとは、官僚制の末端においてその部局と特権的な関係をもつ利益団体が、自分たちの利益を代表する議員を政治的に支援し、議員はその官庁に予算と権限を保証するもたれあいの構造のことである。

【解答・解説】

正解 ❶

正解肢以外の選択肢には「ネオ・コーポラティズム」とは無関係な記述が並んでいますので消去法で解くこともできますし、一本釣りで選ぶことも容易でしょう。

❶ ○　ネオ・コーポラティズムとは、巨大な圧力団体（頂上団体）が、審議会等の政策決定機関の一翼を担い、対立関係にある性質の異なる圧力団体（例えば、財界と労働組合）と利害調整をして、部分的な利益の達成を図る政治的仕組みで、主としてヨーロッパに多く見られるものです。

❷ ×　これは、「価値推進団体」または「促進的集団」に関する記述です。ネオ・コーポラティズムには、価値推進団体だけでなくセクター団体も参加します。

❸ ×　圧力団体が、選挙で特定の候補者のスポンサーになることはありますが、それはネオ・コーポラティズムとは無関係です。

❹ ×　これは「ロビイング」に関する記述です。

❺ ×　これは「鉄の三角同盟」に関する記述です。

問題6 ★　**ネオ・コーポラティズムに関する記述として、妥当なのはどれか。**

区Ⅰ 2007

❶ ネオ・コーポラティズムとは、圧力団体から依頼を受けた代理人が、有利な法案の成立や不利な法案の修正・否決のために、議員や官僚に直接働きかける活動をいう。

❷ ネオ・コーポラティズムとは、巨大な利益集団が国家の政策決定過程に重要なメンバーの一員として参加し、自己利益を部分的に反映させるとともに、国家の政策に協力しながら集団相互の妥協、調整を図っていく仕組みをいう。

❸ ネオ・コーポラティズムとは、経済的利益の増進を主目的とする従来の圧力団体とは異なり、環境保護や政治改革など、より広範な公共的利益を志向する団体の活動をいう。

❹ ネオ・コーポラティズムとは、複数の利益集団が互いに競争関係にあり、それぞれの集団が利益を追求することで、公共政策の均衡が図られるという考え方をいう。

❺ ネオ・コーポラティズムとは、圧力団体が、議会にその団体の代表を送り込むために、選挙に際して特定の候補者に選挙資金と組織票を提供することをいう。

【解答・解説】

正解 ❷

全体的に問題５と重複する論点が多いですし、正解肢が明確なので一本釣りできるでしょう。

❶ ×　これは「ロビイング」に関する記述です。

❷ ○　ネオ・コーポラティズムは、利益集団・圧力団体の代表が、審議会等のチャンネルを通して政策決定過程に関与する過程で、利害対立のある他の集団と妥協・調整しつつ自己利益を部分的に達成していく仕組みです。

❸ ×　これは、「価値推進団体」または「促進的集団」に関する記述です。

❹ ×　これは「多元主義」に関する記述です。ネオ・コーポラティズムでは、複数の利益集団は互いに「競争関係」ではなく「協調関係」にあります。

❺ ×　ネオ・コーポラティズムは、選挙を通じてではなく、選挙なしに政府の政策決定過程に各領域の頂上団体が組み込まれて圧力団体の利害を代表させる仕組みです。

利益団体に関する次の記述のうち、妥当なのはどれか。

★★

国般2004

❶ 人々が特定の利益や価値の擁護・増進を目的として集団を組織し、政治に働きかけようとするとき、これを「利益団体」と呼ぶ。利益団体と政党の違いは、政党が究極的には政権の獲得・維持を目的とするのに対して、利益団体はそれを目的としない点にある。

❷ 利益団体の分類方法には種々あるが、経済的利益の追求に基づく「セクター団体」と特定の価値や主義の普及を目指す「価値推進団体」とに分ける方法はその一例である。さらに、この二つのカテゴリーに収まらない団体を「市場団体」と呼ぶことがあり、その例として、福祉団体、教育団体、行政関連団体が挙げられる。

❸ 利益団体が相互に対抗・競争する中から政策が生まれる仕組みを多元主義的政治システムという。こうした市場原理に任せるシステムは、実際には強力な組織力を持つ団体の利益だけが過剰に代表されるという点で「ネオ・コーポラティズム」的であるとして、批判されている。

❹ アメリカ合衆国の社会学者E.フロムは、その著書『統治の過程』の中で、南北戦争後の急速な経済発展、労働階級の台頭、都市部への人口集中、移民の増加といった社会的潮流を背景として、様々な集団が自己利益の増進のためにロビイストを使って連邦議会に圧力をかけ、それを連邦議会が調整するという点がアメリカ合衆国の政治過程の特徴であると指摘した。

❺ 現在の我が国の利益団体は、政党別に系列化されていることから、専ら政党や議員に働きかけ、行政機構には働きかけないといった特徴がある。また、各分野の頂上団体は下位組織が自発的に参加することによって形成されている。

【解答・解説】

正解 ❶

❹は外しにくいと思いますが、正解肢が明確なので、「圧力団体の議論でフロムなんて出てきていない」と判断してもらえば大丈夫です。

❶ ○　このように、政権獲得への意志の有無は、利益団体と政党の大きな違いです。

❷ ×　福祉団体、教育団体、行政関連団体は、「市場団体」ではなく「政策受益団体」です。これはC.オッフェによる分類ですが、それを知らなかったとしても、「福祉」は市場原理になじみにくい分野ですから、福祉団体を「市場団体」の例とするのはおかしいと推測できるようにしましょう。

ヒント

このように、国家一般職の試験では、たとえその用語・学説を知らなかったとしても論理的に外せるように作問されているケースがあります。

❸ ×　「『ネオ・コーポラティズム』的」という部分が誤りです。アメリカを中心とした「多元主義」とスウェーデンなどの「ネオ・コーポラティズム」は対極的な位置にあります。ネオ・コーポラティズムでは非市場的な協調・調整を通じて政策決定がなされますので、「市場原理に任せるシステム」が「『ネオ・コーポラティズム』的」というのは、明らかにミスマッチでしょう。

❹ ×　『統治の過程』を書いたのは、A.ベントレーです。E.フロムは『自由からの逃走』などの著作があり、公務員試験では社会学で頻出ですが、政治学の圧力団体関連で出題されることはありません。

❺ ×　我が国の利益団体は、主に行政機構に働きかけること（**行政ロビイング中心**）や、各分野の下位組織の中には自発性のない団体も多く含まれていること（**既存集団丸抱え**）が特徴です。

利益団体に関する次の記述のうち、妥当なのはどれか。

★★

国般2010

❶ 利益団体は、公共政策に影響を及ぼすために公然と公職を選挙で争おうとしたり、政府マネジメントの責任を引き受けようとするときに、その政策形成機能に着目して圧力団体と呼ばれる。また、利益団体が圧力団体として活動した成果は利益団体の加入者に配分され、利益団体に加入していない者には与えられない。

❷ R.ダールは、『ポリアーキー』において、1960年代のアメリカ合衆国で主流となった多元主義による政治の実態は利益集団間のインフォーマルな交渉が政治的決定を支配する利益集団民主主義にほかならないとして、多元的民主主義を批判した。

❸ R.ミヘルスは、利益団体において実際に圧力活動を行う少数の役員に権力が集中し、一般党員への監視・統制が強まる傾向を「寡頭制支配の鉄則」と呼び、この傾向は団体の規模が小さくなればなるほど強まると指摘している。

❹ コーポラティズムとは、一般的に、職能領域をほぼ独占的に代表する巨大利益集団が政府の政策過程に参加ないし包摂・編入されるような政治形態のことを指す。典型的には、各領域を代表する頂上団体の代表と政府官僚機構とのエリート協調的な政策決定のかたちをとる。

❺ M.オルソンは、多くの人々が共通の利益を持っていることを明確に意識したとき、それを実現するために、組織化して利益団体をつくるので、集団が組織化されやすいのは中小企業の業界団体のようにメンバーの数が多い集団の場合であると主張する。

【解答・解説】

正解 ❹

やや細かい内容が出題されていますが、圧力団体の基本的な特徴と学説を覚えていれば、消去法で選ぶことができるでしょう。

❶ ×　「公然と公職を選挙で争」う、「政府マネジメントの責任を引き受け」る、「政策形成」は、いずれも政党の特徴です。利益団体は、自ら政権を担うのではなく、政党や行政などの力を借りて自己の利益や理念を公共政策に反映させる団体です。また、利益団体の活動の成果が、加入していない者へ与えられることもあります。例えば、労働組合の活動により最低賃金の水準が上がれば、加入していない者にもそれは適用されます。

❷ ×　R.ダールは権力過程における社会の諸集団の活動を肯定的に評価する多元的民主主義論の代表的論者の１人ですので、彼が「多元的民主主義を批判した」というのはミスマッチです。なお、T.J.ローウィは、利益集団間のインフォーマルな交渉が政治的決定を支配する状況について、「**利益集団民主主義**」ではなく「**利益集団自由主義**」と呼んで批判しています。

❸ ×　R.ミヘルスは、「寡頭制支配の鉄則」は、団体の規模が「大きく」なればなるほど強まると指摘しています。また、彼は利益団体ではなく、主に政党を念頭に置いてこの議論をしています。

❹ ○　つまりコーポラティズムは、利益団体が議会（立法部）に直接働きかけることによってではなく、政府（行政部）の政策決定過程に組み込まれることによって、自己利益を部分的に実現しようとする仕組みです。

❺ ×　M.オルソンは、メンバーの数が**多い**よりも**少ない**ほうが共通利益を意識しやすいため、集団が組織化されやすいと主張しています。

★★★

多元主義とコーポラティズムに関する次の記述のうち、妥当なのはどれか。

国般2011

❶ シュミッターは、多元主義とコーポラティズムを対比して論じ、いずれにおいても政治システムを構成する団体の数は限定されており、人々はそれら団体のうち一つにのみ帰属するという共通点があるが、多元主義においては、複数の団体が競争し合う中で政策が決定されていくのに対し、コーポラティズムにおいては、団体は政府の認可を受けてそれぞれの領域の利益を表出し、協調的・相互依存的に政策決定がなされるという違いがあるとしている。

❷ 利益団体に関して、トルーマンに代表される社会要因論では、工業化や都市化といった社会の分化が進むことで様々な団体を生み出すという「増殖仮説」と、集団間の勢力的均衡が短期的な社会変動によって崩れたとしても、不利になる集団の側から均衡回復のための活動の活性化が起こるという「均衡化仮説」により、利益団体の形成は社会的変動の自動的帰結と説明される。

❸ ローウィは、公共の利益に反して一部の利益団体関係者のみが政治を支配しているという状況を「利益集団自由主義」として批判した。その上で、その問題の解決のためには、厳密な法律の適用などによって利益団体の活動を抑制するのではなく、少数者に政治参加が限られることがないよう、結社の自由を保障し多様な団体を養成することが重要であると主張した。

❹ 第二次世界大戦後から20世紀後半にかけては、先進諸国だけではなく、中南米やアジア、アフリカの途上国も含めて、自由民主主義を前提に、各領域を代表する頂上団体の代表と政府との協調の中で政策決定が行われることが普及し、かつての権威主義コーポラティズムとは異なる「ネオ・コーポラティズム」として機能する実態が見られた。

❺ ネオ・コーポラティズムの典型とされる北欧諸国だけでなく、日本や英国においても、政府・労働団体・経済団体の各セクターの協調で政策が決定されることが通例である。他方、米国では労働団体が政策決定プロセスから排除されており、ダールはこの米国の状況を「労働無きコーポラティズム」と呼んだ。

【解答・解説】

正解 ❷

全体的に細かい内容ですが、国家一般職ではこのレベルで出題されることもあるので、この機会に覚えておきましょう。

❶ ×　「いずれにおいても…共通点はあるが」という記述が誤りです。団体の数が限定されて、団体のうち一つのみに帰属するというのはコーポラティズムの特徴です。コーポラティズムでは、各分野の頂上団体が政策形成過程に継続的に組み込まれていますので団体の数は限定されますし、人々はいずれか一分野の団体にのみ帰属します。他方で、多元主義は、団体の数が限定されず、多数の団体に帰属するという特徴を持ちます。多元主義では、政策形成過程への団体の関わりは自由ですので数は限定されませんし、人々はいろいろな団体に所属することができます。

❷ ○　このように、D.トルーマンらの社会要因論では、利益集団の形成は社会変動の自動的な帰結とされています。

❸ ×　T.J.ローウィは、問題の解決のためには、厳密な法律の適用などによって利益団体の活動を**抑制すること**（「**依法的民主主義**」）が重要であると主張しています。つまり、政府の裁量によって特定の利益集団に有利な取り計らいができないように厳密に法律を適用すれば、一部の利益集団の関係者のみが政治を支配することを防げるという議論です。

❹ ×　中南米やアジア・アフリカの途上国では、開発独裁体制が採られて自由民主主義が制限されることが多かったため、権威主義コーポラティズムに分類されます。ネオ・コーポラティズムが当てはまるのは、スウェーデンやオランダなどの自由民主主義が保障された第二次世界大戦後の先進国のコーポラティズムだけです。

❺ ×　「労働なきコーポラティズム」は、労働団体が政策決定プロセスから**排除**されている**日本**の状況を説明するために恒川惠市とT.ペンペルが用いた概念です。

3 マス・メディアと世論

学習のポイント

・マス・メディアの機能については、各試験とも稀に出題される程度なので、メディアの効果を中心に押さえておきましょう。

・近年はメディアの新強力効果論のように、比較的新しい論点も出題が増えています。

1 マス・メディアの機能と効果

(1) マス・メディアの顕在的機能

H.ラズウェルはマス・メディアの機能を、次の三つに分類しました。C.ライトはこれに加えて、④「娯楽の提供」機能を付け加えました。

①環境の監視機能	システムが、環境条件の変化に対応するために、システム内外の環境条件の変化を発見する 例　報道機能
②環境に反応する際の社会的諸部分の相互の関連づけ機能	環境変化に対応する際に、社会の各部分を互いに結びつける 例　討論番組などで各専門家を動員し、公共的討論を促して社会諸部分を結びつける
③社会的遺産の伝達機能	文化・伝統・規範等（社会的遺産）を、世代を超えて伝達することで、その社会の政治的価値や社会的規範等を身に付けさせるいわゆる政治的社会化機能

(2) マス・メディアの潜在的機能

P.F.ラザースフェルドと**R.K.マートン**は、メディアの潜在的機能を三つに分類しています。

①地位付与機能	メディアで取り上げられた人物は、一種の地位が与えられ、一般の人と異なる人間とみなされる
②社会規範の強制機能	メディアで公にされた問題は、社会的制裁が加えられないと収まりがつかなくなる

③麻酔的逆機能	メディアの過剰な情報提供によって、かえって問題意識が薄れ、行動意欲が減退する

(3) アナウンスメント効果

選挙予測報道は投票行動に一定の影響を与えることが確認されており、このような効果を**アナウンスメント効果**といいます。このため選挙直前の選挙予測報道を禁じている国もあります。主に二つの効果があります。

	バンドワゴン効果 (勝ち馬効果)	アンダードッグ効果 (判官びいき効果)
概要	一方の候補者(政党)が有利だと報道されると、有利だと報道された候補者に票が集中して、結果として大差をつけて当選するという現象	一方の候補者(政党)が有利だと報道されると、実際の選挙ではその候補者の票がかえって伸びず、不利と報道された候補者が票を伸ばす現象
事例	アメリカの大統領選挙や上院・下院議員選挙などの**小選挙区制**でしばしば見られる現象 日本でも小選挙区制の導入によって見られるようになった	日本の**中選挙区制**における選挙でしばしば見られた現象

(4) マス・メディアの効果論

	強力効果論 (1920～30年代)	限定効果論 (1940～60年代前半)	(新)強力効果論 (1960年代後半～現在)
概要	メディアの威力は強力であり、受け手に対して直接的・即時的・画一的な効果をもたらす **「皮下注射モデル」、「即効薬理論」**とも呼ばれる	マス・メディアの影響力は意外に小さい	メディアの効果は無条件に絶大だとはいえないが、時と場合に応じて大きな影響力を及ぼす
背景	ロシア革命やファシズムの台頭、戦争時の対敵宣伝等	テレビの普及以前	テレビの普及

確認してみよう

① ラズウェルは、マスコミの社会的機能として、「環境の監視」、「環境に反応する際の社会的諸部分の相互の関連づけ」、「世代から世代への社会的遺産の伝達」のほか「娯楽の提供」を挙げた。都Ⅰ1999

1 (1) 参照 ×

娯楽の提供機能はラズウェルではなく、C.ライトが指摘したものです。

② アナウンスメント効果とは、投票日前に行われる選挙情勢や選挙結果を推定する報道が、有権者の投票行動に何らかの変化をもたらすというものである。有利と報道された政党、候補者にさらに票が集まるのをバンドワゴン効果、不利と報道された政党、候補者が票を伸ばすのをプライミング効果というが、我が国では「判官びいき」の意識が根強いこともあり、プライミング効果がみられるのが特徴である。国般2009

1 (3) 参照 ×

プライミング効果ではなく、アンダードッグ効果です。プライミング効果については後述します。

2 リップマンの世論

(1) 背　景

W.リップマンは、アメリカの政治評論家、ジャーナリストです。G.ウォーラスに強い影響を受け、ウォーラスと同様に、人間の思考が必ずしも合理的でないことを強調する議論を展開しました。

(2) 人間観

リップマンによれば、人間は「見てから定義しないで、定義してから見る」もので、複雑多様な世界を認識するために、自分の所属する社会が用意した定義に依存しているとしました。つまり、「客観的環境」（現実そのまま）を認識するのではなく、「擬似環境」に基づいて行動していると主張したのです。

⑶ 擬似環境とステレオタイプ

擬似環境とは「マス・メディア等を媒介として形成された、各自が頭の中で思い描く現実のイメージ」であり、現実の部分的な省略、強調、誤認、歪曲などが含まれています。擬似環境は「特定の対象に関し、当該社会集団の中で広く受容されている単純化・固定化されたイメージ」である**ステレオタイプ**（stereotype）によって形成されます。リップマンはステレオタイプの典型例として国民性を挙げています。「貪欲なユダヤ人」といったステレオタイプはナチスのユダヤ人迫害に利用されました。

⑷ 結　論

政治エリートがステレオタイプを操作し、世論を形成する可能性を指摘しました。ウォーラスと異なり、大衆の政治的思考能力の改善には悲観的な立場でした。

リップマンのマス・メディア論

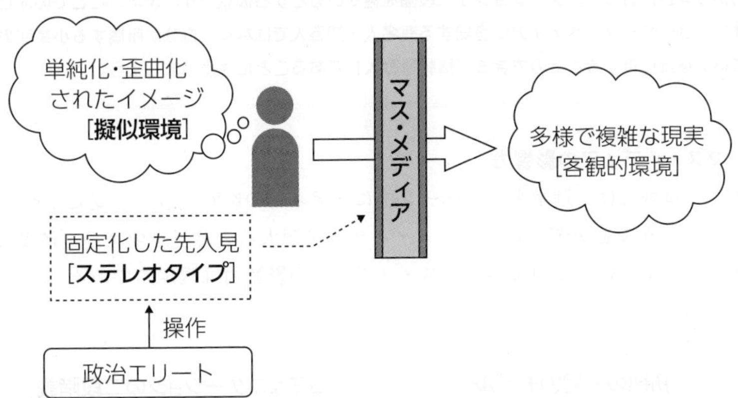

確認してみよう

① （ミヘルスは）、「世論」において、人々はステレオタイプを用いることにより、現実を過度に単純化して知覚するため、変化する世界に対する適切な認識や判断がなくなり、世論の非合理性は避けられないとした。都Ⅰ2005

2 ⑶ 参照 ×

ミヘルスではなく、リップマンについての説明です。

3 マス・メディアの限定効果論

(1) ラザースフェルドらのコミュニケーションの二段階説

P.F.ラザースフェルドらは1940年代の大統領選挙での投票行動を分析した**エリー調査**においてマス・メディアの効果について分析しました。この分析を経て提唱されたのが、コミュニケーションの二段階説です。

① オピニオン・リーダー

マス・メディアの情報は、有権者に直接伝わるよりも、**オピニオン・リーダー**（選挙キャンペーン中に他の人に助言をしたり、周囲から助言を求められた人）によって日常会話などの**パーソナル・コミュニケーション**を通じて伝播します。

補足

マス・メディアからオピニオン・リーダー、オピニオン・リーダーからその他の有権者へ、という具合にコミュニケーションが二段階を経ているとする仮説です。また、ここでのオピニオン・リーダーは、メディアに登場する有名人・知識人ではなく、自分が所属する小集団の中にいて身近に接することのできる「情報通の人」であることに注意しましょう。

② マス・メディアの影響力

エリー調査では、選挙キャンペーン中にメディアの影響で意見を変えたものはごく一部であることが確認され、マス・メディアが人々の意見を変える**「改変効果」は弱い**としました。このようにマス・メディアの**影響力は限定的**であるという議論を限定効果論といいます。

初期の影響力モデル

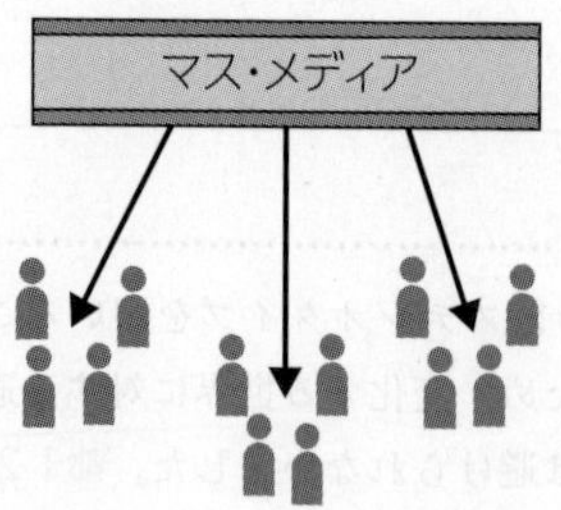

コミュニケーションの二段階説

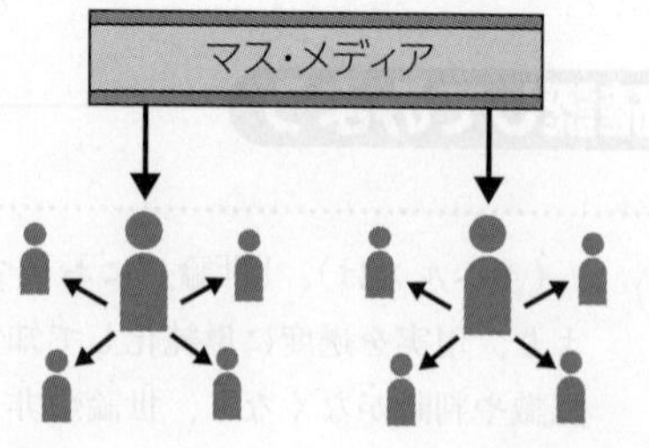

⑵ クラッパーの一般化

J.クラッパーはアメリカのコミュニケーション研究者であり、ラザースフェルドの弟子としてコミュニケーション研究を修正し、一般化を試みた人物です。その主張は「クラッパーの一般化」として広く影響を与えました。人々は自分の既存の態度に合致しないメッセージよりも合致するものを選り好みし、メッセージを既存の態度と整合するような仕方で解釈し、既存の態度に整合的な情報のみを記憶するとしました（選択的メカニズム）。また、個人が所属ネットワーク（家族、友人など）から離反しそうになった場合、対人ネットワークは集団規範からの逸脱を是正する圧力源として機能します（対人ネットワーク）。

「選択的メカニズム」や「対人ネットワーク」は、マス・メディアの説得的働きかけを相殺する一種のフィルターとしての機能を果たし、受け手の態度を**改変する**よりも**既存の態度を補強する**ような効果を生じます。

第3章 政治過程

確認してみよう

① クラッパーは、「皮下注射モデル」を唱え、マス・コミュニケーションの効果は絶大であり、マス・メディアは受け手に直接影響を及ぼし、政治的意見を形成したり、既存の意見を変更したりするとした。区Ⅰ2004

3 ⑵ 参照 ×

クラッパーは限定効果説の論者です。

4 マス・メディアの（新）強力効果論

⑴ 議題設定効果

M.マコームズと**D.ショー**は、マス・メディアである争点・トピックが強調されるほど、受け手側もその争点・トピックをより重要なものと認知するようになるという、**議題設定効果**と呼ばれる効果を発見しました。

例えば1968年の大統領選挙の報道で、新聞が強調した争点（第一面に載せるなど）と有権者が重要だと考える争点が一致したという研究があります。

⑵ フレーミング効果

S.アイエンガーは、マス・メディアで取り上げる際のフレーム（切り口）の違いが、受け手の解釈の差をもたらすと考え、これを**フレーミング効果**としました。例えば、貧困について、困窮する個人のエピソードを中心とする報道を多く見た人は、貧困を「個人の責任」と見る傾向にあり、経済状況や政府の雇用政策などを中心とする報道を見た人は「社会の責任」と見る傾向にあるといえます。

⑶ プライミング効果

アイエンガーらは、特定の争点がメディアで強調されると、その争点が政治指導者を評価する際の基準として比重を増すという効果を生じると論じました。これをプライミング効果といいます。例えば小泉首相の北朝鮮電撃訪問をメディアが大々的に報道することで北朝鮮外交が重要課題として認知され（議題設定効果）、成果を上げた小泉内閣の支持率があがる（誘発効果）ということなどです。

⑷ 涵養効果（培養効果）

G.ガーブナーらは、マス・メディアは視聴者の間に、現実に対する共通の見方や共通の価値観を養う効果があると分析しました。この効果を**涵養効果**（かんよう）といいます。例えば、テレビ・ドラマにおける暴力・犯罪・殺人についての多く描写に慣れた人は、現実世界で暴力や犯罪に出会う確率を過大視するようになるといえます。

⑸ 沈黙の螺旋理論

E.ノエル＝ノイマンによれば、人間は他者から孤立することを避けたいという自然な欲求を持っています。したがって、「少数派」だと感じた人はその意見表明を控え、「多数派」だと感じた人は積極的に意見表明を行うようになることで、「多数派」だと目された立場がますます勢いを増し、「少数派」だと目された立場はますます孤立の度合いを深めるという形で世論が形成されると分析しました。これを**沈黙の螺旋理論**といいます。

確認してみよう

① メディアの強力効果論の一つに、メディアの人々に対する長期的な影響力に関する「涵養効果」理論があり、G.ガーブナーらは意識調査により、人々の社会に対する認識に長期にわたる影響を与えるのは、瞬間的な娯楽提供の傾向が強いテレビよりも安定的な情報提供が可能な新聞や雑誌などの活字メ

ディアであることを示した。国税2009

4 (4) 参照 ×

涵養効果論はテレビ・ドラマが長期的に影響を与えることを示したものです。

第3章 政治過程

過去問にチャレンジ

問題1 ★

マス・コミュニケーションの機能又は効果に関する記述として、妥当なのはどれか。

区Ⅰ 2008

❶ クラッパーは、マス・メディアが様々な情報から取捨選択してその一部を再構成した環境を「擬似(ぎじ)環境」と呼び、人々がマス・メディアの膨大な情報の前に決まり切った判断を下すようになることを「ステレオタイプ」と呼んだ。

❷ ノイマンは、「沈黙の螺旋(らせん)仮説」を提起し、人々は自分の意見が多数派のものなら、それを他の人に表明するが、少数派の意見だと思うと沈黙してしまう傾向があり、マス・メディアはその状況認識に大きな影響力を持つとした。

❸ ラザースフェルドは、「議題設定機能仮説」を唱え、選挙に関する調査から、有権者の支持する政党や候補者が提示する争点よりも、マス・メディアが提示する争点の方が、有権者の強調する争点との相関関係が高いとした。

❹ マコームズは、「コミュニケーションの２段階の流れ仮説」を唱え、オピニオン・リーダーから口伝えでなされるパーソナル・コミュニケーションは、マス・コミュニケーション以上に影響力を発揮しているとした。

❺ リップマンは、人々はマス・メディアから個人の消化能力を超える大量の情報を提供されており、そうした情報の過剰が人々を政治的無関心と消極的な行動へと導くとし、これを「マス・メディアの麻酔的逆機能」と呼んだ。

【解答・解説】

正解 ❷

学者名と学説の組合せを入れ換えただけの問題なので、適切に覚えていれば簡単に解けるはずです。

❶ ×　「擬似環境」と「ステレオタイプ」は、J.クラッパーではなくW.リップマンが提示した概念です。クラッパーは、マス・コミュニケーションの強力効果説から限定効果説へ至る一連の実証研究を整理した研究者として知られています。

❷ ○　「沈黙の螺旋仮説」とは、自分が少数者である、あるいは少数者になりそうだと思った人は孤立することを恐れて沈黙し、自分を多数派だと思った人は自分の立場が優勢であることを声高に言い立てる、というものです。マス・メディアは、世論調査などをもとにして多数派と少数派を区別しようとすることがありますが、「沈黙の螺旋仮説」によれば、こうした報道を介して少数派がますます少数派になっていきます。

❸ ×　「議題設定機能仮説」は、M.マコームズとD.ショーが提示した仮説です。

❹ ×　「コミュニケーションの２段階の流れ仮説」は、マコームズではなくP.F.ラザースフェルドが提示した仮説です。

❺ ×　マス・メディアの「麻酔的逆機能」は、リップマンではなくラザースフェルドとR.K.マートンが指摘した学説です。

マス・コミュニケーションの機能又は効果に関するA～Dの記述のうち、妥当なものを選んだ組合せはどれか。

★

区Ⅰ 2010

A ラスウェルは、マス・コミュニケーションの社会的機能として、「環境の監視」、「環境に反応する際の社会諸部分の相互関連付け」、「世代から世代への社会的遺産の伝達」、「娯楽の提供」を指摘した。

B クラッパーは、マス・メディアの発する情報は既存の態度を改変する効果は持たず、むしろ補強する効果を持つにすぎないとした。

C ノイマンは、人々は自分の意見が多数派のものなら、それを他人に表明し、あたかも螺旋（らせん）をたどるように増幅していく一方で、少数派の意見は、沈黙へと追いやられていくことになるとした。

D リップマンは、人々がマス・メディアの膨大な情報の前に決まりきった判断を下すようになるステレオタイプについて、世論を形成する際の大衆の行動には影響しないと指摘した。

❶ A B

❷ A C

❸ A D

❹ B C

❺ B D

【解答・解説】

正解 ❹

Aはやや細かい内容ですが、「四つはおかしい」ということで誤りと気づけるようにしましょう。

A × H.ラズウェル（ラスウェル）が指摘したのは、「環境の監視」、「環境に反応する際の社会的諸部分の相互の関連付け」、「世代から世代への社会的諸遺産の伝達」の３機能だけで、「娯楽の提供」を指摘したのはC.ライトです。

ライトはマイナーな論者ですので覚える必要はありません。ここでは、「ラズウェルが指摘したのは３機能のはずなのに、四つあるのはおかしい」という判断で十分です。

B ○ 「マス・メディアの情報の効果は、改変ではなく補強である」というJ.クラッパーの主張は、限定効果説の一つに分類されます。

C ○ 「沈黙の螺旋仮説」と呼ばれるE.ノエル=ノイマンの主張は、「新強力効果説」の一つに分類されます。

D × W.リップマンは、ステレオタイプについて「世論を形成する際の大衆の行動に**大きな影響を与えている**」という現象を指摘しています。

マス・メディアの機能又は効果に関する記述として、妥当なのはどれか。

★

都Ⅰ2008

❶ アナウンスメント効果とは、マス・メディアによる選挙の予測報道が人々の投票行動に影響を与えることをいい、アナウンスメント効果のうちバンドワゴン効果とは、予測報道で不利とされた候補者が予想よりも票を得ることをいう。

❷ 皮下注射モデルとは、コミュニケーションの２段の流れ仮説から導き出され、注射による即効性にたとえて、マス・メディアは人々に強力で即時的な影響を与えるとする理論のことをいう。

❸ ガーブナーは、テレビの影響を調査して、ドラマを長時間見る人は短時間しか見ない人よりも、ドラマで描かれる内容が現実社会で起きると考える比率が高いことを明らかにし、マス・メディアの知識ギャップ仮説を提起した。

❹ ノエル＝ノイマンは、マス・メディアの報道によって自分の意見が少数派だと感じた人は沈黙するようになることを明らかにし、マス・メディアの培養理論を提起した。

❺ マコームズとショーは、選挙における調査に基づき、人々はマス・メディアが強調する争点に影響されるとして、マス・メディアには議題設定機能があるとした。

【解答・解説】

正解 ❺

❸は発展的な内容ですが、正解である❺の文章は短く内容も明確なので、一本釣りしておきたいところです。

❶ ×　「バンドワゴン（勝ち馬）効果」とは、予測報道で有利とされた候補者が当初の予想よりも多くの票を得ることをいいます。

❷ ×　「限定効果説」に位置づけられる「コミュニケーションの２段の流れ仮説」は、「強力効果説」に位置づけられる「皮下注射モデル」を批判した議論です。

❸ ×　これは、「知識ギャップ仮説」ではなく「涵養効果」についての説明です。

補足

なお、「知識ギャップ仮説」とは、社会的経済的地位の高い人々は低い人々に比べて情報を早く獲得する傾向にあるため、マス・メディアがより多くの情報を伝えるほど、これらの人々の間の知識格差は拡大する、という仮説です。ただしこれは発展的な知識ですので、覚える必要はありません。ここでは、文章の内容が涵養効果に該当することに気づければよいです。

❹ ×　これは、「培養理論」（涵養効果）ではなく「沈黙の螺旋理論」に関する記述です。

❺ ○　M.マコームズとD.ショーは、限定効果論で否定されたマス・メディアの直接的な効果を、認知的な影響力という観点から、再び議論しようとしました。マコームズとショーによれば、マス・メディアは、人々の意見の賛否に直接的に影響を与えるというよりも、**何について議論し考えるべきか**について直接的に影響を与えます。つまり、何について議論すべきかを設定する機能（「議題設定機能」）をマス・メディアは持っている、という主張です。

問題4 **マス・コミュニケーションの効果に関する記述として、妥当なのはどれか。**
★

区Ⅰ2016

❶ ノイマンは、人々は自分の意見が多数派のものなら自分の意見を積極的に表明するが、少数派の意見だと思うと沈黙してしまい、多数意見か少数意見かの判断にマス・メディアが大きな影響を及ぼしているとした。

❷ マコームズとショーは、マス・メディアは人々に対して、何を問題として何について考えるべきかには影響を与えないが、どのように考えるかには大きな影響を与え、人々の態度を直接的に変えるとした。

❸ クラッパーは、マス・メディアの威力は強大であり、あらゆる受け手に対して即時的な効果をもたらし、受け手の既存の態度を強化する方向で働くよりも、受け手の態度を改変させることになるとした。

❹ ガーブナーは、プライミング効果を提起し、マス・メディアの報道によって、ある争点が有権者に重視されるようになると、その争点は有権者が政治指導者や政権を評価する際の基準としても比重を増してくるとした。

❺ アイエンガーは、マス・メディアによる培養効果として、暴力や犯罪が多く描かれているテレビ放送に長く接していると、現実もそうしたものであると思い込みやすく、結果として不安傾向や他者への不信感が強まるとした。

【解答・解説】

正解 ❶

❹の「プライミング効果」は発展的な内容ですが、正解肢が明確なので一本釣りできるでしょう。

❶ ○　これは、E.ノエル＝ノイマンの「沈黙の螺旋仮説」に関する記述です。

❷ ×　M.マコームズとD.ショーの「議題設定効果」は、マス・メディアは人々に対して、「どのように考えるか」（＝内容に対する賛否）ではなく、「何を問題として何について考えるべきか」（＝何を議題とすべきか）に大きな影響を与えるという仮説です。「どのように考えるか」にまで大きな影響を与えるというのは、初期の強力効果説の主張です。

❸ ×　ここで書かれているのは強力効果説の主張ですが、J.クラッパーは限定効果説に属する学者です。

❹ ×　「プライミング効果」を提起したのは、G.ガーブナーではなくS.アイエンガーです。

❺ ×　「培養効果」を提起したのは、アイエンガーではなくガーブナーです。

問題5　政治とマスメディアに関する次の記述のうち、妥当なのはどれか。

★★

国般2006

❶ P.ラザースフェルドらは、社会的に影響力の大きい、オピニオンリーダーと呼ばれる人々が発する情報が、マスメディアを通じて増幅され、これにより投票行動を変える者が多いことを、いわゆるエリー調査を通じて実証した。

❷ 選挙前のマスメディアによる予測報道は、いわゆるアナウンスメント効果をもつと考えられているが、ある候補者が不利と報道された場合に、有権者が当該候補者に集中的に投票する現象はバンドワゴン効果と呼ばれる。

❸ J.クラッパーによれば、マスメディアは、一般的に、受け手に対して直接的に作用するのではなく、様々な要因に媒介されて作用しており、それらの媒介要因によって、通常、受け手の考え方を改変するというよりは、補強する傾向が強い。

❹ M.マコームズとD.ショーは、マスメディアが政党や行政機関の提供する情報を優先的に取り上げる点を批判し、政党や行政機関のもつ支配的な考え方が、マスメディアの働きにより、社会全体に浸透するという「議題設定機能」仮説を唱えた。

❺ E.ノエル=ノイマンは、マスメディアに取り上げられることによって少数派の意見の影響力が増大し、その結果、多数派が恐れて自らの意見を主張しなくなり、サイレントマジョリティーを形成するという、「沈黙の螺旋(らせん)」仮説を提示した。

【解答・解説】

正解 ❸

❹はやや難しいですが、それ以外は定番の引っ掛けパターンなので、間違えた場合は覚えておきましょう。

❶ ✕　P.F.ラザースフェルドらがいう「オピニオンリーダー」は、マス・メディアに登場して世論を導く有名人ではなく、身近な小集団内の情報通のことです。また、「投票行動を変える者が多い」という記述も誤りです。ラザースフェルドらの「限定効果説」では、マス・メディアからの情報は、人々の先有傾向（マス・メディアに接する前から持っていた考え方の傾向）を補強する効果は大きいが、改変する効果は弱いとしています。つまり、「投票行動を変える者は少ない」ということになります。

❷ ✕　後半は、「バンドワゴン効果」ではなく「アンダードッグ効果」に関する記述です。

❸ ○　J.クラッパーは、マス・メディアの効果は政治的先有傾向を改変するまでに至らず補強にとどまる限定的なものであり、受け手には間接的な作用を及ぼすにすぎないと論じました。また、先有傾向の変化に対しては、マス・コミュニケーションよりもパーソナル・コミュニケーションのほうが大きな影響力を持つと結論づけています。

❹ ✕　M.マコームズとD.ショーの「議題設定機能」仮説は、マス・メディアが「議題」（何を議題とするのか）を強く規定するというもので、「考え方」（議題を具体的にどのように考えるか）を規定するという主張ではありません。また、マコームズとショーは、政党や行政機関とは独立に、マス・メディアが議題を設定する点に注目していますので、「政党や行政機関の提供する情報を**優先的に**取り上げる」という記述も誤りです。

❺ ✕　E.ノエル=ノイマンが提唱した「沈黙の螺旋」仮説は逆で、マス・メディアに取り上げられることによって**多数派**の意見の影響力が増大し、その結果、**少数派**が恐れて自らの意見を主張しなくなるという学説です。

問題6 政治と世論に関する次の記述のうち、妥当なのはどれか。

★★

国般2016

❶ P.ラザースフェルドらは、エリー調査を始めとする一連の調査からマスメディアの世論への影響を分析し、ラジオ番組のキャスターやニュース解説者のようなオピニオンリーダーの発言が世論に大きな影響を与えることを明らかにした。

❷ J.クラッパーは、20世紀初頭に、マスメディアの世論への影響は限られたものであるとする限定効果説を唱えたが、その後のロシア革命やナチスの台頭過程などの経験を通じて、1960年代にはマスメディアの大きな影響力を認める強力効果説が支配的な学説となった。

❸ M.マコームズらは、マスメディアの報道が「いま政治で何が重要か」に関する世論の動向に影響を与えることを通じて、政策決定者による政策的な優先順位の決定にも影響を及ぼすとする、マスメディアの第三者効果仮説を提唱し、後に実証研究によってそうした効果の存在を確認した。

❹ S.アイエンガーは、マスメディアが社会問題を取り上げる場合に、争点を描写する際のフレーム（切り口）の違いが、問題の責任をどこに帰属させるかという受け手の解釈に差をもたらした、としてフレーミング効果の存在を示した。

❺ G.ガーブナーらは、マスメディアの伝える政治情報が、長期的には政治に関する市民の認知的な理解力を増大させ、結果として民主主義の質を高めるという、マスメディアの涵養効果の存在を主張した。

【解答・解説】

正解 ❹

これは、学者名と学説名の組合せだけでなく、各学説の中身まで理解していなければ解けない問題であり、発展的な内容も含まれています。このレベルの問題まで解けるようになると、国家一般職でも得点を上げていけます。

❶ ✕　P.F.ラザースフェルドらがいう「オピニオンリーダー」とは、メディアに登場して世論を導くキャスターやニュース解説者ではなく、個人が所属する小集団の中にいる情報通の家族・友人などのことです。

❷ ✕　マス・メディアに対する学説の流れは、「限定効果説」→「強力効果説」ではなく、「強力効果説」→「限定効果説」→「新強力効果説」です。「限定効果説」が提唱されるようになったのは、20世紀初頭ではなく1940年のアメリカ大統領選挙を調査したラザースフェルドらによるエリー調査以降です。そもそも、欧米でもラジオ放送が本格的に普及し始めたのは1920年代、テレビ放送は1950年代ですので、20世紀初頭にはマス・メディアは新聞ぐらいしかありませんでした。

❸ ✕　M.マコームズらが提唱したのは、「第三者効果仮説」ではなく「議題設定機能」です。第三者効果仮説の内容が公務員試験で出題される可能性は低いので、ここでは学説名がずれていることがわかれば十分です。

補足

「第三者効果仮説」とは、人々の自己認知において、自分自身はマス・メディアの影響を受けないと捉える（自分の認知能力を高く見積もる）一方で、他の人（第三者）は影響（効果）を受けやすいと捉える（他の人の認知能力を低く見積もる）ため、その認知に対応した行動をとる、という仮説です。例えば、性的描写が過激な、いわゆる「有害図書」について、自分自身はそんなものに惑わされるはずはないと思って手もとに置いているものの、他の人は惑わされる（悪影響を受ける）と決めつけて、有害図書の禁止運動に賛成するという状況を指します。

❹ ○　例えば、貧困問題を取り上げる場合に、個人の生活史を中心に描写すると、受け手は「貧困は自己責任」と解釈する傾向が強いのに対して、社会制度を中心に描写すると、受け手は「貧困は社会制度の問題」と解釈する傾向が強くなるということです。

❺ ×　「政治に関する市民の認知的な理解力を増大させ、結果として民主主義の質を高める」という記述が誤りです。G.ガーブナーの提唱した「涵養効果」の議論では、テレビドラマで描かれたフィクションの暴力シーンを長時間視聴した者は、そうでない者と比べて、現実社会もそうした暴力的なものと認識することが多くなるとしています。つまり、テレビ視聴者は現実とは異なる社会認識を涵養（培養）していき、認知的な理解力が低下していくという議論です。

MEMO

問題7 ★★

世論とマスメディアに関する次の記述のうち、妥当なのはどれか。

国般2020

❶ P.ラザースフェルドらは、1940年のエリー調査に基づき、選挙キャンペーンの効果について検証した。その結果、選挙までの半年の間に、マスメディアの影響で投票意図（投票を予定している政党）を変えた有権者がごく少数であったこと、すなわちマスメディアによる改変効果は小さいことを主張した。

❷ W.リップマンによれば、大衆は複雑な現実世界をありのままに理解する能力を欠いているものの、ステレオタイプ（文化的に規定された固定観念）を用いて極めて正確に周囲の情報を得ている。したがって、彼は、世論の動きには十分に合理性があるとし、大衆民主主義について楽観的な見方を示した。

❸ 「アナウンスメント効果」とは、マスメディアが選挙前に各政党の公約に関する評価を報じることで、有権者の投票行動に影響が生じる効果をいう。その一種である「判官びいき効果」とは、マスメディアから公約を否定的に評価された政党に有権者から同情が寄せられ、事前予測よりも得票が増える現象をいう。

❹ 特定の争点に対し、どのような立場の人も意見を表明しなくなる現象を、E.ノエル=ノイマンは「沈黙の螺旋」と呼んだ。彼女によれば、少数派の意見を持つ人は、社会的孤立を恐れて発言を控えてしまう。他方、多数派の意見を持つ人も、他人による意見表明を期待し、積極的な主張をしなくなるとする。

❺ 特定の争点がマスメディアで強調されると、その争点は有権者が政治指導者を評価する際の基準として比重を増すという効果を「第三者効果」という。一方、同じ争点についても報道の切り口（枠付け）によっては、受け手が情報の信ぴょう性に疑いを持ってしまう。この効果を「フレーミング効果」という。

【解答・解説】

正解 ❶

❺の「第三者効果」は発展的な内容ですが、正解肢が明確なので一本釣りできるでしょう。

❶ ○　P.F.ラザースフェルドらは、マス・メディアの報道は、政治的先有傾向（メディアに接する前から有している政治的態度）を補強する効果は大きいが、改変する効果は小さいと主張しています。

❷ ×　「極めて正確に周囲の情報を得ている」、「十分に合理性がある」、「楽観的な見方を示した」という記述が誤りで、W.リップマンは、世論の動きは非合理的だとして、大衆民主主義について悲観的な見方を示しています。

ヒント

そもそも、固定観念に囚われていれば、極めて正確に周囲の情報を得ることはできないはずです。

❸ ×　一般に「アナウンスメント効果」とされるのは、「各政党の公約に関する評価を報じること」ではなく、「各候補者の当落可能性を報じること」で有権者の投票行動に影響が生じる効果のことです。

❹ ×　「どのような立場の人も」という記述が誤りです。E.ノエル=ノイマンは、少数派の意見を持つ人は発言を控えてしまう一方で、多数派の意見を持つ人は**積極的に意見を表明する**現象を「沈黙の螺旋」と呼びました。

❺ ×　第1文は、「第三者効果」ではなく「プライミング効果」に関する記述です。

4 政治意識と投票行動

学習のポイント

・政治的無関心を中心に出題の多い分野です。また、市民文化論は政治学全体においても出題が多いので、特にしっかり学習しましょう。

・投票行動についても、かつてと比べると出題が増えているため要注意です。

1 政治的無関心

政治的無関心とは、政治への関心が低く、投票をはじめとする政治参加において不活溌で、政治過程に対して積極的な反応を示さない態度をいいます。この政治的無関心について、いくつかの類型があります。

(1) リースマンの類型

伝統型無関心	現代型無関心
政治に関する知識・情報がそもそもない 政治は特定のエリートの仕事であり、政治参加は特定身分の利権だと認識し、少数の統治者に黙従する	**政治に関する知識はあるが、私生活に埋没** 政治というものをかなりよく知りながらも、それを拒否するという無関心であり、また自分たちの政治的責任というものを知っていながら、果たさない無関心

(2) ラズウェルとカプランの類型

無政治的態度	脱政治的態度	反政治的態度
他に関心ごとがある 芸術や科学等非政治的領域に熱中し、政治の存在を意識していないか、政治は自分と無関係と考える	**政治に参加したが、幻滅** 政治参加したものの、自分の要求や期待が満たされないため、政治に幻滅し引退する	**政治を軽蔑・否定** アナーキストや宗教原理主義者等、自分の信じる価値が政治と衝突すると考え、政治を否定する

確認してみよう

① ラズウェルの政治的無関心の分類のうち、反政治的態度とは、政治的関心を持ちながら、大衆社会における個人の無力感から、政治に対する関心が低下することをいい、不満が増大した場合に突発的な行動にでることがある。区Ⅰ2008

1 (2) 参照 ×

反政治的態度はアナーキストや宗教原理主義者のように政治を否定するタイプをいいます。

2 アーモンドとヴァーバの市民文化論

(1) 概　要

G.アーモンドと**S.ヴァーバ**は、**アメリカ**、**イギリス**、**旧西ドイツ**、**イタリア**、**メキシコ**の５か国を対象として、①政治システム、②入力機構（政治的要求）、③出力機構（政府の決定）、④政治的行為者としての自己の四つの政治的対象について、どのような「政治指向」を持っているか比較世論調査を実施しました。

	①政治システム	②入力機構	③出力機構	④自己
未分化型	×	×	×	×
臣民型	○	×	○	×
参加型	○	○	○	○

（注）×が関心なし、○が関心ありを示す

(2) 政治文化の３類型

その結果、それぞれの国民が持つ政治文化が異なることを発見し、政治文化を**未分化型**、**臣民型**、**参加型**に類型化しました。

	未分化型（parochial）	**臣民型**（subject）	**参加型**（participant）
概要	政治に関心を持たず、政府の存在を意識しない	人々は政府の「臣民」であり、政治参加を積極的に行う参加者ではない	政治に関し多くの知識を有し、政治に積極的に参加
該当国	**メキシコ** アフリカの部族社会や自治的支同体	**西ドイツ** **イタリア**	典型が**アメリカ** 次に**イギリス**

⑶ 結　論

① 市民文化

民主政治は、参加型政治文化が臣民型政治文化および未分化型政治文化と併存し、ちょうどよい均衡が保たれている社会において最もよく維持されるとし、三つの適度な均衡が保たれた混合型政治文化を「**市民文化**（civic culture）」と呼びました。

② アメリカ・イギリスに対する評価

イギリスの政治文化を**恭順型政治文化**（主に参加型と臣民型の混合）と呼び、市民文化に最も近いものとして高く評価しました。それに次いでアメリカを高く評価しました。

③ 批　判

アーモンドらの結論は、5か国に対して多くの人が持つ直感的な認識にも合致したものであったものの、英米中心のデモクラシー観ではないか、文化が政治システムを規定するという「**文化決定論**」ではないか、との批判を受けました。

確認してみよう

①　G.A.アーモンドとS.ヴァーバは、1960年前後に5か国で比較世論調査を行って、政治システムの総体、そのインプット、アウトプット等に対する各国民の心理的態度を分析し、調査を行った各国の政治文化を「未分化型」、「臣民型」、「参加型」に分類したが、彼らの研究に対しては、例えば未分化型政治文化の国では民主主義を達成できないというような文化決定論を導くとして批判もある。国税2009

2 参照 ◯

彼らの研究は、5か国で5,000人以上を面接調査して導き出したものです。

3 投票行動の理論

(1) 社会学モデル（コロンビア・モデル）

① 概 要

社会学モデルとは、有権者の投票行動は、「社会学的属性」によって説明できるとするモデルのことです。コロンビア大学の社会学者**P.F.ラザースフェルド**らが先駆けとされ、通称**コロンビア・モデル**とも呼ばれます。

② エリー調査

ラザースフェルドらはオハイオ州エリー郡で1940年の大統領選挙における投票行動について調査を行いました。これは行動科学研究の先駆とされ、無作為抽出やパネル調査（同一の回答者に繰り返し調査する）など**科学的世論調査方法**を確立した点で知られています。また、有権者の社会的属性は有権者の投票行動を説明する有力な手がかりになるという理論を展開し、「政治的先有傾向の指標」である、**社会経済的地位・宗教・居住地域**の三つの要因が有権者の投票行動を最もよく説明しているとしました。

共和党に投票	高い	社会経済的地位	低い	民主党に投票
	プロテスタント	宗教	カトリック	
	農村・都市郊外	居住地域	都市中心部	

③ 問題点

社会学的要因（宗教・人種・職業など）はそれほど変化しなくとも、実際の大統領選挙では、民主党と共和党の得票率が大きく変動することはしばしば見られるため、社会学的要因だけでは、実際の投票行動の変動をうまく説明できない側面があります。

⑵ 心理学モデル（ミシガン・モデル）

① 概　要

ミシガン大学の心理学者のグループ（A.キャンベル、P.コンバース、W.ミラー、D.ストークスら）が1948年以降の大統領選挙に関する全国世論調査を実施したのが始まりであり、投票行動に影響を与える変数として心理学的要因を重視しました。

② 投票行動に影響を与える要因

心理学モデルは、**長期的**な心理学的変数として、年齢・職業・学歴・人種・階層などの社会学的要因によって形成される**政党帰属意識**（政党支持態度）を重視しました。また、**短期的**な心理学的変数として、有権者の候補者に対するイメージである**候補者イメージ**、政策争点に関する有権者の立場である**争点態度**を重視しました。心理学モデルは、この三つの要因で実際の投票行動が説明できると考えたのです。

また、各変数の投票行動への影響度については、**政党帰属意識が最も強く**、次いで候補者イメージ、**最も弱いのが争点態度**だと分析しました。

③ 争点投票についての分析

心理学モデルでは争点態度が最も弱いとされましたが、争点投票が成り立つには、❶政策争点の認知をし、❷争点が重要な意味を持つと考え、❸どの政党が自分の立場に近いのかを認知している、という条件が満たされる必要があります。実際の選挙ではこの成立要件を満たすのはごくわずかで、**有権者は合理的判断に基づく投票をしていないことが示唆されました。**

要因	性質	影響
政党帰属意識	**長期的**	**強**
候補者イメージ	**短期的**	**中**
争点態度		**弱**

⑶ 業績評価モデル

① ミシガン学派に対する批判

ミシガン学派の分析した1950年代は大きな政策争点がありませんでした。しかし1960～70年代のベトナム戦争や公民権運動など国を二分するような大きな政策争点がある場合には争点投票が観察されています（S.ヴァーバらの指摘）。

② 業績投票モデル

M.フィオリーナは、有権者は個々の政策争点上の立場に関する政党間の細かい差異を知らなくとも、**過去の業績**の良し悪しから投票を行っているとして、このような投票行動のモデルを**業績投票モデル**と呼びました。これにより、争点投票が行われていなくても、業績投票の存在によって有権者の合理性は確認できることが示されました。

③ 個人投票

候補者の過去の業績を評価して投票することは、特に**個人投票**（personal voting）と呼ばれます。日本でもよく見られる、いわゆる地元利益誘導型の投票行動もこれに該当します。善悪の問題を別にすれば、有権者は合理性に適った投票行動をしていることの証といえます。

⑷ 合理的選択モデル

1980年代以降、アメリカ合衆国の政治科学（political science）の中で、**合理的選択論**（数理政治学）と呼ばれる研究分野が成立しました。これは、経済学のように「行為者（政党政治家・官僚・一般有権者）は利益に対して合理的に行動する」と強い前提をおいて数学的モデルを作り、その後、モデルと現実とを比較して、さまざまな知見を得ようという分野です。

① ダウンズのモデル

A.ダウンズは、合理的な有権者は政権担当政党Aと野党Bを比較して、A政党の政策がB政党のそれよりも効用が上（A＞B）であればA政党に投票するし、B政党の政策がAのそれよりも上（A＜B）であればB政党に投票する、そしてどちらでも同じと判断すれば棄権するであろうとしました。

② ライカーとオードシュックのモデル

W.ライカーとP.オードシュックは、ある有権者個人が選挙で投票する（棄権せずに投票所に行く）のは、その有権者にとって投票の効用が正の値（R＞0）となる場合だとして、その諸条件を式【R＝PB－C＋D】で示しました。

R (reward)	有権者が投票によって得る利益
P (probability)	主観的に判断して、自分が投じる１票が選挙結果に影響を与える確率
B (benefit)	自分の支持する候補者が当選した場合に自分が得られる効用と、支持しない候補者が当選した場合の効用の差
C (cost)	投票に行くことによってかかるコスト
D (duty)	投票によって維持される、制度としての民主主義の価値

確認してみよう

① ミシガン・モデルによれば、1950年代の米国人の多くは特定の政党に対する帰属意識を持つものの、選挙の際には、候補者の掲げる政策を比較検討して、政策が自分の立場に最も近い候補者に投票していたという。現在の我が国でもこのモデルは有効であり、有権者のほとんどは支持政党を持つものの、選挙の際には、支持政党の候補者にそのまま投票するのではなく、政策が自分の立場に最も近い候補者に投票している。国般2009

3 (2) 参照 ×

ミシガン学派の研究では争点投票は弱く、政党帰属意識が強いとされました。また、日本でも争点投票はあまり生じていないと考えられています。

過去問にチャレンジ

問題1 ★ **政治的無関心に関する記述として、妥当なのはどれか。**

区Ⅰ 2013

❶ リースマンが分類した政治的無関心の類型のうち、伝統型無関心とは、政治的知識や情報を持っているのにもかかわらず、政治に対する冷淡な態度をとっているタイプである。

❷ リースマンが分類した政治的無関心の類型のうち、現代型無関心とは、政治に対する無知を背景に、政治は身分的に特定の少数者が行うものと考えているタイプである。

❸ ラスウェルが分類した政治的無関心の類型のうち、無政治的態度とは、無政府主義者などのように、政治が自分の理想や価値観に反していると感じ、政治そのものを軽蔑したり、否定したりする態度である。

❹ ラスウェルが分類した政治的無関心の類型のうち、反政治的態度とは、経済・芸術・宗教など政治以外のものに関心を集中する結果、政治に対する知識や関心が低下するものである。

❺ ラスウェルが分類した政治的無関心の類型のうち、脱政治的態度とは、かつて政治に関与したものの、自己の期待を充足できず、政治に幻滅を感じ、政治に関心を示さなくなる態度である。

【解答・解説】

正解 ❺

❶と❷、❸と❹について、それぞれ類型の名称とその説明を入れ換えただけの問題です。このようなパターンで間違い選択肢を作る場合もありますので、類型に関する問題では、隣の選択肢と内容が入れ替わっていないかどうか、見比べてみましょう。

❶ ×　これは、D.リースマンの「現代型無関心」に関する記述です。伝統型無関心とは、**政治的知識や情報がなく**、政治は身分の高い一部のエリートが行うものという意識ゆえの無関心です。

❷ ×　これは、リースマンの「伝統型無関心」に関する記述です。現代型無関心とは、政治的知識や情報を持っており、政治参加の機会も保障されているにもかかわらず政治に対して冷淡な態度をとるタイプの無関心です。

❸ ×　これは、H.ラズウェル（ラスウェル）の「反政治的態度」に関する記述です。無政治的態度とは、芸術や科学技術研究などの政治以外のものに関心を集中させる結果、相対的に政治に対する知識や関心が低下する態度です。

❹ ×　これは、ラズウェルの「無政治的態度」に関する記述です。反政治的態度とは、政治が自らの理想や価値観に反していると感じ、政治に対して反発したり軽蔑したりする態度です。

❺ ○　なお、この３類型はラズウェルとA.カプランの共著の中で提示されたものですが、カプランがマイナーな人物であることもあり、この問題のようにラズウェルの名前しか出てこないケースが多いです。

問題2　政治的無関心に関する記述として、妥当なのはどれか。

★

都Ⅰ2002

❶ 政治的無関心のうち伝統型無関心は、政治を自らに関わりのない支配者に専属の事柄とみなし、政治に関する知識や情報の不足に由来するもので、20世紀以降の現代社会では見られないタイプの無関心である。

❷ リースマンは、政治的無関心のうち現代型無関心を、政治を知りながらそれを拒否し、政治的な情報をもちながらそれを受け付けようとせず、政治的責任を知りながらそれを果たさない無関心だとした。

❸ リースマンは、政治的無関心を、情熱と能力の２つの指標のアンバランスによって成立するものとし、憤激型は能力は高いが情熱を欠くタイプで、内幕情報屋型は能力は低いが情熱が高いタイプだとした。

❹ ラスウェルは、脱政治的無関心を、芸術や科学などの政治以外の価値に没頭する結果、政治に幻滅を感じて政治的行為をしなくなるタイプだとした。

❺ ラスウェルは、無政治的無関心を、自己の目指す価値が本質的に政治と合致しないとする結果、政治に価値を見いださなくなるタイプだとした。

【解答・解説】

正解 ❷

問題1よりは難易度が上がっているものの、問題文が短く正解肢が明確なので一本釣りできるでしょう。

❶ ×　「20世紀以降の現代社会では見られない」という記述が誤りです。伝統型無関心は近代以前の身分制の社会などで顕著に見られましたが、現代社会でも完全になくなったわけではありません。D.リースマンは、現代に残る伝統型無関心の例として、アメリカ南部在住の黒人女性を示しています。リースマンがこの類型を提示した著作を発表した1950年の時点で、アメリカ南部の一部の州では黒人には選挙権がありませんでした。

❷ ○　伝統型無関心と違って、現代型無関心の特徴は、政治に参加する権利やそのために必要な情報を持っていながら政治に対して冷淡な反応しか示さないという点にあります。

❸ ×　「憤激型」と「内幕情報屋型」に関する説明が逆になっています。憤激（義憤）型とは、政治腐敗などに対して激しい憤りを感じるタイプの人のことをいい、「能力が低く、情熱が高い」という点に特徴があります。一方で、内幕情報屋型とは、政界内部の情報を得ることだけに満足してしまい、実際には行動をしないタイプの人のことをいい、「能力が高く、情熱が低い」という点に特徴があります。

ヒント

この2類型は出題頻度がかなり低いので細かく覚える必要はありませんが、仮にこの類型を知らなかったとしても、「憤激」という言葉の意味を考えれば「情熱を欠くタイプ」ではないことがわかるはずです。

❹ ×　「芸術や科学などの政治以外の価値に没頭する結果」は、「無政治的態度」の特徴です。

❺ ×　これは、「反政治的無関心」に関する記述です。

 ラズウェル又はリースマンの政治的無関心に関する記述として、妥当なのはどれか。

★

都Ⅰ2006

❶ ラズウェルは、政治的無関心のうち、アナーキストと同様に、価値としての権力又は権力過程に幻滅を感じて政治的行為をしなくなるタイプを、「脱政治的」無関心であるとした。

❷ ラズウェルは、政治的無関心のうち、芸術など政治以外の価値にもっぱら没頭して、相対的に政治には価値を見出さないタイプを、「無政治的」無関心であるとした。

❸ ラズウェルは、政治的無関心のうち、政治的知識をもっているにもかかわらず、政治に対して冷淡なタイプは、「現代型」無関心であり、マス・メディアの発達によって政治的関心は高まるとした。

❹ リースマンは、政治的無関心のうち、政治に対して要求や期待をもっていたが、容易に実現しがたいことを知り、政治価値を否定するタイプを、「反政治的」無関心であるとした。

❺ リースマンは、政治的無関心のうち、政治は他人のものという意識をもち、政治的知識がないタイプは、「伝統型」無関心であり、関心は私生活の領域に集中し、「マイホーム主義」が出現するとした。

【解答・解説】

正解 ❷

これもやや細かい内容も入っていますが、問題文が短く正解肢が明確なので一本釣りできるでしょう。

❶ ×　「アナーキストと同様に」という記述が誤りです。H.ラズウェルの分類では、アナーキスト（無政府主義者）は、宗教的原理主義者等と同じく、通常の政治過程と真っ向から対立する価値を信奉する「反政治的態度」の典型例に挙げられるもので、政治（政府）そのものを否定する態度を持ちます。

❷ ○　ラズウェルが整理した政治的無関心の３類型のうち、無政治的態度は、芸術や科学など政治以外の価値を重視するために政治（権力）の価値を軽視して無関心になってしまう態度を指しています。なお、大衆消費社会化や消費文化の氾濫による関心領域の移動も、こうした無関心の原因とされます。

❸ ×　「政治的知識をもっているにもかかわらず、政治に対して冷淡なタイプ」の無関心は、ラズウェルではなくD.リースマンが提示した「現代型無関心」です。また、これはすでにマス・メディアが発達していて政治に関する情報の流通が増えた状況下での無関心ですので、「マス・メディアの発達によって政治的関心が高まる」ともいえません。

❹ ×　これは、リースマンではなくラズウェルの「脱政治的態度」に関する記述です。

❺ ×　「マイホーム主義」は、政治参加の機会や情報・教育等が十分に与えられている現代の無関心の様態を示したもので、「現代型」に該当します。

アーモンドとヴァーバによる政治文化の類型に関する記述として、妥当なのはどれか。

★

都Ⅰ 2004

❶ 未分化型とは、人々が政治システムへの関心はあるが、政治的要求や政府の下す決定については関心を示さない型であり、アフリカの部族社会が該当する。

❷ 臣民型とは、人々が政治システムと政治的要求への関心はあるが、政府の下す決定については関心を示さない型であり、イギリスの政治文化が該当する。

❸ 参加型とは、人々が政治システムと政府の下す決定への関心はあるが、政治的要求については関心を示さない型であり、アメリカの政治文化が該当する。

❹ 政治参加者としての自己の役割について、未分化型では消極的であるが、臣民型と参加型では積極的であるとした。

❺ 民主主義の安定に適合的な政治文化とは、参加型に近いが、人々がリーダーに対して信頼感や恭順性をもっている文化であり、これを市民型文化とした。

【解答・解説】

正解 ❺

３類型の特徴の理解が問われる問題です。ただ、問題文自体は短いので、特徴を覚えていれば正誤の判断は容易でしょう。

❶ ×　未分化型政治文化は、政治システム、政治的要求（入力機構）、政府の下す決定（出力機構）のいずれに対しても、関心がほとんど見られない類型です。

❷ ×　臣民型政治文化は、政治システムと政府の下す決定（出力機構）には関心を持つ一方で、政治的要求（入力機構）には無関心という類型です。つまり、ただ政府の決定を受動的に待っているだけで、自らの能動的な政治参加・政治志向には無関心ということになります。臣民型政治文化には、西ドイツやイタリアが該当します。

❸ ×　前半は「臣民型政治文化」に関する記述です。参加型政治文化は、政治システム、政治的要求（入力機構）、政府の下す決定（出力機構）のいずれに対しても関心が見られる類型です。

❹ ×　政治参加者としての自己の役割について、未分化型と**臣民型**では消極的であるが、参加型では積極的であるとしました。

❺ ○　G.アーモンドとS.ヴァーバによる未分化型・臣民型・参加型の３類型は、政治文化を分析するための「理念型」であり、現実の政治文化は純粋に一つの類型だけに当てはまるものではなく混在しています。そこで彼らは、参加型を基調としつつも未分化型と臣民型がほどよくミックスされた文化を「市民型文化」と呼んで、この文化が民主主義の安定に最も適合的だとしました。

問題5 ★

次の文は、投票行動研究に関する記述であるが、文中の空所A～Dに該当する語句又は人物名の組合せとして、妥当なのはどれか。

区Ⅰ2020

［ A ］らを中心とするコロンビア大学のグループは、1940年の大統領選挙の時にオハイオ州エリー郡で有権者の調査を行い、有権者の［ B ］により形成される政治的先有傾向が投票行動に大きな関係があることを明らかにした。

一方、A.キャンベルらを中心とするミシガン大学のグループは、［ B ］から投票行動を説明しようとしたコロンビア・グループを批判し、［ C ］を重視していった。また、ミシガン・グループは、政党、争点、候補者に対する選好とその強度が重要であるとし、特に、有権者の政党との結び付きを［ D ］として捉え、この要因を中心に投票行動を分析した。

	A	B	C	D
❶	ラザースフェルド	社会的属性	心理的要因	政党帰属意識
❷	ラザースフェルド	心理的要因	社会的属性	政党帰属意識
❸	ラザースフェルド	社会的属性	心理的要因	業績投票モデル
❹	フィオリーナ	心理的要因	社会的属性	業績投票モデル
❺	フィオリーナ	社会的属性	心理的要因	政党帰属意識

【解答・解説】

正解 ❶

基本的な内容かつ空欄補充の問題ですので、簡単に解けるはずです。

A　「ラザースフェルド」が該当します。M.フィオリーナは、有権者は過去の業績に対する評価に基づいて投票先を決めているとする「業績投票モデル」を1980年代に提唱した学者です。

B　「社会的属性」が該当します。コロンビア大学のP.F.ラザースフェルドは社会学者ですので、社会的属性に注目して投票行動を説明しています。

C　「心理的要因」が該当します。A.キャンベルらを中心とするミシガン大学のグループは社会心理学者ですので、社会的属性を考慮に入れつつも心理的要因を重視して投票行動を説明しています。

D　「政党帰属意識」が該当します。ここで「政党帰属意識」とは、政党に対する仲間意識・愛着感のことです。ミシガン・グループによれば、政党帰属意識は家庭等で長期的に形成され、一度形成されるとほとんど変化しないために投票行動の主要因となる一方で、短期間で形成される争点態度や候補者イメージは投票行動への影響が弱く、特に争点態度の影響が最も弱いとしています。

ヒント

ともあれ、「政党帰属意識」という言葉を全く知らなくても、この前後に「業績」という言葉は一切登場せず、また直後に「この要因」と書いてありますので（「モデル」が「要因」というのはおかしいので）、国語の問題として考えても「業績投票モデル」が入らないことはわかるでしょう。

問題6 ★

投票行動研究に関する記述として、妥当なのはどれか。

区Ⅰ2015

❶ ラザースフェルドを中心とするコロンビア大学のグループは、投票行動を決定する要因として、有権者の政党、政策争点、候補者に対する選好とその強度が重要であることを明らかにした。

❷ ラザースフェルドを中心とするコロンビア大学のグループは、有権者は、候補者や政党のこれまでの業績について判断して投票行動を決定する業績投票モデルを構築した。

❸ キャンベルを中心とするミシガン大学のグループは、パネル調査を実施し、社会経済的地位、宗教、居住地域の３因子が政治的先有傾向の形成に高い相関を持ち、この要因が投票行動に大きな関係があることを明らかにした。

❹ キャンベルを中心とするミシガン大学のグループは、有権者と政党との心理的結びつきを政党支持態度とし、この要因によって投票行動を決める場合が最も多いことを示した。

❺ キャンベルを中心とするミシガン大学のグループは、多くの有権者が投票時における政策争点を認知し、合理的判断によって投票行動していると分析し、全ての有権者が合理的な有権者であるとした。

【解答・解説】

正解 ❹

投票行動研究におけるコロンビア学派とミシガン学派の特徴を把握していれば、解答は難しくありません。

❶ ×　これは、A.キャンベルを中心とするミシガン大学のグループに関する記述です。コロンビア大学のグループが明らかにしたことは、投票行動を決定する要因として、政党・政策争点・候補者に対する有権者の選好ではなく、有権者の社会経済的地位・宗教・居住地域の３因子が重要だということです。

❷ ×　業績投票モデルを構築したのは、P.F.ラザースフェルドを中心とするコロンビア大学のグループではなく、M.フィオリーナです。

❸ ×　これは、ラザースフェルドを中心とするコロンビア大学のグループに関する記述です。

❹ ○　なお、「政党支持態度」は「政党帰属意識」と表現されることが多いです。

❺ ×　ミシガン大学のグループは、多くの有権者は合理的判断に基づく投票を**していない**としています。彼らは、政党帰属意識・候補者イメージ・争点態度の３要因に注目して投票行動を分析し、投票行動に最も強い影響を与えるのは政党帰属意識、次いで候補者イメージ、最も弱い影響にとどまるのは争点態度としました。このうち、「政党帰属意識」は長期的に形成された、政党に対する仲間意識・愛着感のことですから、これまでの伝統・習慣に基づいて投票先を決めることになります。また「候補者イメージ」は、候補者に対して感じるカリスマ性、好悪の感情に基づいて、「争点態度」は、政策争点を論理的・合理的にどのように考えるかに基づいて投票先を決めるということです。つまり、これまでの習慣に基づいて投票先を決める有権者が多く、次いで感情に基づいて投票先を決めていて、理屈に基づいて投票先を決めている人は少ないという議論になります。

問題7　**アメリカの投票行動研究に関する記述として、妥当なのはどれか。**

★

都Ⅰ 2007

❶　コロンビア学派の研究は、同一の回答者に繰り返し調査を実施するパネル調査法を初めて調査に導入し、マス・メディアからの情報は、オピニオン・リーダーを介さず直接多くの有権者に伝わることを明らかにした。

❷　コロンビア学派の研究では、投票行動は有権者の政治的先有傾向により規定され、政治的先有傾向は、特に社会経済的地位、宗教及び居住地域の３つの要因により形成されるとした。

❸　ミシガン学派の研究は、アメリカ大統領選におけるエリー調査から始まり、世論調査の科学的な方法を確立させ、コロンビア学派の研究に大きな影響を与えた。

❹　ミシガン学派の研究では、投票行動は有権者の心理的要因に影響されるとし、心理的要因は、争点態度、候補者イメージ及び政党帰属意識で構成され、有権者の投票行動には、争点態度の影響が最も強いことを明らかにした。

❺　ダウンズらの研究では、有権者は合理的には行動しないという仮定の下に投票行動を分析し、有権者が自己の効用の最大化を図る行動はとらないことを明らかにした。

【解答・解説】

正解 ❷

⑤は発展的な内容ですが、問題文が短く正解肢が明確なので一本釣りできるでしょう。

❶ × コロンビア学派は、マス・メディアからの情報は、直接にではなく、オピニオンリーダーを介して多くの有権者に伝わること（コミュニケーションの二段階説）を明らかにしています。

❷ ○ 「政治的先有傾向」とは、選挙に行く前（先）から有している政治的傾向のことです。

❸ × 「ミシガン学派」と「コロンビア学派」が逆になっています。コロンビア学派は、1940年のアメリカ大統領選挙の際に、オハイオ州エリー郡で投票意図の形成過程を調査しました。この「エリー調査」では、無作為抽出法を確立し、同一の対象者に繰り返し面接調査するパネル調査法を初めて実施したことから、科学的投票行動研究の先駆とされています。

❹ × ミシガン学派の研究では、有権者の投票行動には、**政党帰属意識**が最も強い影響を与えるとしています。

❺ × A.ダウンズは、有権者は合理的に行動するという仮定のもとに投票行動を分析しており、有権者は自己の効用の最大化を図る行動を採るとしています。ダウンズは経済学部出身ですので、このように経済学的な前提に基づいて政治現象を説明しようとしています。

問題8 投票行動に関する次の記述のうち、妥当なのはどれか。

★★

国般2007

❶ A.キャンベルらのミシガン大学のグループは、社会心理学的要因を導入したモデルを提示した。このモデルでは、特定の政党に対する心理的愛着ないし忠誠の感情である「政党帰属意識」が、有権者の投票行動に対して長期的な影響を及ぼすとして重視された。

❷ P.ラザースフェルドらのコロンビア大学のグループは、有権者の投票行動を左右する最も重要な要因は、有権者の社会的属性であると主張した。その上で、社会的属性の中でも性別、イデオロギー的立場、大統領の業績に対する評価の、三つの要素の影響力が最も大きいとした。

❸ M.フィオリーナは、アメリカ合衆国の有権者の多くが、自分が重要であると感じている政策争点について自分の立場と最も近い立場の候補者に投票していることを明らかにし、アメリカ合衆国では争点投票（issue voting）が定着していると主張した。

❹ W.ライカーとP.オーデシュックは、R＝PB－C＋Dという式を用いて、政党間の政策上の差異が小さくなると有権者は政党を支持する誘因を持たなくなることを明らかにし、無党派層が形成され増加していくメカニズムを解明した。

❺ R.イングルハートは、各国の政治文化を未分化型、臣民型、参加型の三つに分類した。さらに、自らが政治過程に何らかの影響を及ぼすことができるとする感覚である「政治的有効性感覚」という概念を提示して、参加型の政治文化を持つ国々の投票率が高い理由を説明した。

【解答・解説】

正解 ❶

発展的な内容も出題されていますが、正解肢が明確なので一本釣りできるでしょう。

❶ ○　A.キャンベルらのミシガン大学のグループは、政党帰属意識は、投票行動への影響が最も大きいとしています。

❷ ×　P.F.ラザースフェルドらのコロンビア大学のグループは、社会的属性の中でも「社会経済的地位・宗教・居住地域」の三つの要素の影響力が特に大きいとしました。それに、「大統領の業績に対する評価」は社会的属性とはいえませんから、その部分で外すこともできます。

❸ ×　「争点投票モデル」を提唱したのは、S.ヴァーバらです。一方、M.フィオリーナらによって提唱されたのは、政権担当政党の過去の業績に対する有権者の評価が投票に影響を与えるとした「業績投票モデル」です。

❹ ×　W.ライカーとP.オードシュック（オーデシュック）が示した方程式R＝PB－C＋D は、無党派層の形成メカニズムを解明するためのものではなく、「有権者は、なぜ投票／棄権するのか」という投票参加についての問題を、「期待効用モデル」と呼ばれる経済学的な効用計算のモデルを使って解明するためのものです。この方程式は、投票によって得られる効用と投票に行くコストとの差し引き計算を示していて、R＞0の場合は有権者は投票し、R＜0の場合は棄権するとされます。

❺ ×　政治文化を未分化型・臣民型・参加型に分類したのは、G.アーモンドとヴァーバです。

補足

なお、後半の記述は妥当で、「政治的有効性感覚」という概念を示したのはミシガン大学のR.イングルハートです。彼は「脱物質主義的価値観」という概念を示したことでも知られています。豊かな環境のもとで、物質的な豊かさが空気のようにあって当然のものと感じながら育った新たな世代（第二次世界大戦後に生まれた欧米のベビーブーム世代）は物質的なニーズを感じていないため、より抽象的な価値を重視するようになると主張して、この物質主義から脱物質主義の転換を「静かなる革命」と呼びました。

問題9 **有権者の投票行動に関する次の記述のうち、妥当なのはどれか。**

★★

国般2018

❶ P.ラザースフェルドらコロンビア大学の研究者たちは1940年代、エリー調査の分析を通じ、有権者の社会的属性によって政治意識・投票行動を説明する「社会心理学モデル」の実証を試みた。その結果、社会経済的地位が高く、プロテスタント系の有権者において、民主党に投票する割合が高かったことが明らかにされた。

❷ 投票行動の理論モデルの一つである「ミシガン・モデル」では、有権者の投票行動は、政党帰属意識、争点態度、イデオロギーという三つの心理学的変数によって説明される。ミシガン学派の主張によると、このうち、政党帰属意識は選挙ごとに大きく変化するものとされ、投票行動を強く規定する短期的要因であるとみなされた。

❸ M.フィオリーナにより定式化された「業績投票モデル」では、有権者が現政権の過去の業績を高く評価すれば、政権政党やその候補者に投票するとされる。これまで、特に経済政策面の業績に注目した研究が蓄積され、自分自身や社会全体の経済状況に基づいて投票する有権者の存在が明らかにされてきた。

❹ A.ダウンズは、「合理的選択モデル」に基づく投票行動理論に対し、経験的・帰納的アプローチの観点から批判的な検討を行った。主著『民主主義の経済理論』において、彼は大規模な世論調査を実施し、多くの有権者が各政党の政策的立場を考慮せずに投票していることを実証的に示した。

❺ 容姿や人柄など、候補者個人のイメージを重視した投票を「個人投票(personal vote)」という。米国では、議会選挙の分析を通じ、こうした有権者の行動が確認された。他方、我が国の55年体制期においては、有権者は各政党の党首に注目することが多く、候補者個人を重視した投票は例外的であるとされた。

【解答・解説】

正解 ❸

全体的に細かい内容ですが、国家一般職ではこのレベルで出題されることもあるので、この機会に覚えておきましょう。

❶ ×　P.F.ラザースフェルドらコロンビア大学の研究者たちは「社会学モデル」の実証を試みました。「社会心理学モデル」はミシガン大学の研究者たちのモデルです。また、ラザースフェルドらの研究では、社会経済的地位が高く、プロテスタント系の有権者は、「民主党」ではなく「共和党」に投票する割合が高いとしています。

❷ ×　ミシガン・モデルでは、有権者の投票行動は、政党帰属意識・争点態度・**候補者イメージ**の三つで説明されます。また、彼らの研究では、政党帰属意識は**長期的要因**、他の二つは短期的要因とされています。さらに「政党帰属意識」は、家庭等で長期的に形成され、一度形成されると**ほとんど変化しない**ために投票行動の主要因となるとしています。

❸ ○　業績投票とは、将来ではなく過去の業績に対する評価に基づく投票です。

❹ ×　A.ダウンズ自身が合理的選択モデルの立場で二大政党制の特質などを分析しています。また、彼は「政党間の期待効用差」という概念を提示し、有権者が各政党の政策によってもたらされる効用を合理的に判断して投票もしくは棄権していることを実証的に示しています。

❺ ×　「個人投票（personal vote）」とは、候補者個人のイメージではなく、候補者の個人的な技能や活動への支持によってなされる投票のことです。

補足

最後の部分も誤りで、55年体制下では、有権者は各政党の党首に注目するのではなく、候補者個人を重視して投票していました。現在の日本の衆議院選挙は小選挙区制（1選挙区の当選者は1人のみ）で、一つの選挙区に同じ政党の人が複数立候補することは原則としてありませんから、「どこの政党から立候補しているか」が重要になって党首に注目が集まります。しかし、55年体制下の衆議院選挙は中選挙区制（1選挙区の当選者は3～5人）で、5人区であれば3人程度は自民党の政治家が当選することが一般的でした。そのため、単に「自民党から立候補している」だけでは投票先が決まらず、候補者個人を重視した投票になっていました。

第4章

政治思想と政治理論

古代から近代までの政治思想
市民社会と自由主義
大衆社会と民主主義
現代政治学と政治理論

1 古代から近代までの政治思想

学習のポイント

・近代政治思想については、マキャヴェリとボダンを特に学習しておきましょう。それ以外については、国家公務員以外の試験では出題可能性は低いです。
・社会契約論は全試験で頻出なので、時代背景なども含めてしっかり学習しましょう。また、モンテスキューとロックとの対比が出題されるので、双方の違いを意識的に押さえましょう。

1 古代ギリシャの政治思想

(1) プラトン

① イデア論

古代ギリシャの哲学者**プラトン**（前428／427～前348／347）は、「理性によって認識できる真の実在」をイデア（idea）と呼び、これが個々の事物をそのものたらしめる根拠となるものであるとしました。イデアの中でも、すべての善いものを善いものたらしめている善そのものを**「善のイデア」**と呼びます。

② 哲人政治

プラトンは著書**『国家』**において、理想のポリス（都市国家）は、統治者階級、防衛者階級、生産者階級がそれぞれの徳を守り、全体として秩序が保たれている状態で生まれるとしました。そして、知恵の徳を備えた哲学者が「善のイデア」を認識し、それに基づいて、防衛者階級や生産者階級を治めるとし、哲学者が支配者となるか、統治者が哲学を学ばなければならないとしました。これを**哲人政治**といいます。

(2) アリストテレス

① ポリス的動物

アリストテレス（前384～前322）は著書**『政治学』**において、「人間は生来、**ポリス的（政治的、社会的）動物**である」とし、人間はその本性により共同体を形成するものであると規定しました。彼によれば、ポリスは人間の生活を満たす完全な条件を整えたもので、ポリスにおいてのみ、人間の最高の目的が実現されます。

②　現実に可能な最善の政体

アリストテレスは、実際に政治が行われる制度的仕組みやその目指す目標によって、政体（国制）を王制、僭主制、貴族制、寡頭制、国制、民主制の六つに分類し、**「国制」（ポリティア）が「現実に可能な最善」の政体である**としました。

◆**アリストテレスの国制分類**

	よい政体（共通の利益を追求）	悪い政体（支配者の利益を追求）
一人の支配	王制	僭主制
少数の支配	貴族制	寡頭制
多数の支配	国制（ポリティア）	民主制（デモクラティア）

アリストテレスが民主制を「悪い政体」であると評価していた点を記憶にとどめておきましょう。

確認してみよう

① アリストテレスは、理想の政体を哲人王の支配する体制であるとするプラトンの思想を実現するため、『アカデメイア』という名の学校を創設し、将来の哲人王としての資質をもつ青年の養成に努めた。都Ⅰ2004

1 (2) 参照　×

アリストテレスが目指したのは「現実に可能な最善」の政体です。また、（これは覚える必要はありませんが）アカデメイアはプラトンが創設した学校です。

2 近代政治思想

(1)　ルネサンス

14～16世紀にかけて、イタリアを中心にヨーロッパ各地で起きた文芸復興運動を**ルネサンス**といいます。ルネサンスは古代ギリシャ・ローマの学問芸術を復興させることで、**中世の神中心主義**の世界から個人を解放し、豊かな人間性に満ちた文化を生み出しました。人間中心主義ともいわれます。そして、ギリシャやローマの古典に人間性の典型を求め、古典文学を通じて人間性を回復しようとする運動はヒューマニズム（人文主義）と呼ばれました。

⑵ トマス・モア

イギリスの人文主義者**トマス・モア**（1478～1535）は、著書『**ユートピア**』において私有財産を諸悪の根源と考え、財産を共有する**共産主義**的な社会を描きました。人々は毎日６時間労働し、余暇は自由な活動や教養のために使われます。モアが生きた近世初期は、領主や大地主が牧羊業などを営むために**私的所有**を主張し、開放農地や共同放牧場などの**囲い込み**（**エンクロジャー**）を行っており、これにより中小農民が没落した時代でした。これをユーモアによって批判したのが『ユートピア』という作品です。

⑶ マキャヴェリ

① 背 景

N.マキャヴェリ（1469～1527）はルネサンス期**イタリア**の外交官、政治思想家であり、フィレンツェ共和国の役人として外交に携わりました。マキャヴェリの時代のイタリアは統一されておらず、各国からの介入を受け、没落寸前でした。このような時代に祖国を守るために外交官として活動していたのがマキャヴェリなのです。

彼は**人間の本質を、理性や倫理的な徳目に求めるのではなく、野心や貪欲の中に見いだします**。したがって、秩序形成においては、「**力**」**による強制が必要**だと考え、「名声・評判・権勢といった事実上の影響力のもとに、実際に人々をコントロールする力」（**スタート**：stato）に注目しました。スタートは、現代において「権力装置」、「権力機構」と呼ばれるものに相当します。この意味でマキャヴェリは「**権力国家論**」の代表だといえます。

② 君主論

マキャヴェリの時代は、イタリア統一の求心力をローマ教会に求め、君主といえども教会の権威には無条件に服することが必要だとされていましたが、君主の強大な「力」を強調するマキャヴェリは違いました。マキャヴェリは、君主による国家目標の追求は、教会の権威から自由な立場で遂行されるべきであるとしています。

彼は著書『**君主論**』において、君主は、国家の維持のため必要であるならば、暴力に訴え（「**ライオンの獰猛さ**」）、策謀を張り巡らすこと（「**狐の狡猾さ**」）をためらうべきではないとしました。つまり、マキャヴェリは、**君主の最大の使命は国家を維持すること**であり、この目的を実現することに役立つか否かで、手段の「善悪」を判断すべきとしたのです。政治を倫理学・神学から解放し、「政治的有効性」と「倫理」を区別した議論を展開したため、「**近代政治学の祖**」と称されます。また、その議論は、「**国家理性**（レゾン・デタ）」（国家の目的をその存在の維持に求める立場）の端緒とされています。

なお、マキャヴェリは、当時一般的だった外国人主体の傭兵に頼るのではなく、**自国の市民からなる軍隊を創設すべき**としています。

⑷ ボダン

① 背 景

J.ボダン（1530 ～ 96）は**フランス**の政治哲学者であり、ユグノー派の活発な抵抗運動によりフランスが分裂していた時代において、宗教の熱狂による無秩序を抑えるため**主権概念を確立**しました。

② 主 権

ボダンは著書**『国家論』**において、「**主権とは、国家の絶対的にして永続的な権力である**」とし、主権者を、神以外には対内的にも対外的にも上位者を持たないものと位置づけました。ただし、**主権も全くの無制限ではなく**、神法（自然法）・王国基本法に制約されるとしました（生命・自由・財産の保障など）。主権は、立法権、外交権、人事権、終審裁判権、恩赦権、課税権などから構成されます。中でも、**立法権が主権の第一の特権**として最も重視されました。また、法律とは、すべての臣民に対して与えられる「**主権者の命令**」であるといえます。したがって、法は被支配者を拘束するのみで、支配者（主権者）を拘束しません。このようなボダンの主権論はその後、**王権神授説**という形で広く流布しました。

確認してみよう

1 トマス・モアは「太陽の都」を著し、太陽と呼ばれる１人の統治者と力・知恵・愛を象徴する３人の副統治者によって統治される理想的共同体社会を描いた。都Ⅰ 2004

2 (2) 参照 ×

トマス・モアの著書は『ユートピア』であり、記述はT.カンパネッラについての説明です。

2 近世ヨーロッパにおいては、自然法観念が支配的であり、権力現象はそれ自体として対象化されることは少なかった。N.マキャヴェリは、政治の本質は道徳に還元されることを主張し、君主が有徳であるためにはできる限り君主は権力の行使を控えるべきことを説いた。このため、マキャヴェリは、近代立憲主義の祖として知られている。国般1998

2 (3) 参照 ✕

マキャヴェリは政治の本質を道徳ではなく権力に求めた点において権力国家論の元祖とされ、リアルな政治観を提示した点で「近代政治学の祖」とされます。

3 社会契約論

社会契約論とは、国家の存在しない状態（**自然状態**）で、個人は生来どのような権利を持っているのか（**自然権**）、その結果としてどのように行動するかということを推論し、こうした個人が何らかの必要に駆られて合意（契約）によって新たに国家を形成するに至る過程を論証する理論をいいます。

(1) ホッブズ

① 背 景

イギリスの哲学者**T.ホッブズ**（1588～1679）は**ピューリタン革命**の時代に著書**『リヴァイアサン』**（1651）において理論活動を展開しました。

② 自然権

自然権を「**自己保存の権利**（生存のための自由・生命権）」であると規定しました。各人は、自分自身の生命を維持するために、自分の力を自分が欲するように用いる自由を持っているとしました。

③ 自然状態

自己保存の権利を平等に持つ人間は互いに敵対関係にあり、自然権が全面展開される自然状態では、「**万人の万人に対する闘争**」という戦争状態が到来するとしました。この「万人の万人に対する闘争」から抜け出すために、人間は理性により**自然法**を制定しますが、自然法は強制力を持たないため、「万人の万人に対する闘争」を防ぐことができません。そこで、社会契約により国家が創設されるとしました。

④ 社会契約

ホッブズのいう社会契約は、主権者（≒国王）を無制限な権利を持つ代理人とする、各人の相互的な契約です。すなわち、各人は相互に自然権を全面放棄して主権者に譲渡して国家を設立するものと契約し、**自然権の全面譲渡**が想定されています。したがって、各人相互の取決めとして主権者に授権するという契約です。主権者は無制限の権利を持ち、各人は主権者の行為をすべて承認しなければならず、人民に**抵抗権・革命権は認められません**。

ホッブズの社会契約論

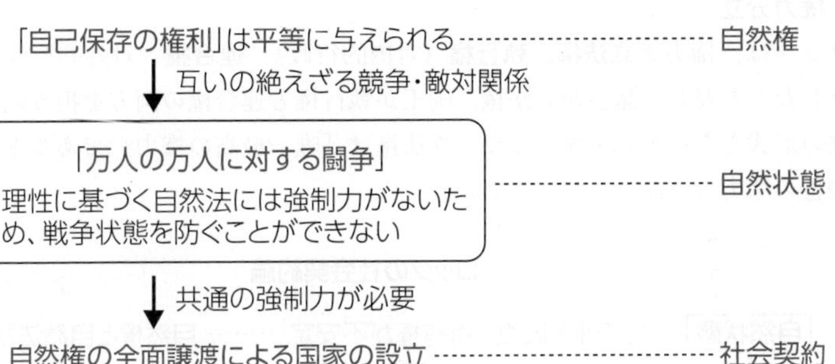
「自己保存の権利」は平等に与えられる
自然権
互いの絶えざる競争・敵対関係
「万人の万人に対する闘争」
理性に基づく自然法には強制力がないため、戦争状態を防ぐことができない
自然状態
共通の強制力が必要
自然権の全面譲渡による国家の設立
社会契約

⑵ ロック

① 背　景

イギリスの政治哲学者**J.ロック**（1632～1704）は著書**『市民政府二論（統治二論）』**において、**名誉革命**を理論的に正当化しました。

② 自然権

自然権の具体的内容を「**生命・自由・財産**」と規定し、これらを**所有権**（property）として一括しました。

③ 自然状態

ロックはホッブズと異なり、自然状態を「**平和と善意と相互扶助の状態**」（一応の平和状態）であるとしました。自然状態に理性の命令である**自然法が内在**しているため、一定の平和が確保されています。しかし、互いの利害が対立した場合の解決法が明確ではなく、潜在的には「戦争状態」に陥る可能性あるので、契約による国家の設立が必要であるとしました。

④ 社会契約

ロックのいう社会契約は、自然法の解釈・執行の放棄を内容とする契約です。したがって、ホッブズと異なり**自然権の一部を放棄**するものにすぎません。この契約により市民は政治社会を創設し、**信託**により政府を設立します。そして、自然法の解釈は立法権に、自然法の執行は執行権に委ねられるのです。また、ロックは政府による権力の濫用が見られる場合には、政府に対する**抵抗権**や新しい政治社会を創設するための**革命権が認められるとしました**。この抵抗権の考えは、アメリカ独立革命やフランス革命の理論的根拠ともなりました。

⑤ 権力分立

ロックは、権力を**立法権、執行権**（対内的行政）、**連合権**（対外的行政）に分類しました。ただし、議会が立法権、国王が執行権と連合権の両方を担うので、**二権分立**の形式となっています。また、立法権は「唯一最高の権力」であるとし、**立法権優位**の権力分立論を主張しました。

ロックの社会契約論

自然状態 一応の平和だが、所有権が不安定	自然権と自然法が相即
↓ 自然法の執行権・解釈権放棄の同意	社会契約
〔政治社会（国家）形成〕	
↓ 自然法の執行と解釈を実施する機関の創設	統治契約（信託）
〔立法権と執行権の設立〕	立法権優位の二権分立

⑶ ルソー

① 背 景

スイス出身の啓蒙思想家**J.-J.ルソー**（1712～78）はフランス革命前に没しましたが、その著書**『社会契約論』**はフランス革命の担い手たちに大きな影響を与え、フランス革命の精神的起源の一人とされました。

② 自然状態

ルソーのいう自然状態とは文明の存在しない状態のことを指します。そこでは人間（自然人）は**完全な平和状態**にあるとされました。ルソーによれば、人間は「自己愛」（自己保存の欲求）と「憐れみの情」（同胞の苦しみへの同情）を持っているため他者を傷つけることはありません。しかし、人間が理性を獲得し文明社会が生まれると、欲や野心を招く利己心に支配され、不平等が蔓延し、自由を喪失してしまいます。

「理性」を否定的に捉えたことが、ルソーによる自然状態の捉え方の特徴です。

③　社会契約

以上のような文明社会によって失われた人間性を回復し、個人が自由でありながら、各人が一丸となる共同体を設立するのがルソーのいう社会契約の目的です。ルソーの社会契約では、自分の持つ自然権と自らを共同体に**全面譲渡**し、共同体の意志である**一般意志**に服従するとされます。

④　一般意志

一般意志は、全体意志に絶対的に優越するもので、「絶対的で誤ることがなく、他人に譲り渡すことも、分割することもできない」もので、具体的には法という一般的規定として現れます。

特殊意志	全体意志	一般意志
個別利益の志向であり、私的利益の追求	特殊意志の総和であり、私的利益の寄せ集め	普遍的・公共的な意志であり、共通の利益を志向するもの

⑤　政治体制

ルソーは、イギリスでは人々は選挙のときしか自由が存在しないと批判、**間接民主制（代議制）**を否定し、**直接民主制**を主張しました。

補足

ルソーは急進的な人民主権論者であり、立法権は主権者である人民にあると考える一方で、行政（政府）については人民の直接的な関与を想定していませんでした。

確認してみよう

①　ホッブズは、王権神授説を批判した上で、社会契約説を議会制度と結び付けることで市民革命と民主主義を理論化し、イギリスの名誉革命の正当性を主張した。国税2004

3 (2) 参照 ×

ホッブスではなくロックについての説明です。

② J.ロックは、人間は自らの自然権を譲渡し、契約により社会や国家を設立するとともに、政府に各人が絶対的に服従することによって、最悪の状態である自然状態から解放されると主張した。国税1998

3 (2) 参照 ×

「政府に各人が絶対的に服従」が誤りです。ロックは抵抗権や革命権を肯定しています。

③ J.J.ルソーは、各人が契約によって共同体に自然権を譲渡し、かつ各人がその共同体の不可分の一部分となるとする社会契約説を唱えた。彼はすべての市民が直接政治に参加し、市民の多数決によって共同体の全員が従うべき一般意思を形成すべきであるとした。国税2007

3 (3) 参照 ×

一般意志は、理念的には多数決ではなく全員一致の共通の意志です。ルソーは『社会契約論』の中で、一般意志を形成するための次善の策として多数決に言及していますが、多数決は「現実的には」ということですから（本来は全員一致が望ましいわけですから）、「多数決によって……形成すべき」とはいえず、間違いとなります。

4 権力分立論

(1) 背 景

フランスの思想家**C.L.モンテスキュー**（1689～1755）は、著書**『法の精神』**においてイギリスの名誉革命を権力制限に成功した制度として賞賛し、権力を制限することで、政治的自由（権力からの自由）を確保する制度が確立したと分析しました。

(2) 権力分立

モンテスキューは**司法・立法・行政**の**三権分立**を主張し、権力は相互に阻止能力を持つことで専制が防止されるとする、権力の「**抑制と均衡**」（チェック・アンド・バランス）を主張しました。

⑶　社会契約論の否定

人間は歴史的に生成してきた社会や国家との具体的連関の中で存在するとし、社会契約論を否定しました。

⑷　現実への影響

モンテスキューの権力分立論は、アメリカ合衆国憲法において最も忠実に採用され、厳格な三権分立制が確立されました。例えば、後にアメリカの第４代大統領となった**J.マディソン**（1751～1836）は、**『ザ・フェデラリスト』**（The Federalist：連邦主義者）において、立法（議会）・行政（大統領）・司法（裁判所）の間の厳格な**三権分立**を採ることや、独自の権限を持った連邦政府を有する**連邦制**を採用することを主張して、その考えが**合衆国憲法**に生かされました。彼の議論は多元主義的政治学に影響を与えたことから、「アメリカ政治学の祖」と呼ばれています。

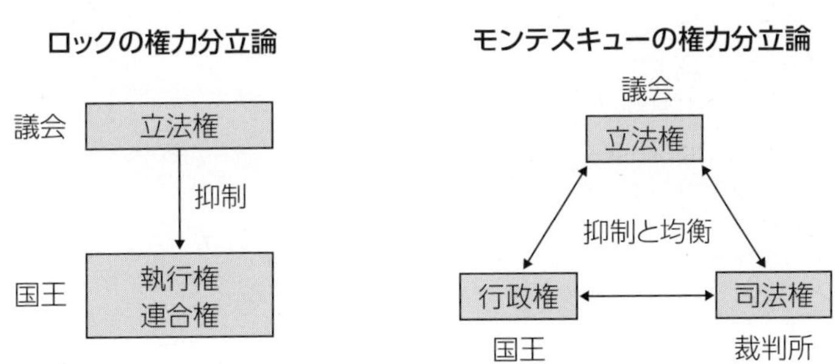

確認してみよう

① 権力分立とは、政府の権力を複数の機関に分散し、相互に抑制させ均衡関係に置くことにより権力の濫用を防止しようとする考え方であり、ロックやモンテスキューは、立法権・司法権・行政権の三権の分立を主張した。国税2004

3 ⑵、4 ⑵ 参照 ×

モンテスキューの三権分立と異なり、ロックは二権分立とする立場です。

② 権力分立は、権力相互の抑制と均衡によって権力の暴走を防御しようとする考え方であり、政治制度の設計に大きな影響を与えた。モンテスキューは、いかなる権力も必然的に濫用されるという認識に立って、立法、行政、司法の三権の分立という原理を初めて定式化したが、ここでは「権力への自由」と称される自由主義の考え方が中心に据えられている。国般2003

4 (1) 参照 ✕

「権力への自由」は民主主義の理念であり、自由主義は「権力からの自由」と称されます。

過去問にチャレンジ

問題1 ★

ボダンの政治思想に関する記述として、妥当なのはどれか。

都Ⅰ2004

❶ 彼は、16世紀後半のフランスにおける宗教戦争を背景に、国家とは主権的権力を伴った正しい統治であるとして、初めて国家の主権の概念を唱えた。

❷ 彼は、主権は国家の絶対的かつ永続的な権力であるとし、主権の具体的な権利内容として、第一に宣戦講和権、第二に立法権をあげた。

❸ 彼は、国家における主権は君主に属するものであり、主権は、神法と自然法によっても制限を受けるものではないとした。

❹ 彼は、国家には優れた軍隊が必要であるとし、傭兵に頼るのではなく、自国軍を創設すべきであると主張した。

❺ 彼は、君主には、道徳的に優れているように装うことと、愛されるよりも恐れられることが必要であるとし、「狐の狡知と獅子の力」をもつ君主を理想とした。

【解答・解説】

正解 ❶

政治思想は難解に思われますが、出題されるポイントは決まっています。本問も定番の論点が並んだ問題ですので、確実に正答したいところです。

❶ ○　16世紀のフランスの宗教戦争は、モナルコマキ（暴君放伐論）などが登場して非常に不安定な政治状況を招いていました。このような中でJ.ボダンは、家父長制との類比を用いながら「主権論」を提唱して、君主権を強化することによる政情安定を求めました。

❷ ×　彼は主権の具体的な権利内容として、第一に**立法権**、第二に宣戦講和権を挙げました。「他人の同意を得ることなしにすべての人々に法を与える権利」、つまり立法権を強調した点にボダンの特徴があります。

❸ ×　主権は、神法と自然法には**制限される**としています。ボダン自身、熱心なキリスト教徒でしたから、神に制約されない主権論など展開できませんでした。

❹ ×　これは、N.マキャヴェリに関する記述です。マキャヴェリの『君主論』は、公民的徳に基づく共和国の構想の中で傭兵を批判し、公民が平等に兵役に携わり、共通善のために自覚的に戦う民兵制を推奨しています。

❺ ×　これも、マキャヴェリに関する記述です。彼は『君主論』で、政治的リーダーの資質として、国民を十分に操作しうる「狐の狡知」と国民を畏服させる「獅子の力」の双方を兼ね備えた君主を望ましいものとしています。

問題2 マキァヴェリ又はボダンの政治思想に関する記述として、妥当なのはどれか。
★

区Ⅰ2016

❶ マキァヴェリは、君主に対し、国民から恐れられるよりも愛される君主となることを求め、ほとんどの人間は善良であるため、君主が道徳的正しさを発揮することで国家を維持できるとした。

❷ マキァヴェリは、共和国を理想としたが、イタリアが分裂状態にある現状においては、共和制の実現可能性を見出しえず、君主国の創出にイタリア再生の条件を見出した。

❸ マキァヴェリは、「君主論」を著し、軍制の改革を訴え、自国の市民からなる軍隊ではなく、外国人を主体とする傭(よう)兵制度の創設が急務であるとした。

❹ ボダンは、主権は国家に内在する絶対的で永続的な権力ではなく、法律によって拘束されるとともに、国民である臣民からも拘束されるとした。

❺ ボダンは、「統治論」を著し、主権は神法や自然法に基づいているため、絶対的権威を持つとしたが、これは社会契約説を正当化する理論となった。

【解答・解説】

正解 ❷

問題１と合わせると、J.ボダンについて出題される論点はおおむねカバーできます。確認しておきましょう。

❶ ×　N.マキャヴェリ（マキァヴェリ）は、君主は臣民から愛されるよりも恐れられたほうが望ましいと主張しています。彼は、人間の本質は善良さではなく際限のない野心や貪欲にあるとしました。そのため、そうした人間の間に国家秩序を作り上げるために、君主には、力による強制を手段とする統治術が求められ、必要であれば道徳に反する事柄であってもあえて行使することを求めています。

❷ ○　マキャヴェリは、イタリアが分裂状態にある現状では、君主が「力」によって強制的に秩序を形成するしかないと考えました。

❸ ×　マキャヴェリは、当時のイタリアで一般的であった傭兵中心の軍隊に代えて自国の臣民からなる自前の軍隊の創設の必要性を強調しています。

❹ ×　ボダンは、主権を「国家の絶対的かつ永続的な権力」としています。また、そのような絶対的な主権を持つ王は、法律によって拘束されることも、臣民によって拘束されることもありません。

補足

「国民主権」の現代であれば、主権者である国民は法律を定める側であると同時に法律に従う側でもあります（法律を定める者と従う者が一致しています）。しかし、この時代に主権を有するのは、国民全体ではなく王だけですので、法律を定めるのは王ですが、それに従うのは臣民という構図となり、主権者である王自身は法律によって拘束されません（法律を定める者と従う者が一致せず、法律は臣民を拘束するためのものとなります）。

❺ ×　『統治論』を著して社会契約説を展開したのは、ボダンではなくJ.ロックです。ボダンの政治学上の主著は、一般に『国家論』とされています。

第4章　政治思想と政治理論

問題3 ★　社会契約論に関する記述として、妥当なのはどれか。

区Ⅰ2014

❶　ホッブズは、社会は政府に一定の限度内で統治を信託したにすぎず、権力が専制化し、自然権を阻害する場合は、新しい政府をつくる権利である抵抗権が存在するとした。

❷　ホッブズは、自然状態では人間は自由で平等であったが、文明の発展によりそれらが損なわれたとき、人々は全員一致で社会契約を結び、一切の権利を共同体に委譲することでのみ自由や平等は回復できるとした。

❸　ロックは、人間は自己の生命を保存する権利を持ち、また、そのために必要な手段を獲得する権利を持つとし、人間は互いに平等であるが故に自然権を行使し、他人と対抗し、戦いを通じてでも生活を維持するとした。

❹　ロックは、自然状態では皆が平等であり、互いの自然権を侵害することはないが、自然権の保障を確実にするために、人々は相互契約を結んで政治社会を形成し、政府に自然法の解釈権と執行権のみを委譲するとした。

❺　ルソーは、人間は自然権を放棄し、契約を結んで第三者に権限を譲り渡すが、この第三者は全員の代理人であり主権者であるので、人々は主権者に対して絶対の服従を求められるとした。

【解答・解説】

正解 ❹

定番の論点が並んでいる易問です。社会契約論は頻出分野ですので、このレベルの問題は確実に正答できるようにしておきましょう。

❶ ×　これは、J.ロックに関する記述です。「信託」、「抵抗権」というキーワードで判別できます。T.ホッブズの社会契約論では、自然権が主権者に全面譲渡されるので、抵抗権は認められていません。

❷ ×　これは、J-J.ルソーに関する記述です。ルソーの社会契約論では、自然状態では人間は自由で平等だったが文明の発達により不自由や不平等が生まれたとされ、これを解決するために契約を結ぶとしています。

❸ ×　これは、ホッブズに関する記述です。ホッブズは、自然状態では自己の生命を保存する権利を万人が平等に持っているため、「万人の万人に対する闘争」状態が生まれるとしています。

❹ ○　ロックの社会契約論では、自然権のうち自然法の解釈権と執行権のみが政府に委譲されており、政府に対する抵抗権や革命権が認められています。

❺ ×　これは、ホッブズに関する記述です。ルソーの社会契約論では、自然権は「第三者」ではなく、自分自身を含む共同体全体に譲り渡されるとされています。

問題4 **社会契約論に関する記述として、妥当なのはどれか。**

★

区Ⅰ2005

❶ ホッブズは、理性の戒律である自然法の作用により、自然状態を平和な状態ととらえていたが、公権力と実定法がないため、潜在的には「万人の万人に対する闘争」状態に転落する可能性があるとした。

❷ ホッブズは、社会契約は個人の相互的な契約ではなく、人民と主権者との間の契約であるとし、成立した国家が再び最悪の自然状態に転落する危険性を回避するため、主権者の権利を絶対不可侵のものとした。

❸ ロックは、人民は自然権を国家に移譲するのではなく、生命、自由、財産の保護という人民の利益を実現するための信託を政府に与えているのであるから、この目的に反する場合は革命権を行使できるとした。

❹ ロックは、政府の権力が専制的に運用されることを避けるために、それを立法権、執行権及び裁判権とに分割し、権力が特定の人間に独占的に掌握されることを回避しようとした。

❺ ロックは、共通の利益のみを追及する意志を一般意志と呼び、国家の全構成員はこの一般意志の行使である主権の下において、それに服従するとき初めて自由になるとした。

【解答・解説】

正解 ❸

❷はやや発展的な内容ですが、それ以外は定番の論点ですし、正解肢が明確なので解きやすい問題です。

❶ ×　T.ホッブズは、自然状態を平和な状態ではなく、「万人の万人に対する闘争」状態と捉えています。理性の戒律である自然法の作用により、自然状態を概ね平和な状態と捉えていたのはJ.ロックです。

❷ ×　ホッブズは、社会契約は人民と主権者との間の契約ではなく、個人の相互的な契約であるとしています。社会契約は、個人の相互的な契約によって執り行われ、この契約を貫き守るため、人々は主権を持つ国家「リヴァイアサン」に権力を委ねるという議論です。

❸ ○　ロックの社会契約の前提には、生命・自由・財産の保護と、それを侵害する者への処罰がありました。この目的に基づいた人々の信託から権力が生まれるため、もし権力が目的に背く場合は信託の撤回が可能だとしています。

❹ ×　これは、C.L.モンテスキューの三権分立論に関する記述です。ロックも権力分立は論じていますが、議会が立法権を担い、国王が執行権（対内行政）と連合権（対外行政）を担うとしていて、「裁判権」は挙げていません。

❺ ×　これは、J-J.ルソーに関する記述です。「一般意志」というキーワードで、ロックではないことがわかるでしょう。

問題5 ルソーの政治思想に関する記述として、妥当なのはどれか。

★

都Ⅰ2003

❶ 彼は、「社会契約論」において、人間の自然状態には理性の法である自然法があるとして、民衆の理性に信頼をおくと同時に、自然人を自己愛と憐れみの情をもつ存在であると規定した。

❷ 彼は、自然状態から文明社会への移行を堕落ととらえ、私有財産制を批判したが、原始の時代への回帰を勧めるのではなく、かつての理想的な自然状態を回復するため、政治構造の変革を求めた。

❸ 彼は、理想社会の実現のために新しく設立する国家においては、人民と人民集会との間に社会契約を結ぶ必要があるとし、また、権力集中を防ぐため、人民集会から執行権を分離すべきであると主張した。

❹ 彼は、社会契約により形成される国家は全体意志の下に委ねられるべきであり、全体意志とは、人民個々人の個別的意志の総和であり、常に共同体の利益を目指す全員共通の意志であるとした。

❺ 彼は、人民主権の立場をとったが、全人民の参加による直接民主主義は古代ギリシアのような都市国家でなければ実現困難であるとし、間接民主主義に基づくイギリスの代議制を支持した。

【解答・解説】

正解 ❷

❶と❸がやや発展的な内容ですが、正解肢が明確なので一本釣りできるでしょう。

❶ × J-J.ルソーは、理性に信頼をおいていません。ルソーによれば、自然状態からの人間の堕落は、理性の濫用によって欲望が増大した結果、もたらされたものです。

❷ ○ ルソーによれば、私有財産制の発達が貧富の差や支配・隷属関係を発生させ、人間の堕落を招きました。そこでルソーは、必要な限りで自然権を共同体に全面譲渡する社会契約を経て、平等な人々からなる国家を建設することを目指しました。

❸ × ルソーの考えた社会契約は、人民と人民集会との間ではなく、人民相互の間で結ぶものです。

❹ × ルソーは、社会契約により形成される国家は「一般意志」のもとに委ねられるべきだと考えました。また、「常に共同体の利益を目指す全員共通の意志」は「一般意志」であり、個別的意志の総和である「全体意志」とは区別されます。

❺ × ルソーは直接民主主義を支持し、間接民主主義に基づくイギリスの代議制を**批判しています**。彼は、イギリスの代議制について「イギリスの人民は、自分では自由だと思っているけれども、自由なのは投票する瞬間だけであって、その後は再び奴隷の状態に戻る」と厳しく批判し、人民は主権者として実際に主権を行使すべきであると考えました。

2 市民社会と自由主義

学習のポイント

・ここではトクヴィルが最頻出です。また、ベンサムやミルも比較的よく出題されます。

1 バークの保守主義

(1) 概要

E.バーク（1729～97）は、人間の諸権利は歴史的産物であると考え、「生来の権利」という理念に立つ**自然権思想や社会契約論を否定**しました。

(2) 保守主義の思想

現にある状態は、長い年月をかけて作られたものであり、それなりの存在理由があります（「偏見」にもまた存在理由があるとしています）。よって、抽象的普遍的な観念を掲げて現状を一挙に変更しようとすることは逆に害悪をもたらす可能性が高いですが、時代の変化に合わせて**部分的に変化することは肯定しました**（「変えることで保つ」）。

(3) フランス革命批判

著書**『フランス革命の省察』**において、フランス革命は伝統や歴史を無視した急進的な改革であると批判しました。他方で、イギリスによるアメリカの支配はイギリスの伝統に反すると考え、アメリカ独立革命は肯定しました。

2 ヘーゲルの国家論

(1) 背景

G.ヘーゲル（1770～1831）はドイツ観念論の完成者とされる哲学者であり、特に**弁証法（アウフヘーベン）**という対立や矛盾を**止揚**（しよう）（発展的に統一）することで、より高次なものへと至る方法論で知られています。

(2) 国家論

ヘーゲルは、人間が自由かつ相互調和の状態（自由な精神が客観的な制度や組織となって具体化された状態）を**人倫**（じんりん）と呼びました。家族や市民社会は人間の相互調和の一つの形ですが、愛情を媒介とする共同体である家族は自然的な感情すぎて個人の人格の独立がなく、市民社会は利益を媒介とする「**欲求の体系**」であり、自己の欲求を求めて相互に闘争する状態にすぎません。これに対してヘーゲルは「**国家は人倫の最高形態である**」として高く評価しました。このように国家を至高の存在として高く評価したことから、「理想主義的国家一元論」と評されます。

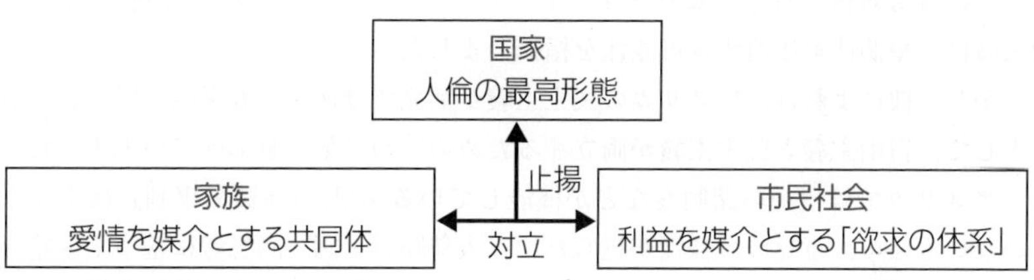

確認してみよう

① 市民社会と国家の関連について、初めて明快な説明を与えたのはマルクスであった。マルクスは、市民社会においては個別的に分裂せざるをえない利害関心を最終的に統合する制度としての国家が、普遍意思の担い手たる君主に体現されて、歴史の過程に姿を現す必然性を描き出した。このためマルクスはその後のドイツの国家学に大きな影響を与えた。国般1999

2 (2) 参照 ×

市民社会の問題を国家によって克服するという議論はマルクスではなくヘーゲルによるものです。

3 トクヴィルの自由主義と民主主義の両立

(1) 背　景

第７代大統領A.ジャクソンの執政期（1829～37）、1830年代のアメリカは、**ジャクソニアン・デモクラシー**と呼ばれており、政治的経済的民主化が達成された時代です。諸州で白人男子普通選挙が導入されるようになり、大統領選挙の民主化も進みました。このような時代にアメリカを訪問したフランスの思想家**A.トクヴィル**（1805～59）は、『**アメリカの民主主義**』を著し、アメリカでは伝統や身分に基づく格差が存在せず「**諸条件の平等**」(境遇の平等)が達成されているとし、これはヨーロッパ社会にもいずれ及ぶ普遍的傾向であると論じました。

(2) 民主主義の安定化

すべてが平等な民主主義社会では人々の思想は等価値であり、質的な優位が認められる価値が存在しません。このため、数のみが唯一の権威の源泉となり、多数の意見には誰も対抗できなくなります。トクヴィルはこれを「**多数の専制**」と呼び、個人の自由や個性を圧迫する可能性を指摘しました。

しかし、彼によれば、アメリカの民主主義が活発ではあっても平穏に機能しているとして、自由主義と民主主義が両立するための三つの条件を挙げています。ただし、アメリカでは自由の諸制度などが機能している結果、「多数の専制」は生まれていないものの、意見の多様性が見られず、大勢順応・画一的思考に基づく世論形成の問題についても指摘しており、**将来的に多数の専制へと至る危険性も語っています**。

◆自由主義と民主主義の両立の条件

①社会形成の初期条件	②自由の諸制度	③「心の習慣」
中産階級の移民を基礎としており、旧世界から遠く隔てられていたことも作用し、自由・平等の原理だけを移植可能であった	・権力分立や違憲立法審査 ・地方自治(住民自治) ・結社の自由	家族や宗教など習慣化された社会規範は、自己中心主義を防ぐなど、社会に健全な影響をもたらしている

(3) 民主主義と社会主義の敵対

以上のように、自由主義と民主主義が対立するものと思われていた時代においてトクヴィルは、**アメリカでは民主主義が安定して機能していること、自由主義と民主主義が両立すること**を示しました。他方で、**民主主義と社会主義は「敵対する」**と強調し、社会主義は個人の独立的な活動の領域を狭め、制限と隷属のうちに平等を樹立すると批判しました。

確認してみよう

① フランスでは、第一帝政下のナポレオンの個人的専制による自由と平等の実現を評価し、共和政治を否定するA.トクヴィルらの思想家が輩出した。この考え方は、帝政崩壊後の王政復古の思想的背景となった。国般2001

3 (1)、(2) 参照 ✕

トクヴィルはフランスの帝政ではなくアメリカの民主主義を評価した思想家です。

4 ベンサムの功利主義

(1) 背 景

コモン・ロー（慣習法）の国イギリスでは、法は「記憶」と「慣習」の中にあり、それを探し出すのが法律家の役目とされました。法律家**J.ベンサム**（1748～1832）はこの非体系的・非合理的な法体系の革新を目指しました。

(2) 最大多数の最大幸福

ベンサムは**社会契約、自然法思想を否定**し、人間は快楽を求め苦痛を避ける存在だとし（快楽主義的人間観）、快苦はその程度を計量化可能であるとしました。したがって、立法は、この快苦を基準として「社会を構成している個々の成員の利益の総和」に基づくべきだとする「**最大多数の最大幸福**」の原理（**量的功利主義**）を主張しました。

(3) 国家観

快苦を前提とする限り、人間はすべて平等であるから差別する理由がないとし、**平等選挙・普通選挙を主張**しました。また、ベンサムによれば、「最大多数の最大幸福」を達成するためには生存・安全・豊富・平等が必要であり、それを保障するために法や国家が存在します。しかし、これらは**快を生まない必要悪**であるため、**法や国家は必要最小限にするのが望ましい**と考えて、**効率的な支配手段を追究**し、**自由放任と自由貿易**を唱えました（「**小さな政府**」**の立場**）。

補足

効率的な支配手段を追究する中で、第１章第１節の権力論で扱った「パノプティコン」を考案しています。

確認してみよう

① J.ベンサムは、原子論的人間観に立脚して万人平等論を主張し、政治的には普通選挙制度を要求し、その支持者たちからは哲学的急進派と呼ばれた。しかし、一方で、経済的には保護主義思想を持ち、政府による国内産業の保護の必要性を説いた。国税2002

4 (3) 参照 ×

国家による介入は人間にとって苦痛であるとして、ベンサムは自由放任主義・自由貿易主義を主張しています。

5 ミルの自由論

(1) 背 景

イギリスの思想家**J.S.ミル**（1806～1873）は、ベンサムの功利主義から出発しながらも、ベンサム的功利主義を部分的に修正し、**快楽の質的な差異**（**価値の高低**）を重視しました（**質的功利主義**）。したがって、「**個性の育成**」が人間の幸福の基本的構成要素とされます。

(2) 消極的自由

多数の専制への危機意識を持つA.トクヴィルの思想に影響を受け、画一的な世論が個人の自由を抑圧することを危惧し、著書『**自由論**』において個人の私的領域での自由は絶対的なものであり、**国家の介入は極力避けるべきだとしました**。

(3) 選挙制度

普通選挙を主張しつつも、大卒者などのエリートには**複数の投票権を付与する**ことを主張しました。また少数者保護のために、**比例代表制**を主張しました。他方で、非識字者や被生活保護者の参政権は否定しました。

(4) 政治体制

著書『**代表制統治論**』において識見のあるエリートこそ一般的利益を代表できると考え、**直接民主制ではなく間接民主制**（**代議制**）を主張しました。

確認してみよう

① J.S.ミルは、自律こそが人間の尊厳の基盤であるとし、個人の幸福実現のためには自己決定権の尊重が重要であると主張した。また、多数者が数の力で少数者の権利を侵害する「多数の暴政」を懸念し、普通選挙制の導入に強く反対した。国税2006

5 (3) 参照 ×

ミルは普通選挙制の導入を肯定しています。ただし、平等選挙を必ずしも主張しませんでした。

6 グリーンの自由論

(1) 背 景

イギリスの哲学者**T.H.グリーン**（1836～82）はアリストテレスやヘーゲルの思想に影響を受け、国家は単なる暴力装置ではなく、倫理的意志を基礎とした存在と捉えました。

(2) 人間観

快楽を善とみなす**功利主義を批判**し、人間にとっての究極的価値は「**自己の人格の完成**」にあるとしました。そして、人格は本質的に社会的なものであり、人格の完成には他者との協力（共同体の存在）が必要であり、個人の追求する善が他者と共通していなければならないとしました（**共通善**）。

(3) 積極的自由

自由とは「個々人が自己の人間的諸能力を最高度に実現し得るように計られる積極的状態」（積極的自由）であるとし、古典的自由主義のような、自由を単に外的拘束や制約が存在しない状態や、自分の望むことを行う能力とする見方（消極的自由）を批判しました。

(4) 国家論

グリーンによれば、国家とは人格の完成を促進するための制度であり、人格発展の妨げとなる「**外的障害の除去**」の役割を持っています。したがって、国家は、初等義務教育、労働条件の改善、土地私有の制限などを行う必要があるとしました。これは**福祉国家を正当化する思想**となります。

ヒント

J.S.ミルが、国家の介入をできる限り避けるべきだとしていたのに対し、グリーンは国民生活の基礎をなす分野への国家の介入を必要なものとしています。

(5) 政治思想上の位置づけ

19世紀末から20世紀の自由主義をめぐる議論においては、社会主義、社会民主主義の側から、古典的自由主義は「形式的な平等」のみを重視しているとの批判を受けました。グリーンの議論は、こうした批判に対して自由主義の立場から、「形式な平等」を乗り越え、「実質的な平等」を確保しようとしたものであり、**新自由主義**（new liberalism）と呼ばれます。

訳語は同じ「新自由主義」でも、neoliberalismとは違うことに注意しましょう。

確認してみよう

① イギリス理想主義を代表するT.H.グリーンは、個人の人格的発展を妨げる障害を国家が積極的に除去すべきであるとし、教育、保健、労働条件など国民生活の基本事項については国家の介入が必要であると主張して、自由主義の原理の拡張を試みた。国税2006

6 (4) 参照 ○

グリーンは、教育・健康・財産などの欠如が個人の人格的発展を妨げているとして、国家が介入してその欠如を除去すべきだとしました。

過去問にチャレンジ

問題1 ★ J.ベンサム又はJ.S.ミルの政治思想に関する記述として、妥当なのはどれか。

区Ⅰ2006

❶ J.ベンサムは、その著書「道徳及び立法の諸原理序説」において、自然権思想や社会契約説に基づく、最大多数の最大幸福を実現するための功利の原理を確立した。

❷ J.ベンサムは、幸福の内容としての快楽に量的差異のみならず質的差異を認め、質的に高い快楽、つまり道徳的善、正義を樹立することが、政府の役割であるとした。

❸ J.ベンサムは、個性と教養を欠いた数的多数者としてのプロレタリアートの進出に大きな危惧(きぐ)を抱き、普通選挙制度に反対し、個性ある少数者の自由を多数者専制から擁護しなければならないとした。

❹ J.S.ミルは、その著書「自由論」において、各人の幸福にとって、思想及び言論の自由や個性の擁護が不可欠であり、そのためには、私的な領域に対する政府の干渉は、できる限り制限されるべきであるとした。

❺ J.S.ミルは、快楽を善とみなすことを批判し、可能な限り自己の人間性を完成させることが善であり、人間にはそのための行為を発見する理性が備わっているとした。

【解答・解説】

正解 ❹

同じ功利主義でも、J.ベンサムとJ.S.ミルの主張はかなり違いますので、相違点を対比させて覚えておきましょう。

❶ ×　「自然権思想や社会契約説に基づく」という記述が誤りです。ベンサムは、自然権思想や社会契約論を批判しています。

補足

ベンサムは、実定法（実際に制定された法規）だけを「法」とみなす「法実証主義」という立場を採り、感覚的に経験可能なものだけから立論しようとします。このようなベンサムの立場からすると、「自然法」（人間の理性や神の意志などに根拠を持つ自然の法）や「自然権」（人間の理性や神の意志などを根拠として与えられている自然の権利）、「社会契約論」は、いずれも経験的事実に基づかない単なる空想の産物ということになります。

❷ ×　快楽に質的差異を認めたのは、ベンサムの一世代後の功利主義者であるミルです。また、ベンサムの功利主義は「道徳」ではなく「快楽と苦痛」を善悪の根拠とするため、政府に**道徳的善など求めていません**。

❸ ×　ベンサムは、普通選挙制度の確立を主張する立場でした。ベンサムは、快楽は量的に計算可能であり、万人の快楽は**同等に**扱われるという考え方ですので、政治参加の範囲が拡大すると国民全体の快楽の総量が増大するので望ましいということになります。

❹ ○　ミルは、『自由論』で「権力からの自由」というベンサムの立場を受け継ぎ、私的な領域に対する政府の干渉を最小限にとどめることを主張しています。

補足

彼は同著において、個人の私的領域に関わる自由として、内面の自由、嗜好・目的追求の自由、団結の自由の三つを挙げていて、その中でも内面の自由を最も重視しています。

❺ ×　ミルは、快楽を善とみなす功利主義の立場を否定したわけではなく、旧来のベンサムに代表される功利主義学説に「自己の人間性の完成」という要素を盛り込む形で、その修正を図っています。

問題2　**J.S.ミルの政治思想に関する記述として、妥当なのはどれか。**

★

都Ⅰ2006

❶「自由論」において、民主主義の下では支配者の利害と民衆の利害とは一致しているため、多数者の専制は生じ得ないとした。

❷「自由論」において、個人の私的領域での自由は絶対的なものであり、社会が個人の行為を制限できるのは、他人に危害が及ぶ場合のみであるとした。

❸「自由論」において、多くの民衆は、自由の本質的な価値を理解しているため、社会の画一化から個人の自由を擁護することは必要ではないとした。

❹「代議政治論」において、エリートの優越を否定し、国民に一人一票の平等な投票権を与えることを主張した。

❺「代議政治論」において、代議政治が政治における理想的な統治形態であり、代議政治の導入の条件は、フランスにおいて最も満たされているとした。

【解答・解説】

正解 ❷

❺が細かい内容ですが、正解肢が明確なので一本釣りできるでしょう。

❶ ✕　J.S. ミルは、当時のイギリスにおける急速な大衆の政治参加について、こうした無差別な政治的権利の付与は**多数者の専制を生みかねない**と批判しています。ミルのこうした見解は、最大多数の最大幸福という計量的な尺度に訴える当時の功利主義的見解と彼自身との隔たりをも意味しています。

❷ ○　ミルは『自由論』において、個人の私的領域での自由は絶対的なものであり、他人に危害を及ぼす場合を除き、制限されてはならないという議論（危害原理）を展開しています。

❸ ✕　ミルは、「個性」を有する少数者が個性を欠いた凡庸な多数者の脅威にさらされていると考えていて、『自由論』で個性ある少数者の自由を擁護する議論を展開しています。ミルの自由論は、権力からの自由であるとともに、「個性」（高められた自発性・独創性・多様性）という目標を実現する自由であるというものです。

❹ ✕　ミルはエリートの優越を認めて、無差別な平等性を否定しています。彼の議論は、「各人を平等に一人と考える」というJ.ベンサムの原子論的人間観に対する批判としても提示されており、エリートの優越を肯定する形で一定の留保を示す議論を展開しています。

ミルは普通選挙に賛成する立場ではあるものの、読み書き・計算能力のない者に選挙権を与えることには反対しており、義務教育が普及した後に普通選挙を導入すべきだと主張しています。また、知的職業に就いている者には２票以上の投票権を与えてもよいともしています。

❺ ✕　ミルは、フランスの政治状況を批判しています。彼は『代議制統治論』で代議政治の優位を論じていますが、ミルがこの著作を執筆するきっかけとなったのは、1851年のルイ・ナポレオンの登場などによるフランス政治への幻滅とされていて、代議政治の条件がフランスにおいて最も満たされているという主張はしていません。

問題3 ★ **J.S.ミルの政治思想に関する記述として、妥当なのはどれか。**

区Ⅰ2012

❶ J.S.ミルは、「自由論」を著し、自律した個人が自らの個性を自発的に開発することが幸福を実現することとなるので、何人も、各人の行為が他者に対して危害を及ぼさない限り、その人の行為に制限を加えてはならないとした。

❷ J.S.ミルは、「二つの自由概念」において、自由には、いかなる他者からの干渉も受けずに自分のやりたいことを行う消極的自由と、自己の立場や主張に基づいて他の人々に積極的に働きかける積極的自由があるとした。

❸ J.S.ミルは、全ての人が協同して共通善を実現することにより、人は高次の自我を実現し、自由を獲得できると考え、国家は人格の発展の妨げとなる外的障害を積極的に除去すべきだとした。

❹ J.S.ミルは、共同の利益をめざす全人民の意志を一般意志と呼び、国家の全構成員は、この一般意志の行使である主権の下で服従するとき、初めて自由となるとした。

❺ J.S.ミルは、快苦の性向を中心とする功利の原理を基本に据え、快楽は追求すべき善であるから、個人の総和としての社会の善を最大限に実現することが、最大多数の最大幸福であるとした。

【解答・解説】

正解 ❶

これも、正解肢が明確なので一本釣りできるでしょう。なお、問題1～3はすべて、同じ論点が正解肢となっています。

❶ ○　J.S.ミルは、人間が個性を発達させるためには試行錯誤が必要であり、そのための条件として、できる限りの自由を確保すべきだと主張しています。

積極的に馬鹿馬鹿しいことをやることを推奨しているわけではありませんが、しかし最初から「あれも駄目、これも駄目」と制限してしまうと、経験の幅が広がりません（経験してみて初めて、それが「馬鹿馬鹿しい」とわかることもあるからです）。

❷ ×　「消極的自由」と「積極的自由」を区別した論文「二つの自由概念」を著したのは20世紀イギリスの政治思想家I.バーリンです。なお、積極的自由の説明も違いますが、バーリンは第4節で扱いますので、ここではこの内容が「ミルではない」ということだけ判別できれば十分です。

❸ ×　これは、T.H.グリーンに関する記述です。「国家は人格の発展の妨げとなる外的障害を積極的に除去すべき」という記述で判別できます。

❹ ×　これは、J.-J.ルソーに関する記述です。「一般意志」、「国家の全構成員は、この一般意志の行使である主権の下で服従するとき、初めて自由となる」という記述で判別できます。

❺ ×　これは、J.ベンサムに関する記述です。「快楽は追求すべき善であるから、個人の総和としての社会の善を最大限に実現することが、最大多数の最大幸福である」という記述で判別できます。

問題4 **トクヴィルの政治理論に関する記述として、妥当なのはどれか。**

★

区Ⅰ2005

❶ トクヴィルは、ジャクソニアン・デモクラシー期のアメリカの視察をもとに著した「自由論」において、アメリカ社会の圧倒的画一性を指摘し、自由主義と民主主義とが両立することはないとした。

❷ トクヴィルは、平等がもたらすものには、平等な自由もあり得るし、平等な隷属もあり得るが、アメリカが平等な隷属に陥ったのは、民主主義的な政治制度が確立されていないからであるとした。

❸ トクヴィルは、「諸条件の平等化」は単にアメリカだけに見られるのではなく、ヨーロッパ諸国においても普遍的に見られる傾向であり、あらゆる近代国家の不可避的な傾向であるとした。

❹ トクヴィルは、民主主義と社会主義とは異なるが敵対するものではなく、平等の追及としては同じであることを強調し、民主主義と社会主義とを積極的に結び付けようとした。

❺ トクヴィルは、平等化の進展において、決定方式としての多数決制の採用は当然であり、これによる少数派の自由が多数派に侵害されるという「多数派の専制」の危険はないとした。

【解答・解説】

正解 ❸

A.トクヴィルに関する定番の論点が並んだ易問です。J.S.ミルとの共通性も把握しておきましょう。

❶ × 『自由論』で圧倒的画一性の批判を行ったのはミルです。フランスの貴族であるトクヴィルは、1831年にアメリカを訪れ、**民主主義と自由主義が両立しつつあった**アメリカを高く賞賛しました。

❷ × トクヴィルは、アメリカでは**平等な自由が実現できている**としています。そして彼は、これから先、ヨーロッパにおいて民主主義不在のまま平等化だけが進んだならば、「平等な隷属」に陥る危険もあると懸念を表明しています。

❸ ○ トクヴィルの訪れたアメリカは、諸条件が平等化しつつあるにもかかわらず、自由が生き生きと根づいていることが観察されました。そして、この状況はやがてヨーロッパにも波及する近代社会の普遍的傾向であると彼は考えました。

❹ × トクヴィルは、**民主主義と社会主義は敵対するもの**としました。彼が積極的に結びつけようとしたのは、民主主義と**自由主義**です。

❺ × トクヴィルは、**多数派の専制を警戒**しています。なお、トクヴィルとミルは交流があり、「多数者の専制」という問題意識はミルが引き継いで、個性の擁護を内容とする自由主義という議論につながっていきます。

問題5 ★ **次の文は、保守主義と自由主義に関する記述であるが、文中の空所A～Dに該当する語、語句又は人物名の組合せとして、妥当なのはどれか。**

区Ⅰ2019

保守主義は古くから漠然とした形で存在していたが、18世紀頃、自由主義の挑戦を受けて自覚的な政治思想となった。近代保守主義という場合はこれをいい、代表的な政治思想家は、「 A 」を著したイギリスのバークである。彼は、古くから存在してきたものはそれだけ B で人間性に適したものだとして、伝統的秩序や伝統的価値体系を尊重した。

自由主義は17世紀のイギリスにおいて政治的自由主義として成立したもので、18世紀には資本主義の発展に伴って経済的自由主義も現れた。のちに、 C 主義の立場から、「最大多数の最大幸福」で有名な D が出て、自由主義をさらに発展させた。

	A	B	C	D
❶	自由放任の終焉	自然	全体	バーリン
❷	自由放任の終焉	理性的	功利	ベンサム
❸	フランス革命の省察	理性的	社会	ベンサム
❹	フランス革命の省察	自然	功利	ベンサム
❺	フランス革命の省察	自然	全体	バーリン

【解答・解説】

正解 ❹

空欄補充の問題では、空欄を前から埋めていくことにこだわらずに、簡単なところから見ていきましょう。この問題ではCとDはすぐにわかるので、それで❷か❹に絞られます。あとは、E.バークがフランス革命を批判したことを覚えていればAが埋まり、❹に決まることになります。

A　『フランス革命の省察』が該当します。バークは同書で、保守主義の観点からフランス革命を批判しています。なお、『自由放任の終焉』は経済学者J.M.ケインズの著作ですが、公務員試験対策としては、この著作名を覚える必要はありません。

B　「自然」が該当します。ここでは「古くから存在してきもの」は「理性的」か「自然」か、という点が問われています。バークはフランス革命を理性に偏りすぎた過激な改革であると批判する保守主義の論者であることから考えれば、「理性的」という主張はふさわしくないと判断できて、「自然」が適切であるとわかります。

C　「功利」が該当します。「最大多数の最大幸福」という記述で判別できます。

D　「ベンサム」が該当します。これも「最大多数の最大幸福」という記述で判別できます。I.バーリンは、消極的自由と積極的自由を区別して全体主義を批判した20世紀の思想家です。

問題6 ★★

民主主義と自由主義に関する次の記述のうち、妥当なのはどれか。

国般2003

❶ 民主主義(デモクラシー)という言葉は、ギリシア語の「デモス」(人民)と「クラトス」(支配)に由来するとされている。民主政とは、人民が被支配者でありかつ支配者である政体をいい、アテナイ等の古代ギリシアの都市国家において初めて登場したとされている。

❷ ポリュビオスは、古代ローマの政治について「混合政体論」という理論を使って説明し、一人の人物が支配する独裁政、少数者が支配する寡頭政、多数者が支配する衆愚政という三つの類型が、古代ローマの共和政に共存しているとした。

❸ J.ベンサムは、功利主義を否定し、個々人それぞれの幸福の極大化が全体として最大の幸福を実現するとして、例えば、普通選挙や秘密投票等の提案を行うとともに、国家機構の近代化と、政治家、官僚、法曹家といった近代的管理者の形成を提唱した。

❹ A.トクヴィルは、平等を強調して決定の方式として多数決制が採用されることとなれば、少数派の自由が多数派に無視されたり侵害されたりするようなことが起こり得るが、民主主義の発展には不可避な事態として、容認することが必要と説いた。

❺ J.S.ミルは、自律的な個人が自らの個性を自発的に開発することが各人の幸福を実現し、その結果として人類全体の幸福を増進すると考え、このような自己実現に必要な条件の確保のために、国家や社会が個人の私的領域に積極的に介入すべきとした。

【解答・解説】

正解 ❶

❷が発展的な内容ですが、正解肢が明確なので一本釣りできるでしょう。

❶ ○　古代ギリシャの都市国家アテナイでは、「直接民主政」が行われていました。すべての市民（成人男性）は、政治的意思決定機関である「民会」に参加し、政策を執行する役人は「抽選」で選ばれた市民が交代で担当し、裁判も市民が参加する「陪審制」となっていて、「人民が被支配者であり、かつ支配者」でした。

❷ ×　「独裁政、…寡頭政、…衆愚政」が「共存している」という記述が誤りで、正しくは君主政、貴族政、良民政が共存しているとしました。

補足

混合政体論は、アリストテレスによる政体の分類（君主政/僭主政、貴族政/寡頭政、良民政/衆愚政）の延長線上で論じられた主張です。このうち、問題文の記述は悪い政体三つが共存しているという記述になっていますが、古代の歴史家ポリュビオスによれば、ローマの支配体制はよい政体（君主政と貴族政と良民政）三つの要素を混合した形で持っているため、最上の政治体制としています。ただし、これはマイナーな論点なので、覚える必要はありません。

❸ ×　冒頭の「功利主義を否定し」が誤りです。J.ベンサムは代表的な功利主義者です。それ以外は正しい記述です。

❹ ×　A.トクヴィルは、こうした事態を容認するどころか、「多数派の専制」と呼んでその危険性を警告しています。

❺ ×　最後の「国家や社会が個人の私的領域に積極的に介入すべき」という記述が誤りで、逆に「介入すべきではない」としています。

補足

J.S.ミルは、各人は何人にも侵されない私的領域を有するとして、そうした領域に対する国家や社会のあ干渉を限界づけるものとして「危害原理」を提示しています。何人もその人の行為が他者に対する危害でない限り、その人の行為に制限を加えてはならないという主張です。逆にいえば、ある人の行為が他者に対する危害を生じるとき、その行為の制限は正当なものとされます。

問題7　**民主主義に関する次の記述のうち、妥当なのはどれか。**

★★

国般2006

❶ アリストテレスは、統治の目的と統治者の数という基準を組み合わせて政治体制を分類した。その中で、ポリティアは共通利益を追求するものであるが、少数者による支配であるとし、少数者の利益を無視するが多数者による支配である民主制に比べて低く評価した。

❷ E.バークは、議員に求められるのは自分の選挙区の選挙民の利害を代理・代弁することであると論じて、「国民代表」に関する新たな概念を提起した。また、政党を、様々な利害が対立する社会において、特定の集団利益を表出し、実現するための組織であると定義した。

❸ J.マディソンは、党派は政府を特殊な部分利益によって動かすものであると論じ、その弊害を懸念した。彼は、複数の党派が競合すると、社会の分断・停滞がもたらされると述べて、議会への権限集中を求めるとともに、連邦制を批判して中央集権を主張した。

❹ A.トクヴィルは、暴力的手段に支えられた抑圧的な専制から脱するためには、多数者が利益誘導を自由に行うことができるように、民主化した体制を確立することが重要であり、そうした体制においては、多数者が数の力で少数者の権利を抑圧・侵害することはないと主張した。

❺ R.ミヘルスは、組織は、規模が大きくなるにつれて少数の指導者に意思決定の実権が握られる傾向があるとした。彼は、これを組織の効率的運営の必要性や指導者及び大衆の心理の面から説明し、この傾向は民主主義を掲げる政党組織にも当てはまると論じた。

【解答・解説】

正解 ❺

❶と❸がやや細かいですが、正解肢が明確なので一本釣りできるでしょう。❷のE.バークに関する論点は第2章第2節、第3章第1節で、❺のR.ミヘルスに関する論点は第3章第1節で扱っています。

❶ ×　アリストテレスの政体論では、「ポリティア」は**多数者支配**による**よい政体**とされます。そして彼は、民主制は多数者である民衆がそれぞれ自己利益を追求するがゆえに**悪い政体**と捉えました。

❷ ×　バークは、「選挙区民の利害を代理・代弁」して行動すべきとする「委任代表」の考えを**批判**し、国会議員は**国民全体の利益**を考えたうえで自己の判断力を通じて行動するべきであるとする「国民代表」の理念を主張しています。

また、バークは政党を、「全員一致して、特定の主義に基づき、**国民的利益を増進する**ために結ばれた一団」と定義しています。

ヒント

そもそも普通の日本語として読めば、「選挙区民の利害を代理・代弁」は「選挙区の代表」であり、「国民代表」という言葉に似つかわしくありません。

❸ ×　J.マディソンは、複数の党派による競合によって**社会が活性化**すると主張するとともに、立法（議会）・行政（大統領）・司法（裁判所）の間の**厳格な三権分立**を採ることや、独自の権限を持った連邦政府を有する**連邦制を採用**することを主張して、**中央集権を批判**しています。

❹ ×　A.トクヴィルは、**多数者の専制を危惧した**人物です。彼は、専制と革命が循環するフランスの政治体制に対して、自由と民主主義が根づいたアメリカを評価してヨーロッパへの波及を予言しましたが、こうしたアメリカに見られる諸条件の平等化を前提とした民主主義を実現する場合には、「多数者の専制」という（平等な）隷属に陥る危険が存在するとも論じています。いずれにせよ、利益誘導を主張したわけではありません。

❺ ○　ドイツの政治社会学者のミヘルスは、組織規模の拡大は必然的に少数者支配を生み出すと主張して、「寡頭制の鉄則」と名づけました。

問題8　**西欧の政治思想に関する次の記述のうち、妥当なのはどれか。**

★★

国般2007

❶ N.マキァヴェッリは、祖国であるイタリアの政治的分裂による混乱に直面した経験から、国家を安定させるには君主が強力な指導力を発揮することが必要であるとした。その一方で、イタリア統一の求心力をローマ教会に求め、君主といえども教会の権威には無条件に服することが必要であるとした。

❷ J.ベンサムは、快楽を求め苦痛を避けようとする性向を人間行動の基本的動機ととらえ、社会全体の快楽を最大限に実現することが「最大多数の最大幸福」であるとした。その上で、「最大多数の最大幸福」を達成するためには公職者の道徳性や資質の確保、政府支出の極小化が必要であるとした。

❸ T.ホッブズは、『リヴァイアサン』において、人間の自己保存のための活動による「万人の万人に対する闘争」を抑制するためには、社会契約による政府の創設が必要であるとした。その一方で、市民は、政府が市民の信託に反して活動した場合にはこれを交替させる抵抗権を有しているとした。

❹ H.グロティウスは、自然法の基礎を人間の本性としての社会的欲求に求め、生命、自由、身体の安全などを自然法上の権利として位置付けた。また、人間の社会的平等性を前提として、人々は自らの持つ自然法上の権利を、絶対君主に対しても全面的に譲渡することはできないとした。

❺ J.ロックは、『統治二論』において、自然状態下では人間は自然法の範囲内で理性的判断に従い、互いに各人の権利を侵害することがないよう行動するが、この自然状態下の社会は不安定であるため、社会を安定させるために、立法、司法、行政の三権が分立した統治機構を整備する必要があるとした。

【解答・解説】

正解 ❷

全体的に難易度の高い問題です。正解の❷も最後の記述が気になって選びにくいかもしれませんが、この機会に覚えておきましょう。

❶ ×　「イタリア統一の求心力をローマ教会に求め、君主といえども教会の権威には無条件に服することが必要である」という記述が誤りです。N.マキャヴェリ（マキァヴェッリ）は、君主による国家目標の追求は、教会の権威から自由な立場で遂行されるべきであるとしています。

❷ ○　最後の「公職者の道徳性や資質の確保」という点が、J.ベンサムの立場としては意外に思えるかもしれませんが、それは以下の理由によります。道徳性に欠ける者が公職に就くと、税金を個人的な目的に流用するなどして、政府支出が拡大することになります。また、資質に欠ける者が公職に就くと仕事の能率が下がるために無駄が生じて、やはり政府支出が拡大することになります。つまり、ベンサムにとっては道徳性そのものが重要なのではなく、道徳的で資質のある者が公職に就いたほうが無駄遣いがなくなり行政能率が上がって政府支出が縮小されるからよい、という議論です。

❸ ×　「抵抗権」を主張したのは、T.ホッブズではなくJ.ロックです。ホッブズは「いかなる絶対的政府も、あらゆる無政府状態に勝る」との立場から主権の絶対性を主張して、人民による「抵抗権」や「革命権」を認めていません。

❹ ×　「自然法上の権利を、絶対君主に対しても全面的に譲渡することはできない」という記述が誤りです。国際法の父とされるH.グロティウスの主著『戦争と平和の法』は、フランス国王ルイ13世に献呈されており、その中で彼は、「自分たちを支配する権利を、少しの留保もなく、一人または若干の人々に委譲する」ことは認められると主張しています。ただ、これはかなり発展的な内容なので、ここでは「グロティウスは自然法に基づく国際法思想の父」とだけ覚えておきましょう。

❺ ×　立法・司法・行政の三権分立を提唱したのは、C.L.モンテスキューです。ロックの権力分立論には**司法権**は登場せず、また行政権（執行権と連合権）に対して**立法権が優位**に立つ形で構想されています。

3 大衆社会と民主主義

学習のポイント

・社会主義については稀に出題される程度ですが、マルクスについては最低限押さえておきましょう。

・シュミット、シュンペーターについては、頻度はそれほど高くありませんが、各試験で定期的に出題が見られます。

1 社会主義

社会主義とは、文明社会における貧困や不平等の存在、資本家と労働者の対立に目を向け、これらが人間の道徳的社会的発展を阻害していると主張し、経済制度の再編を唱える立場をいいます。

(1) サン＝シモン

フランスの思想家**サン＝シモン**（1760～1825）は、歴史は、①神学的（軍事的）段階、②形而上学的段階、③産業的段階へと発展し、現在は最終段階の産業的段階にあるとしました。産業的段階では、**産業者**（科学者、商人、銀行家、技師、職人など）という産業社会時代のエリートが社会を組織するとし、**中央集権**的な体制を構想しました。

(2) フーリエ

フランスの思想家**C.フーリエ**（1772～1837）は、**農業**を中核とした自己完結的な共同体（ファランジュ）を構想しました。そこでは、私有財産を否定せず、平等の実現も目的としない「労働における協力」を求め、**分権的な体制**を主張しました。

(3) オーウェン

イギリスの実業家であった**R.オーウェン**（1771～1858）は、**人間の性格は環境の産物**であり、環境を変えることで性格を変えることができるとしました。実際には、自らが所有する工場内に「性格形成学院」という学校を作り、労働者の子弟の教育に配慮しました。また、利潤と営利活動を否定した共同体（協同組合）を目指して、1825年にはアメリカのインディアナ州に「**ニューハーモニー平和共同体**」（共産社会）を創設するも失敗に終わりました。

⑷ マルクス

ドイツの経済学者・哲学者**K.マルクス**（1818～83）と**F.エンゲルス**（1820～95）は、著書**『資本論』**や**『共産党宣言』**で知られています。彼らはマルクス主義以前の社会主義を「**空想的社会主義**」（**ユートピア的社会主義**）にすぎないと批判しました。そして、マルクス主義の社会主義（共産主義）だけが「**科学的社会主義**」であるとし、**下部構造**（経済構造）が**上部構造**（法律や道徳などのイデオロギー）を規定しているとする**唯物史観**を主張しました。

唯物史観によれば、あらゆる社会では階級対立が発生し、それとともに公権力は、支配階級による被支配階級の抑圧という機能を果たします。

近代市民国家では、**ブルジョアジー（資本家）**対**プロレタリアート（労働者）**という**階級対立**が発生しており、国家は労働者を抑圧する手段にすぎません。そこで、共産主義革命により、生産手段を公有化し、階級対立なき共同体が実現すれば、**国家は消滅する**と考えました。

確認してみよう

1 フーリエは、農業を中心とした「ファランジュ」という生活共同体の創設を唱え、「ファランジュ」の住民には衣食住が十分に保障されているため、私有財産は一切必要ないとした。都Ⅰ2004

1 ⑵ 参照 ×

フーリエの唱えた共同体では私有財産は認められています。

2 オーウェンは、人間の性格は環境によって形成されると唱え、「性格形成学院」という名の学校を創設し、また、私有財産のない協同組織である「ニューハーモニー村」を建設したものの失敗に終わった。都Ⅰ2004

1 ⑶ 参照 ○

イギリス最大の紡績工場の支配人だったオーウェンは、自らの工場での労働条件向上と労働者教育に尽力し、イギリス労働組合運動の父とも呼ばれています。

2 シュミットの議会批判

(1) 背 景

ドイツの公法学者**C.シュミット**（1888～1985）は、ヒトラーが政権を掌握するとナチ党に入党し、ナチスを理論的に正当化しました。

(2) 友敵論

著書**『政治的なものの概念』**において、そもそも政治とは**「友と敵」**を決定することにあるとし、政治の本質は戦争や内戦といった**例外状況**（非常時）に現れると考えました。

(3) 議会制民主主義批判

ワイマール共和政における議会政治の混乱（小党乱立による国家意志の不統一）を指摘し、自由主義・多元主義に基づく議会は「永遠の対話」を繰り返し、結論を先送りするだけと批判しました。

(4) 民主主義と議会主義

シュミットによれば、**民主主義**とは本来「**治者と被治者の一致**」という「**同一性の原理**」に基づくものであり、「**民主主義と議会主義は無関係である**」としました。政治においては、国家の意思を統一し、即座に**決断**を下すことが重要であるが、人民が十分な教養水準に達しておらず決断を下せない場合には、民主政を守るために大統領による**一時的な独裁（委任独裁）は正当化される**とし、「**独裁と民主主義は両立する**」と論じました。

	委任独裁（合憲的独裁）	**主権独裁**（超憲法的独裁）
概要	現行憲法維持のために一時的に独裁	既存の憲法秩序を破壊し、新たな憲法制定
事例	古代ローマ共和政の護民官	ピューリタン革命のクロムウェル

確認してみよう

① C.シュミットは、古代ギリシアの民会のような直接デモクラシーに対する要求は、一見したところデモクラシーを深化させるようでいて、実際には独裁につながるためのものとして拒否すべきであるとして、議会主義の重要性を主張した。国税・財務2012

2 (3) 参照 ×

シュミットは議会主義を批判しました。

3 シュンペーターの手続的民主主義

(1) 背 景

第一次世界大戦期以降は、ファシズムや共産主義による代議制民主主義に対する批判が活発化していました。オーストリアの経済学者**J.シュンペーター**（1883～1950）は、この**代議制民主主義を擁護**するために従来の民主主義論を大きく見直そうとしました。

(2) 民主主義論

古典的な民主主義は、その本質を「人民による自己決定」だと考え、それによって「公益」が実現されるとしますが、シュンペーターはこれを現実的でないと批判しました。そこで、彼は**代表選出という手続こそ民主主義**（**手続的民主主義**）であるとし、**人民の役割は「政府を作ること」に限定され、政治の主な担い手は政治家である**と考えました。

(3) エリート民主主義

シュンペーターの議論は、ルソー的な民主主義観を否定して現実的な民主主義を提示するものでしたが、人民の直接的な政治参加に否定的な側面があることから、**「エリート民主主義」**と称されます。

補足

より現実的な民主主義を構想した点でシュンペーターとダールは共通していますが、シュンペーターは人民の政治参加を選挙に限定して考えたのに対して、ダールは圧力団体の活動など選挙以外のさまざまな政治参加のあり方を肯定的に捉えているという点に特徴があります。

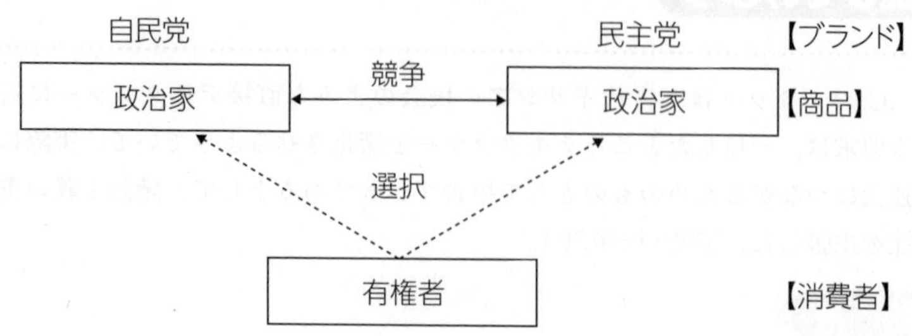

4 マクファーソンの参加民主主義

(1) 背　景

1960～70年代前半、市民運動・学生運動などによる体制批判が展開され、政治に対する直接参加が志向されるようになりました。

(2) 参加民主主義

カナダの政治学者C.B.マクファーソン（1911～87）は、シュンペーターやダールの民主主義論は、政府に影響を与えようとする多元的エリート間の競争と考える立場であるとして、これを**均衡的民主主義**と呼んで批判しました。そこで、全員がすべての決定作成に直接かつ平等に参加すると考える立場である**参加民主主義**を主張しました。ただし、大規模社会では、完全な直接民主主義は不可能であるため、**地域や職場レベルでの直接民主主義と間接民主主義の混合**を構想しました。

5 コーンハウザーの大衆社会論

(1) 概　要

アメリカの社会学者W.コーンハウザー（1925～2004）は著書『**大衆社会の政治**』において、社会内における「中間集団」の働き方によって、社会を四つの類型に分類できるとしました。社会学における中間集団とは、個人と社会（国家）の中間に位置し、両者を媒介する各種集団のことであり、具体的には地域団体、学校、企業、政党、宗教団体、マス・メディアなどを指します。

⑵ 社会の四つの類型

コーンハウザーは、次の二つの基準で社会を四つに類型化しています。

① 非エリートの操縦可能性

非エリート（庶民）がエリートによる操縦を受ける程度をいいます。

② エリートへの接近可能性

非エリート（庶民）がエリートの選出に関わる程度をいいます。

◆社会の四つの類型

		非エリートの操縦可能性	
		低	高
エリートへの接近可能性	低	共同体社会 (操作回避)	全体主義社会 (大衆操作)
	高	**多元社会** (操作回避)	**大衆社会** (大衆操作)

共同体社会	・前近代社会（身分制社会）、地縁・血縁重視の社会を念頭においた類型で、身分制度を前提にしている点で「接近可能性」は低い ・他方で、民衆は血縁や共同体にしっかり結びつけられているために王や貴族が民衆を動員することも非常に難しいという点で「操縦可能性」も低い
全体主義社会	・全体主義社会の典型例であるナチス政権時代のワイマール共和国（ドイツ）では、ヒトラーが独裁体制を敷いていて、ナチス以外の政党は法律的に禁止されていたため「接近可能性」は低い ・他方で、ヒトラーはマス・メディアなどを駆使して民衆を動員していたため「操縦可能性」は高い
多元的社会	・中間集団が機能している自由民主主義社会で、民主主義・業績主義の確立により、民衆は選挙等でエリートをコントロールでき、自分自身がエリートになることもできる点で「接近可能性」は高い ・他方で、社会集団が多元的で、それぞれの価値観を担保する中間集団が並び立つため、民衆はエリートに操作されにくい点で「操縦可能性」は低い
大衆社会	・不安定な自由民主主義社会で、民主主義・業績主義により民衆がエリートへ接近する可能性が確保されている点で「接近可能性」は高い ・中間集団が弱体化しているために民衆は自立性・自律性に欠けている点で「操縦可能性」も高い ・第一次世界大戦後のドイツのように全体主義社会に移行する危険性がある

ヒント

表に見られるように、エリートへの接近可能性が高い点では「多元社会」と「大衆社会」は共通していますが、多元社会は中間集団が強いため非エリートの操縦可能性が低いという特徴が見られます。

現代民主主義の見取り図

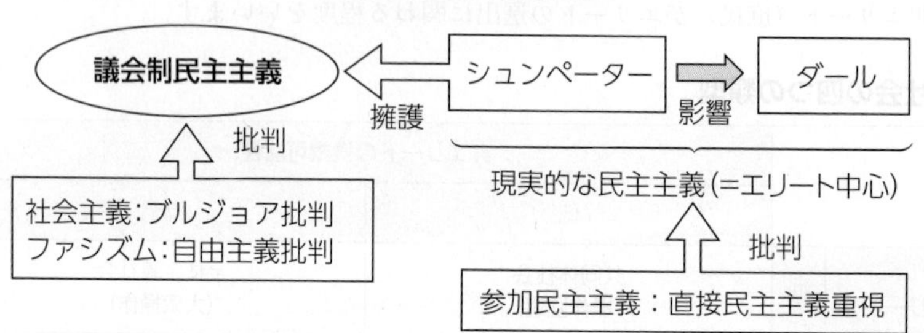

過去問にチャレンジ

問題1
★

イデオロギーに関するA～Dの記述のうち、妥当なものを選んだ組合せはどれか。

区Ⅰ2006

A 自由主義は、トマス＝モアが、その著書「ユートピア」において、人間の自由を個人の普遍的な権利として位置付け、絶対的恣意的権力からの自由を主張し、国家権力を否定することで個人の自由が完全に実現されるとする政治思想として成立した。

B 保守主義は、古くから漠然とした形で存在していたが、自由主義の挑戦によって自覚的な政治思想となったもので、その代表者であるバークは、社会の変化は、具体的な試行錯誤を経た経験的思慮の宝庫である伝統を足がかりに、漸進的に進められるべきであるとした。

C 社会主義は、生産手段の社会的所有をめざす労働者階級のイデオロギーとして、エンゲルスにより唱えられたが、サン＝シモンは、エンゲルスの社会主義を空想的社会主義と呼び、理想社会を描いているにすぎないと批判して、科学的社会主義を確立した。

D ファシズムは、狭義ではイタリアにおけるムッソリーニ指導下の政治体制やイデオロギーをいうが、広義では民族主義的急進運動をいい、個人主義の全面否定が特徴であり、一党独裁による指導者と被指導者との一体化を図る指導者原理が基本となる。

❶ A B
❷ A C
❸ A D
❹ B C
❺ B D

【解答・解説】

正解 ❺

Cが誤りであることはすぐにわかるでしょう。あとは、BとDは明確な誤りが見当たらないのに対して、Aは「トマス・モアって、そんな議論をしていただろうか」という内容で、自信を持って妥当だといえませんから、組合せで❺が選べます。Dのファシズムについては、第2章第4節で扱いました。

A ×　自由主義は17～18世紀の市民革命の時代以後に出現した理念とされていて、トマス・モア（1478～1535）の時代にはまだ明確な政治思想として成立していませんでした（実際に「自由主義」という言葉が流通したのは19世紀とされています）。彼は『ユートピア』において、自然法と宗教に基づいた倫理原則が支配する私有財産の存在しない原始共産社会を理想社会として描いていますが、問題文のような自由主義思想は展開していません。

B ○　イギリスの政治家・思想家であるE.バーク（1729～97）は、『フランス革命の省察』において、急進的な自由主義革命とされるフランス革命を批判して、貴族社会の保守的・歴史的な伝統を足がかりとして漸進的に社会が変化するべきであると主張しています。

C ×　「エンゲルス」と「サン＝シモン」が逆になっています。F.エンゲルスは、C.サン＝シモンらの社会主義を空想的社会主義と呼び、理想社会を描いていると批判して、科学的社会主義を確立しました。エンゲルス（1820～95）やK.マルクス（1818～83）は、サン＝シモン（1760～1825）よりも半世紀以上後に活躍した人物ですから、サン＝シモンがエンゲルスを批判することはあり得ません。

D ○　ファシズムは、狭義ではイタリアにおける1922～42年のムッソリーニ支配体制を指しますが、広義では、民族主義的な急進運動・イデオロギー・体制の全般を指しています。「広義のファシズム」は、ムッソリーニの体制以外に、ドイツのナチズムや日本の天皇制ファシズムなどを含み、スターリニズムとともに「全体主義体制」の代表的な類型の一つとされています。

問題2 ★ **シュンペーターの民主主義論に関する記述として、妥当なのはどれか。**

区Ⅰ2007

❶ シュンペーターは、自由を確保するためには民主主義的な政治制度が確立される必要があると考え、自由主義と民主主義を積極的に結びつけようと試みた。

❷ シュンペーターは、民主主義の一つの重要な特性は、市民の要求に対して政府が政治的に公平に、常に責任をもって答えることであるとした。

❸ シュンペーターは、民主主義的方法とは、政治的決定に到達するために、個々人が人民の投票を獲得するための競争を行うことによって決定力をうるような制度的装置であるとした。

❹ シュンペーターは、人民は、政策決定能力をもち指導者となりうる人材を選挙で定期的に選ぶ能力があるとともに、個々の政策決定に関わる能力も十分に備えているとした。

❺ シュンペーターは、民主社会には専制権力を立ち上げる潜在的な傾向があることを指摘し、少数派の自由が多数派に無視されたり侵害されたりする事態を多数派の専制と呼んで、その危険を警告した。

【解答・解説】

正解 ❸

定番の論点が並んだ問題であり、正解肢も明確なので一本釣りできるでしょう。

❶ ×　これは、A.トクヴィルに関する記述です。J.シュンペーターは、民主主義と民主主義的方法を峻別するなど、理念と制度装置としての民主主義の違いを明確にする議論を展開していて、自由民主主義論のような規範的な民主主義理解から距離をとった理論を提示しています。

❷ ×　これは、R.ダールによる（理想としての）民主主義の定義です。それに対してシュンペーターの民主主義論では、市民の役割は**決定主体の選出**に限定されていて、個々の政策内容や政策決定は、市民の要求に直接応えるのではなく、専門家集団によるエリート主義的な形が望ましいとされています。

❸ ○　このようなシュンペーターの民主主義論は、合理的選択理論のような経験実証主義的立場からの民主主義研究の進展に大きく貢献しました。

ヒント

ややわかりにくい記述ですが、ここでいう「個々人」とは政治家のことです。政治家は人民の投票を得るための競争にさらされ、人民は票を投じることによって政治的決定に影響を及ぼす力を持っていることになり、そうした代議制の手続が民主主義的方法なのだという、シュンペーターの考えに合致しています。

❹ ×　シュンペーターのエリート主義的民主主義論では、人民自身は個々の**政策決定に関わる能力はなく**、個々の政策決定はあくまで専門家や政治リーダーによって担われるものとされています。

❺ ×　これもトクヴィルに関する記述です。「多数派の専制」という記述で判別できます。

問題3 ★ シュンペーターの民主主義論に関する記述として、妥当なのはどれか。

区Ⅰ 2012

❶ シュンペーターは、合理的な人民や一般意志の存在を前提とした上で、民主主義は、その意志の実現に努める代表を選ぶことによって、自己の意見を実行に移そうとするものであるとした。

❷ シュンペーターは、社会が多元的な要素を持ち多党制をとっている国々でも、各集団の指導者の協同的な姿勢と行動によって安定したデモクラシーの維持は可能であるとし、それを多極共存型デモクラシーと呼んだ。

❸ シュンペーターは、「アメリカのデモクラシー」を著し、民主主義の進展を歴史的必然としながら、民主主義という制度には、多数者が数の力で少数者の権利を蹂躙（じゅうりん）する多数者の専制をもたらす危険が内在するとした。

❹ シュンペーターは、民主主義の制度の第一義的な目的は政治問題の決定を行うべき者を選挙することにあり、人民の役割は政府をつくること、ないしは国家の行政執行府または政府をつくり出すべき中間体をつくることにあるとした。

❺ シュンペーターは、平等な自由を確保するためには民主主義的な政治制度を発展させる必要があるとし、対立関係にあった自由主義と民主主義を積極的に結びつけようと試みた。

【解答・解説】 正解 ❹

正解肢にはやや細かい内容も書かれていますが、それ以外の選択肢の誤りがわかりやすいので、消去法で解けるでしょう。❷は第２章第４節で学習した内容が含まれています。

❶ ×　J.シュンペーターは、合理的な人民や一般意志の存在を想定することは非現実的だとしています。そして民主主義とは、人民の意志を実現するための制度ではなく、決定を行う指導者を選出するための制度であり、決定自体は指導者に任せるべきとしました。

❷ ×　これは、A.レイプハルトに関する記述です。「多極共存型デモクラシー」という記述で判別できます。

❸ ×　これは、A.トクヴィルに関する記述です。「『アメリカのデモクラシー』」、「多数者の専制」という記述で判別できます。

❹ ○　シュンペーターは、自由や平等を達成するための民主主義という考えから脱却し、民主主義を人民の投票を獲得するための競争を行うことによって決定力を得るような制度的装置であるとしました。

❺ ×　これも、トクヴィルに関する記述です。「対立関係にあった自由主義と民主主義を積極的に結びつけようと試みた」という記述で判別できます。トクヴィルの時代は「自由主義と民主主義は両立しない」という考え方が一般的だったからこそ、このような議論が有効でしたが、シュンペーターが活躍した20世紀前半になると「自由民主主義」は一般化していましたから、「敵対関係にあった」とはいえません。

問題4　デモクラシーに関する記述として、妥当なのはどれか。

★★

区Ⅰ2015

❶ 古代ギリシアにおけるデモクラシーは、大規模な都市国家で行われ、政治参加の権利は市民権を持つ成人男女に平等であり、間接民主主義がとられていた。

❷ 参加デモクラシーでは、議会主義における間接民主主義をとっており、市民の政治参加は選挙での投票参加に限定される。

❸ レーニンは、「自由民主主義は生き残れるか」を著し、自由主義から国民主権の考えを取り入れ、民主主義から法の支配、少数者の権利尊重、言論・思想の自由、権力分立などの諸原則を取り入れた。

❹ マクファーソンは、「アメリカにおけるデモクラシー」を著し、対立関係にあった自由主義と民主主義を結びつけ、自由民主主義への道を拓いた。

❺ シュンペーターは、「資本主義・社会主義・民主主義」を著して、旧来の民主主義論を批判し、決定を行うべき者を選挙することを第一義的なものとし、選挙民による問題の決定を第二議的たらしめるという新しい理論を唱えた。

【解答・解説】

正解 ❺

やや細かい内容もありますが、正解肢が明確なので一本釣りできるでしょう。

❶ × 古代ギリシャの都市国家（ポリス）の規模は、アリストテレスが「一目でよく見渡すことのできる範囲」と表現したように**小規模**なものでした。また、そこで見られたデモクラシーは**直接民主主義**であり、政治参加の資格を持つ市民は、**女性や奴隷を除いた成人男子**に限られていました。

❷ × 参加デモクラシー（参加民主主義）とは、市民の政治参加を選挙での投票参加に限定するのではなく、市民の直接的な政治参加も組み合わせて実現しようとするものです。

❸ × 自由主義から取り入れた内容と民主主義から取り入れた内容が逆になっています。なお、『自由民主主義は生き残れるか』を著したのは、V.レーニンではなくC.マクファーソンですが、こちらは覚える必要ありません。自由主義と民主主義それぞれの内容で誤りだとわかるでしょう。

❹ × 『アメリカにおけるデモクラシー』を著して自由民主主義への道を拓いたのは、マクファーソンではなくA.トクヴィルです。

❺ ○ J.シュンペーターは、選挙民による問題の決定を第一義、決定を行うべき者を選挙することを第二義だとする古典的民主主義論を批判して、優先順位を逆に捉えました。

問題5　民主主義の理論に関する記述として、妥当なのはどれか。

★★

都Ⅰ2005

❶ トクヴィルは、19世紀前半のアメリカ社会の観察をもとに「アメリカにおけるデモクラシー」を著し、民主社会のもつ平等化への強い圧力には、専制権力を生み出す潜在的な傾向があることを指摘した。

❷ 吉野作造は、民本主義を唱えて、国家の主権が政治上及び法律上国民にあることを主張するとともに、自由民権運動の中心となって普通選挙の実現に努めた。

❸ シュンペーターは、民主主義は人民の意志を具現するための制度的装置であるとし、職業政治家集団による政治を否定して、直接民主主義を主張した。

❹ マクファーソンは、自由民主主義を防御的民主主義、発展的民主主義、均衡的民主主義及び参加民主主義の4モデルに分類した上で、均衡的民主主義を最も高く評価し、大規模社会において直接民主主義を実現すべきと主張した。

❺ アーモンドは、オランダやスイスなどヨーロッパの小国の政治の実態分析を通して、多極共存型民主主義の理論を提示し、文化的多元性を呈する社会においても安定した民主主義が可能であることを主張した。

【解答・解説】

正解 ❶

これもやや細かい内容もありますが、正解肢が明確なので一本釣りできるでしょう。

❶ ○　A.トクヴィルは、アメリカ社会での「諸条件の平等化」が近代社会の普遍的傾向であると指摘しつつ、この平等化の帰結には「平等な隷属」もありうるとして警鐘を鳴らしていました。

❷ ×　吉野作造の「民本主義」は、天皇制の枠内での改良主義を目指したものでした。そのため、国家の主権の所在を明確に論じることを避けてあえて「民本主義」という訳語を用い、主権の運用において民衆本位の民主主義的改革を唱道しました。

補足

なお、吉野作造は、教養択一の人文科学では比較的出題が見られますが、専門択一の政治学の出題は少ないです。

❸ ×　J.シュンペーターは、大衆民主主義の状況では大衆による**直接民主主義は不可能**であるとともに、民主主義は人民の意志を具現するための**制度的装置ではない**として、職業政治家集団による政治を**肯定**しました。

❹ ×　C.マクファーソンが最も高く評価したのは「参加民主主義」です。また「均衡的民主主義」は、シュンペーターやR.ダールの唱える民主主義（選挙で選ばれた政治的エリートを重視する民主主義）を指しているため、仮に「均衡的民主主義」が妥当だとすると、今度は「直接民主主義を実現すべき」という主張と整合しないことになります。

❺ ×　これは、A.レイプハルトに関する記述です。「多極共存型民主主義」という記述で判別できます。G.アーモンドは、D.イーストンの政治システム理論を応用した政治文化論や比較政治学の分野で構造機能分析の活用を提唱したことで有名な学者です。

問題6 デモクラシーに関する記述として、妥当なのはどれか。

★★

区Ⅰ 2019

❶ トクヴィルは、「アメリカにおけるデモクラシー」を著し、対立関係にあった自由主義と民主主義を結びつけ、自由民主主義への道をひらいた。

❷ マクファーソンは、「資本主義・社会主義・民主主義」を著し、選挙民による問題の決定を第一義的なものとし、決定を行うべき者を選挙することを第二義的なものとした。

❸ ボッビオは、「自由民主主義は生き残れるか」を著し、デモクラシーの理念と現実を区別することが必要との認識にたち、公的異議申立てと参加という次元を組み合わせて両方とも高い状態をポリアーキーとした。

❹ 古代ギリシアにおけるデモクラシーは、小規模な都市国家において、女性や奴隷を含めた全住民による直接民主主義が採られていた。

❺ 参加デモクラシー論では、政治参加には利益集団や住民運動に加入する等の多様な形態があるが、市民の政治参加は選挙での投票参加に限られるとした。

【解答・解説】

正解 ❶

これもやや細かい内容もありますが、正解肢が明確なので一本釣りできるでしょう。

❶ ○　A.トクヴィルは、1830年代のアメリカの観察から、自由主義と民主主義が両立すると論じました。

❷ ×　まず、『資本主義・社会主義・民主主義』は、J.シュンペーターの著作です。さらに、その後の記述は古典的民主主義論の立場ですので、シュンペーターの説明としても誤りとなります。彼は、民主主義の第一義的な意味は決定を行うべき者を選挙することであり、選挙民による問題の決定は第二義的だとしました。C.マクファーソンは間接民主主義を基本としつつ直接民主主義を組み合わせる「参加民主主義」の立場です。

❸ ×　「ポリアーキー」は、R.ダールが提唱した概念です。また、『自由民主主義は生き残れるか』はマクファーソンの著作です。なお、N.ボッビオはイタリアの政治学者ですが、彼自身の学説が公務員試験で出題される可能性は低いので、彼の名前を覚える必要はありません。

❹ ×　「女性や奴隷を含めた全住民」という記述が誤りです。古代ギリシャのポリスで参政権を認められたのは成人（18歳以上）男性の市民のみであり、奴隷や女性は排除されていました。

❺ ×　参加デモクラシー論（参加民主主義）は、議会制民主主義の限界を指摘して、選挙での投票参加に限定せずに、利益集団や住民運動に加入するなどの多様な形態での政治参加を主張しています。

問題7 シュミットの政治思想に関する記述として、妥当なのはどれか。

★★

都Ⅰ2007

❶ 彼は、議会の存在理由は公開性と討論とにあるとし、当時のドイツの議会では実質的に公開された討論が活発に行われていたため、議会主義を積極的に支持した。

❷ 彼は、全体国家を質的に強い全体国家と量的に弱い全体国家とに区分し、第１次世界大戦後における当時のドイツの状況から、ドイツは質的に強い全体国家から量的に弱い全体国家に転換するべきであるとした。

❸ 彼は、政治的なるものを友と敵とを区別することとしてとらえ、自由主義や平和主義を浸透させることにより、政治的なるものを解消しようとした。

❹ 彼は、独裁を委任独裁と主権独裁とに区分し、委任独裁は新たな秩序をつくり出すための独裁であり、主権独裁は既存の法秩序を保持するための独裁であるとした。

❺ 彼は、民主主義の本質は治者と被治者との同一性にあるとし、民主主義は独裁に対する対立物ではないとした。

【解答・解説】

正解 ❺

全体的に細かい内容が続きますが、正解肢は頻出の論点ですので、この機会に覚えておきましょう。

❶ × まず「議会主義を積極的に支持した」という記述が誤りで、C.シュミットは当時のワイマール共和国下での議会制民主主義を批判しています。また彼は、大衆民主主義状況下の現代議会主義では、古典的議会主義に存在した討論と公開性を喪失していると批判しています。

❷ × シュミットは、質的に弱い全体国家から質的に強い全体国家への転換を主張しています。彼は、国家と社会の対立を融和させる当時のドイツの国家状況を指して「経済国家」、「弱い全体国家」と呼び、政治神学の立場から、敵味方の決断を下せない不可知論的国家であると批判しています。これは発展的な内容ですが、シュミットがナチスを理論的に正当化したことを考えれば、「強い全体国家から弱い全体国家へ」という流れは逆だろうと想像できます。

❸ × シュミットは『政治的なるものの概念』において、友と敵という区別に至る緊張の高まりこそが「政治的なるもの」の出現を可能にさせると論じて、自由主義などに見られる非政治性を批判しています。この記述も、ナチスを正当化するシュミットの立場に照らし、「自由主義や平和主義を浸透させる」とは違うだろうと想像できます。

❹ × 委任独裁と主権独裁の説明が逆になっています。委任独裁とは、現行憲法が危機になった場合に、憲法秩序維持のため、憲法上の非常大権に基づいて、特定の人物に権限を集中させるような独裁（現状維持的な独裁）です。一方、主権独裁とは、現行憲法の秩序が全人民（主権者）によって否定された場合、将来実現されるべき新たな憲法秩序を目指して、移行期に採用される独裁（新たな憲法体制を作り出すための独裁）です。

❺ ○ シュミットは民主主義の本質を治者と被治者の「同一性」にあるとして、古典古代に遡る民主主義の伝統と議会主義との異質性を指摘するとともに、民主主義が独裁の対立物ではないと論じています。

問題8 ★ 次の文は、大衆社会の政治に関する記述であるが、文中の空所A～Cに該当する語又は人物名の組合せとして、妥当なのはどれか。

区Ⅰ2019

[A] は、その著書「大衆社会の政治」において、大衆社会を、大衆がエリートに入り込んだり、エリートに影響を及ぼしやすいという「エリートへの接近可能性」が高く、しかも大衆がエリートによって容易に操作されやすいという「非エリートの操縦可能性」も高い社会として特徴づけた。

彼は、大衆社会のほかに、「非エリートの操縦可能性」は高いが、「エリートへの接近可能性」が低い社会を [B] と、「エリートへの接近可能性」は高いが、「非エリートの操縦可能性」が低い社会を [C] とした。

	A	B	C
❶	コーンハウザー	全体主義社会	多元的社会
❷	コーンハウザー	多元的社会	共同体社会
❸	コーンハウザー	共同体社会	多元的社会
❹	マンハイム	多元的社会	共同体社会
❺	マンハイム	全体主義社会	多元的社会

【解答・解説】

正解 ❶

まず、問題文に登場する各種キーワードから、Aに入るのが「コーンハウザー」であることは容易にわかりますので、正解は❶～❸に絞られます。そこでBとCに注目してみると、「共同体社会」は「接近可能性」も「操縦可能性」も両方とも低い社会ですので、BとCのどちらにも該当しないことがわかります。そうなると、❷と❸には「共同体社会」が入っていますので、残る❶が正解となります。

A　「コーンハウザー」が該当します。K.マンハイムは『イデオロギーとユートピア』において「存在被拘束性」の概念を提示した社会学者です。

B　「全体主義社会」が該当します。「共同体社会」は「操縦可能性」も「接近可能性」も両方とも低い社会です。

C　「多元的社会」が該当します。

なお、このような類型の場合、問題文だけ読んでいてもイメージできないことが多いので、本番の試験では問題用紙の空きスペースなどを利用して、手書きで図表を書いてみることをお勧めします。

問題9 ★ 次の表は、コーンハウザーの４つの社会類型を表したものであるが、表中の空所Ａ～Ｄに該当する語の組合せとして、妥当なのはどれか。

区Ⅰ2013

		非エリートの操縦可能性	
		低い	高い
エリートへの接近可能性	低い	A	B
	高い	C	D

	A	B	C	D
❶	共同体社会	全体主義社会	多元的社会	大衆社会
❷	共同体社会	全体主義社会	大衆社会	多元的社会
❸	全体主義社会	大衆社会	多元的社会	共同体社会
❹	全体主義社会	共同体社会	多元的社会	大衆社会
❺	全体主義社会	共同体社会	大衆社会	多元的社会

【解答・解説】

正解 ❶

Aが「共同体社会」でDが「大衆社会」なのは❶だけですから、BとCが全くわからなくても正答にたどり着けます。

A　「共同体社会」が該当します。

B　「全体主義社会」が該当します。

C　「多元的社会」が該当します。

D　「大衆社会」が該当します。

ヒント

R.ダールのポリアーキー論もそうですが、政治学では二つの軸の高低で四つに分類という図表がよく登場します。そこで暗記に苦労する方は、まずは「低・低」の組合せ（ここでは「共同体社会」）と、「高・高」の組合せ（ここでは「大衆社会」）を優先的に覚えるようにしましょう。理由は、第一に、「低・低」と「高・高」は両極端の類型ですから、それぞれの特徴が明確で対比して覚えやすいです。第二に、「低」と「高」の組合せだと、どちらが「低」でどちらが「高」なのか混同しがちですが、「低・低」と「高・高」だと間違える余地がありません。もちろん、最終的には４類型すべてを覚えてほしいのですが、実際の試験では両極端を覚えているだけでも、問題が解けるケースがあります。

民主主義に関する次の記述のうち、妥当なのはどれか。

★★

国般2009

❶ J.A.シュンペーターによれば、民主政治の特質は複数の政治集団が選挙での投票獲得をめぐって競争するという点にあるが、彼は、その競争には具体的な政策を盛り込んだ選挙公約の提示が不可欠であり、政権を獲得した政治リーダーにはその遵守が求められるとした。つまり、政策の決定権はあくまで選挙民にあるべきであって、政治リーダーの役割は限定されなければならないという主張である。

❷ R.ダールによれば、民主政治の特質は多数の集団が政策決定へのアクセスを求めて激しく競い合うという点にある。そして、集団間の競争が最も活発に展開されるのが選挙であり、選挙においては集票力、すなわち集団の規模こそが集団の影響力を測るバロメータとなる。よって、通常の政治過程においては、最大規模の集団が選挙に勝利して、政治権力を独占的に握ることになるという。

❸ T.J.ロウィらの参加民主主義論は、古典的な伝統に立ち返って市民の直接的な政治参加を重視すると同時に、政治参加は自己利益、特に経済的利益を実現するための手段であるという自由主義的な立場をとる。そして、代議制民主主義は個々人の経済的利益を守るためには十分に機能していないため、重要な争点については積極的に国民投票を実施するなど、直接民主主義の手法を取り入れる必要があると主張する。

❹ 多数派支配型の民主主義は、少数派の意向に配慮することよりも、多数派の意向に合致した政治を行うことが民主政治の理念にかなうと考える。G.A.アーモンドによれば、民族や宗教など深刻な社会的対立を抱えているベルギーなどのヨーロッパの小国では、少数派を保護するあまり合意形成に時間を浪費した反省から、迅速な決定を行うべく、多数派支配型の民主主義を採用し、次の選挙までの間、多数派に権力を集中させているところが多い。

❺ A.レイプハルトによれば、多数派による支配は多数派の独裁を招き、結果として民主政治そのものを危機に陥れるとして、合意型の民主主義は少数派の保護を指向する。具体的には、選挙制度には少数派の代表性を確保する比例代表制が採用され、重要事項の決定は多数決ではなく全会一致とすることが基本とされる。さらに、大連立にみられるように多くの政党が政権に参加するなどの特徴をもっている。

【解答・解説】

正解 ❺

民主主義に関するキーワードの組合せを覚えているだけでは難しいですが、学説を適切に理解していれば解ける問題です。

❶ ✕　「政策の決定権はあくまで選挙民にあるべき」という記述で、明らかに誤りだとわかります。J.シュンペーターは、民主政治の特質は、人民の意志を実現することではなく決定を行う指導者を選出することにあり、決定自体は指導者に任せるべきとしています。そのため、「公約の提示が不可欠」であり「政治的リーダーにはその遵守が求められる」、「政治リーダーの役割は限定されなければならない」という主張にはなりません。

❷ ✕　R.ダールは、多元主義的な権力観を示した人物であり、「通常の政治過程においては、最大規模の集団が選挙に勝利して、政治権力を**独占的に握る**」という主張とは逆の立場になります。また、ダールは選挙以外の政治参加の場面も想定しています。

❸ ✕　これは、C.マクファーソンに関する記述です。それに対してT.J.ローウィ（ロウィ）は、多元主義的民主主義論を批判して、アメリカの現状を「利益集団自由主義」と批判したことで知られています。

❹ ✕　❺で説明されているように、ベルギーのような欧州の小国では、少数派に配慮する合意型の「多極共存型デモクラシー」の形態を採っているとされています。なお、多極共存型デモクラシーを唱えたのはオランダ出身のA.レイプハルトで、G.A.アーモンドは政治システム論による政治文化の比較研究で著名です。

❺ ○　レイプハルトは、合意型の民主主義の例として、ベルギー、オランダ、スイスなどを挙げています。

問題11　民主主義に関する次の記述のうち、妥当なのはどれか。

★★

国税・財務2019

❶ J.シュンペーターは、大多数の有権者は、自分の日常からかけ離れた国家レベルの問題について、現実味のない遠い世界のものだと感じているが、一方で、公共の利益を念頭に投票行動を行うことは可能だと述べた。このような投票行動の動機を「作られた意志」と呼び、これは「人民主権」に基づく民主政を理想とする考え方と親和的であるとした。

❷ J.-J.ルソーは、私的・個別的利益を追求する「特殊意志」の総和である「一般意志」という概念を提示した。そして、この「一般意志」を前提とした場合、国家を運営するためには、その構成員の高い道徳的資質は要求されず、個々の利益の総和である多数決によって運営されれば足りるとした。

❸ A.トクヴィルは、「多数の暴政」という概念を提示し、民主主義という制度には、民主的正統性のない少数者が多数者の権利を蹂躙する危険が内在することを警告した。そしてこの危険を減少させるためには、少数者が多数者を脅かす可能性の高い、小さな共同体で運営される分権的な政体よりも、中央集権のほうが優れていると主張した。

❹ J.S.ミルは、政府に国民の集団的利益の管理を全て任せてしまうような状態を「優れた専制政治」と規定し、理想の政体とした。一方、代表制民主主義は、全ての国民が議会という場を通じて自らの利益を追求し、意思決定の集約ができなくなるという点で、無意味で危険な政体であり、その観点から普通参政権、特に女性参政権には反対した。

❺ R.ダールは、米国の現実の民主政を「ポリアーキー」と名付けた。そして「ポリアーキー」においては、ばらばらの個人ではなく、利益を共にする者の間で組織された複数の集団が相互に交渉しつつ、議会における最終的な決定に至るまでの様々な過程に影響力を行使することになるとした。

【解答・解説】

正解 ❺

文章は長めですが、それぞれの選択肢の誤りは明確なので、比較的解きやすい問題です。

❶ ×　J.シュンペーターの主張とは全く逆の内容となっています。シュンペーターは、市民が「公共の利益を念頭に投票行動を行う」と考えることは現実的でなく、ルソーのいうような「人民の意志」（一般意志）と称するものもあてにならず、それはしばしばコントロールされた結果としての「作られた意志」にすぎないとして、人民主権は現実的でないと批判しています。

❷ ×　まず、「『特殊意志』の総和である『一般意志』」という記述が誤りです。特殊意志の総和は「全体意志」であり、一般意志は特殊意志の総和を超えた普遍的・公共的な意志となります。そのため、市民の公共精神の涵養が不可欠な条件とされていて、構成員の高い**道徳的資質が要求されます**。さらに、「多数決」も誤りで、**個々の利益の総和を超えた一般意志**によって国家が運営されるというのがJ.-J.ルソーの主張となります。

❸ ×　まず「少数者が多数者の権利を蹂躙」という記述が誤りで、「多数の暴政（専制）」は、逆に「多数者が少数者の権利を抑圧する」という概念です。また、「中央集権のほうが優れている」という記述も誤りです。A.トクヴィルは、民主主義と自由主義の両立の条件として住民自治を挙げていて、地方自治の重要性を説いています。

❹ ×　J.S.ミルの主張とは全く逆の説明になっています。まず、ミルは最善の政体は民主政または代議政であるとしています。彼によれば、国民の集団的利益を適切に管理する政府があったとしても、それは国民の自助を失わせるもので、国民の「精神的な活力」を失わせることになると批判しています。また、彼は普通選挙の実現を唱えており、女性参政権にも積極的でした。

❺ ○　R.ダールは「現実の民主制」をポリアーキーと呼び、その特徴として複数の集団による交渉や競争に注目しています。

問題12　**政治思想に関する次の記述のうち、妥当なのはどれか。**

★★

国般2009

❶　A.スミスは、J.S.ミルの功利主義の影響を受けて、私的利益を追求する個人の経済活動が、あたかも神の「見えざる手」に導かれるようにしておのずと調和へ至ると考えた。また、スミスは、各人が自己の利益を自由に追求するためには、国家の機能を国防、司法などに限定し、あらゆる特権や制限を撤廃すべきであると主張した。

❷　T.ホッブスは、国家や制度が存在する以前の段階において、人類が自己保存のための自然権を正当に行使し、平和と秩序を保っていたと考えたが、さらに人類が発展するためには、国家による管理が必要不可欠であると考え、個人の所有権を制限すべきであると主張した。

❸　英国の名誉革命について分析したJ.ボダンは、国家を他の諸団体から決定的に区別するためのメルクマールとなる主権の概念を唱えた。ボダンによると、主権は、国家の絶対的かつ恒久的な権力として存在し、いかなる神法・自然法の拘束を受けることもない。

❹　G.ヘーゲルは、国家とは別に、政治性・権力性を持たない私人間の関係としての社会を認識し、これを市民社会と呼んだ。また、K.マルクスは、ヘーゲルからこの概念を継承しつつ、市民社会が人間の自由な活動を可能にする領域となる点を高く評価し、来るべき理想社会において実現されるべきものであると考えた。

❺　E.バークは、古くから存続してきたものはそれだけ自然で人間性に適したものであり、伝統と慣習とに従っていくことによってこそ政治秩序は存続し得ると考え、フランス革命において、人々が社会の自生的な発展を暴力的に断ち切って、人為的に制度を構築しようとしたことを批判した。

【解答・解説】

正解 ❺

❶と❸は、時代のズレを間違いにしています。政治思想家の厳密な生没年を覚える必要は全くありませんが、大まかな前後関係は把握しておきましょう。

❶ ✕　A.スミス（1723～90）は、J.S.ミル（1806～1873）の誕生前に亡くなっています。また、スミスは無政府主義者ではなく、限定的ですが国家の役割も想定する点で、「あらゆる特権や制限を撤廃すべき」は言いすぎです。

❷ ✕　「平和と秩序を保っていた」、「個人の所有権を制限すべき」という記述が誤りです。まずT.ホッブズは、国家や制度が存在する以前の段階（「自然状態」）では、各人は自己保存のための自然権を行使する結果、戦争状態（「万人の万人に対する闘争状態」）に陥るとしています。また、J.ロックと違ってホッブズの描く戦争状態としての自然状態では「所有権」が成立する余地はなく、「制限」以前の状態です。

❸ ✕　まず、「いかなる神法・自然法の拘束を受けることもない」という記述が誤りです。J.ボダンは、「主権とは国家の絶対的かつ恒久的な権力である」と定義するものの、神法・自然法・王国基本法による制約は受けるとしています。また、彼は16世紀に活躍したフランスの思想家ですから、17世紀末の英国の名誉革命を分析できません。

❹ ✕　K.マルクスは、市民社会の経済原理である資本主義は、資本家と労働者の階級対立を生み出すとして、市民社会を否定的に捉えています。

補足

ここでの「市民」は、一般大衆ではなく裕福な平民層（ブルジョアジー）を指します。ヘーゲル自身、市民社会を、利益を媒介とする「欲望の体系」と捉えています。マルクスの立場からすると、市民社会は、ブルジョアどうしが自己利益最優先で欲望のままに競争して格差が生じている場であり、「理想社会において実現されるべきもの」などと考えるはずがありません。

❺ ○　E.バークの保守主義の核心は、「人間の理性の限界に対する謙虚さ」です。フランス革命は人間の理性の限界をわきまえずに全面的に制度を構築し直そうとした「頭でっかちな革命」であり、それゆえに失敗したと彼は考えています。

民主主義に関する次の記述のうち、妥当なのはどれか。

★★★

国般2012

❶ ルソーは、『社会契約論』においてフランスの絶対君主制を強く批判したが、当時流行していた急進的な人民主権論には懐疑的な立場をとり、さらには、英国の国民を想定しつつ、「選挙の期間中には自由であるが、選挙が終わってしまえば奴隷の身分となる」と述べるなど、代表制民主主義にも信頼を置かなかった。彼が最も重視したのは、絶対的な君主権力への抑止力としての貴族とブルジョアジーの存在であった。

❷ J.S.ミルは、デモクラシーと自由主義の橋渡しに努力した理論家であり、彼によれば、デモクラシーは、自由という目的を実現するための手段として位置づけられる。さらに彼は、個人の権利と利益の擁護という自由主義の理念を貫徹するためには、全ての市民が政治的意思決定に参加する権利を持つ必要があり、選挙権なくして個人の自由は保障され得ないとして、普通選挙制度の実現を強く訴えた。

❸ トクヴィルは、ニューディール期の米国を観察し、英国政治との比較の観点から、米国のデモクラシーを高く評価した。彼は、英国流のデモクラシーには、多数者が数の力で少数者の権利を蹂躙する「多数の暴政」をもたらす危険が内在していると指摘し、議院内閣制の下での小選挙区制の導入は、一つの政党に立法権と行政権を同時に与え、特にその執行部に強大な権力を与えることになるため、独裁政治を招く懸念があると指摘した。

❹ シュンペーターによれば、デモクラシーの本質は「人民による統治」ではなく「政治家による統治」であり、主導権を握るべきは有権者ではなく政治家であるとした。同時に、彼は、普通選挙制度が導入されて大衆の政治参加が進む中にあっては、政治家が特定の社会階層に限定されるのは望ましくなく、一般の大衆が候補者として選挙に参加し、さらには政治家として選出されることこそがデモクラシーにかなうと主張した。

❺ レイプハルトは、オーストリアやオランダなどを例に、政治文化の分断を抱えた多民族国家であっても、比較的安定した民主政治を維持している国があることに注目し、これらの国々ではいずれも、立法権と行政権の分立を徹底する観点から大統領制を導入し、少数派に議席獲得の機会を保障する観点から比例代表制を導入していると指摘した。そして、この二つの条件を満たす国々の政治を多極共存型デモクラシーと呼んだ。

【解答・解説】

正解 ❷

正解とされる❷の記述も微妙ですが、他の選択肢が明らかに間違いなので消去法で❷が正解になります。消去法で解くことに慣れておきましょう。

❶ ×　まず「人民主権論には懐疑的」という記述が誤りです。むしろ、J.-J.ルソーこそが急進的な人民主権論者とされます。また、「最も重視したのは、絶対的な君主権力への抑止力としての貴族とブルジョアジーの存在」という記述も誤りです。ルソーは、各人が同じ立場で一丸となって参加する政治共同体の設立を主張していたわけですから、貴族という身分を前提にした議論をするはずがありません。

❷ ○　細かいことをいうと、J.S.ミルは原則としては普通選挙制に賛成しつつも、読み書き計算能力のない者に選挙権を与えることには反対していたので、「普通選挙制度の実現を強く訴えた」というのは強すぎる言い方で、「普通選挙制度の実現に前向きだった」程度が妥当なのですが、他の選択肢が明らかに誤りなので、消去法でこの選択肢が正解となります。

❸ ×　A.トクヴィル（1805～59）は、**19世紀**に活躍した**フランス**の政治思想家であり、彼が訪れたのは、ニューディール期（1930年代）ではなく、ジャクソニアン・デモクラシー期（1830年代）のアメリカです。また彼は、英国よりも母国フランスと比較してアメリカ社会を論じています。

❹ ×　第２文が誤りです。エリート民主主義に位置づけられるJ.シュンペーターは、一般大衆は具体的な政策決定をする能力を持たないと捉えていますので、大衆自身が政治家として選出されることは望んでいません。

❺ ×　「大統領制を導入」という記述が誤りです。オランダは議院内閣制を採用しています。また、オーストリアは議院内閣制または半大統領制とされていますが、いずれにせよ純粋な大統領制ではありません。**ヨーロッパの国々の中で**（半大統領制の国はありますが）**アメリカ型の純粋な大統領制を採用する国は一つもない**ことは覚えておきましょう。

問題14 民主主義に関する次の記述のうち、妥当なのはどれか。

★★★

国般2016

❶ ピューリタン革命期の水平派（レヴェラーズ）は、人民こそが世俗の一切の政治的権威の源泉であるという理念の下に、革命議会の議員は全ての成年の男性及び女性による普通選挙によって選ばれなければならないという人民主権論を展開した。

❷ J.J.ルソーは、国家は私的な意志の総和を超えた一般意志によって運営される必要があるとして代表制を批判し、人民全員が政府の立法及び行政活動に直接関与しなければならないとする急進的な民主主義論を展開した。

❸ J.S.ミルは、個人の権利と利益の擁護という自由主義の理念を貫徹するためには、全ての市民が政治的意思決定に参加する権利を持つ必要があるとし、民主的な政治参加とは、自らの選出した代表が同意した法律によって統治される自由であると論じた。

❹ J.シュンペーターは、市民は公共の利益に関する判断を行う合理的で理性的な能力を持つとして、そのような市民によって選ばれたエリートによる統治が現実的に最善の結果をもたらすとする、エリート民主主義論を説いた。

❺ R.ダールは、米国では権力を独占した一枚岩的なエリート層による統治が行われていると批判し、そのようなエリート支配から脱するための多元的な集団間の競争に基づくポリアーキーを、民主主義の理想として掲げた。

【解答・解説】

正解 ❸

全体的に難易度が高い問題です。特に❶と❷はかなり発展的な内容ですが、過去に出題された論点ではあるので、確認しておきましょう。

❶ ×　「全ての成年の男性及び女性による普通選挙」という記述が誤りです。水平派は「21歳以上の青年男性」の普通選挙は主張しましたが、女性参政権までは主張していません。ピューリタン革命の時代はまだ男子普通選挙もほど遠い17世紀で、女性参政権の主張がなされるようになるのは18世紀以降になります。

❷ ×　「政府の立法及び**行政活動**に直接関与」という記述が誤りです。J.-J.ルソーは、立法権は主権者たる人民にあるとする一方で、行政（政府）については主権者と区別して考えるべきだとしており、さまざまな形態がありうるとしています。例えば、大国には王政がふさわしいとも述べていて、ルソーは行政（政府）については人民が直接行うことを想定していません。

ヒント

これは発展的な内容ですが、古代ギリシャのアテナイでも、すべての（男性）市民は政治的意思決定機関である「民会」に参加する一方で、政策を執行する役人は抽選で選ばれた市民が交代で担当していました。このように、現実的に考えると、行政活動にまで人民全員が直接関与するというのは想定しにくいです。

❸ ○　J.S.ミルは、功利主義の立場から普通選挙制度の必要性を論じていますが、ルソーのような直接民主政は否定していて、自らの選出した代表による政治（代議制）が好ましいとしています。

補足

なお、問題12の❷と同様、ミルが完全なる普通選挙の実現を時期尚早としていたことを考えると、「全ての市民が政治的意思決定に参加する権利を持つ必要がある」というのは強すぎる書き方にも思えますが、原則論としてはそう主張していますし、他の選択肢が明らかに間違いですので、これが正解肢となります。

❹ ×　「市民は公共の利益に関する判断を行う合理的で理性的な能力を持つ」という記述が誤りです。J.シュンペーターは、市民の理性的な能力に疑問を持っていたことから、「エリート民主主義」を主張しています。

❺ ×　「ポリアーキーを、民主主義の理想として掲げた」という記述が誤りです。ポリアーキーは理想ではなく「現存する民主主義」を分析する概念です。また前半は、「R.ダール自身が米国の現状を一元的な権力構造と捉えて、その状況を批判している」という内容になっています。しかしダールは、米国の現状を一元的な権力構造と捉えるエリート論を**「現状把握が間違っている」と批判**し、実際は多元的な権力構造になっていると主張した人物です。

MEMO

問題15 ★★ **民主政治に関するア～エの記述のうち、妥当なもののみを全て挙げているのはどれか。**

国税・財務2016

ア J.J.ルソーは、人民は、人民各人が不可欠の一部となるような一個の共同体を形成し、この共同体を各人の私的な意志やそれらの単なる総和を超えた一般意志によって運営しなければならないとして、人民主権論を理論的に正当化した。彼は、人民のみが共同体の主権者であり、人民に属する主権は譲渡することも分割することもできない絶対的なものであるとして、代表者が政治的意思決定を行う代表制を批判した。

イ J.シュンペーターは、人々は政治について無知であり、合理的・自律的な判断は期待できず、人民の意志や公共性の利益はコントロールされた結果として作られた意志に過ぎないとして市民の理性能力に懐疑的であった。彼は、また、実質的・能動的に政治を担うのは政治エリートであり、人々は競争する政治エリートのうちの誰に政治を委ねるかを選ぶ役割を果たすこともできないとした。

ウ A.トクヴィルは、民主主義の進展は不可避の歴史的必然であるが、民主主義の制度には、多数者が数の力で少数者の権利を蹂躙する多数の暴政をもたらす可能性が内在すると主張した。彼は、民主主義の下での平等な社会における物質主義と画一化の浸透は、社会から孤立した私的な世界に閉じこもる自己中心的な個人を生み出すため、孤立した個人は容易に多数者の意向に同調してしまい、個人の自由が失われかねないと指摘した。

エ H.J.ラスキは、政治とは友と敵の区別に関わるものであり、友を友たらしめる同質性を定義することが政治の営みであり、同質性こそが真の徹底した民主主義の本質であると主張して、多元的国家論を批判した。彼は、また、議会制は統治者と被治者の民主主義的同一性を妨げており、喝采によって直接に表現された人民の意志の前には議会は存在理由を持たないと主張した。

❶ ア
❷ ア、イ
❸ ア、ウ
❹ イ、エ
❺ ウ、エ

【解答・解説】

正解 ❸

全体的に発展的な内容が書かれていますが、組合せ形式ということで難易度が軽減されています。

ア ○　J.-J.ルソーは直接民主制を主張し、間接民主制（代表制）については批判しています。

イ ×　「人々は競争する政治エリートのうちの誰に政治を委ねるかを選ぶ役割を果たすこともできないとした」という記述が誤りです。J.シュンペーターは、市民は自分自身で政治的決定を担う能力までは持ちませんが、選挙で誰に政治を委ねるのかを選ぶ能力ぐらいはあると評価しています。

ウ ○　A.トクヴィルは、民主主義の課題として多数の専制を指摘し、孤立した個人は容易に多数者に同調することを問題視しました。ただし、アメリカでは結社の自由や地方自治が発達し、宗教など習慣化された社会規範があるため、自己中心的な個人化が防がれているとしています。

エ ×　これは、H.ラスキではなくC.シュミットに関する記述となります。ラスキは、英国の社会民主主義の政治学者で、多元的国家論の主唱者です。

問題16 民主主義理論に関する次の記述のうち、妥当なのはどれか。

★★

国般2005

❶ J.シュンペーターは、民主主義とは人民自ら諸問題について決定を行い「公益」を実現するものであるという考え方を批判し、民主主義を、人民の投票を獲得するための競争的闘争により決定権力を得る装置ととらえた。

❷ R.ダールの提唱した「ポリアーキー」という分析枠組みは、政治体制の民主主義度をエリート間の競争がどの程度制限されているのか、市民の政治参加がどの程度認められているのかという二次元からとらえるものである。

❸ 参加民主主義論は、間接代表を否定し、市民の直接参加にすべての意思決定を委ねようとするものである。特にC.マクファーソンは、地域や職場における直接民主主義と間接民主主義を融合させるべきではないと主張した。

❹ A.レイプハルトによれば、多元的な利害対立のある社会において、政治エリートに協調的な政治文化は根付かない。したがって、多元的な社会では、政党が相互に拒否権を行使し、政党間の対立は激化し、不安定な統治とならざるを得ない。

❺ 討議的民主主義論は、集団に固有な政策選好から生じる利害対立が集団間の力関係や取引によって調整されるとする。特にA.ガットマンは、討議的民主主義による合意形成には市民の政治への直接参加が不可欠であるとしている。

【解答・解説】 正解 ❶

❺は発展的な内容ですが、正解肢が明確なので一本釣りできるでしょう。

❶ ○ J.シュンペーターは、市場にアクセスできるのが少数の生産者であるのと同様、政治にアクセスできるのは少数の政治エリートであるとみなしました。そのうえで、民主主義とは政治エリートが人民から投票を得るための制度的装置と考えています。

❷ × 「エリート間の競争がどの程度制限されているのか」という記述が誤りです。R.ダールは、ポリアーキーを「公的異議申し立て(言論・競争の自由)」と「参加の包括性」の二次元で捉えています。

❸ × 記述が逆になっています。C.マクファーソンの参加民主主義論は、地域や職場における直接民主主義と間接民主主義を**融合させよう**とする議論ですから、**間接代表を否定しません**し、市民の直接参加にすべての意思決定を委ねようとするものでも**ありません**。

❹ × これも記述が逆になっています。A.レイプハルト以前の政治学界ではこのように考えられていましたが、レイプハルトが多極共存型民主主義の例に挙げるスイス・オランダ・ベルギーなどでは、多元的な利害対立のある社会でも政治エリートに協調的な政治文化は**根づいており**、多元的な社会で**安定した統治は可能**だとしています。

❺ × 「集団に固有な政策選好から生じる利害対立が集団間の力関係や取引によって調整されるとする」のは、多元的民主主義論や合理的選択理論の捉え方です。それに対して、A.ガットマンなどが唱える討議的(熟議的)デモクラシー論では、民主的な政治は利害関係の取引・調整だけに還元されるものとは捉えず、自由で平等な市民どうしの活発な討議の過程で生じるものに注目する立場です。また、討議的デモクラシー論では、合意形成の際に市民の直接参加を不可欠とはせず、代表制でも政治家の説明責任を確保することで民主主義の理念の実現は可能だとしています。

4 現代政治学と政治理論

学習のポイント

・ウォーラス、政治システム論は各試験共通の基本事項です。
・最近はロールズについての出題が増えてきたので、試験種に関係なくしっかり学習しておきましょう。

1 ウォーラスの「大衆への注目」

(1) 政治学批判

イギリスの政治学者**G. ウォーラス**（1858〜1932）は、大衆の理性的判断能力に疑問を抱くようになり、人間の合理性を信頼した従来の政治学は「**主知主義的誤り**」を犯していると批判しました。

補足

主知主義とは、人間が合理的判断に基づいて行動するものと捉える考え方ですが、ウォーラスはこのように大衆の合理性を信頼することが誤りだと批判したのです。

(2) 政治的実在

感情や衝動および習慣、連想などの**非合理的な情緒的経験が政治行動に大きな影響を与えている**と考え、ある政治的現象が何らかの名称で呼ばれたとき、その名称のもとでイメージが固定化されることを**政治的実在**と呼びました。そして、政治的リーダーが政治的実在を操縦することで大衆操作が行われる危険性を指摘しました。しかし、大衆は教育（心理学の学習）によって、政治家の大衆操作を見破ることができるとし、**政治の非合理性を是正できる**と考えました。

確認してみよう

① G.W. ウォーラスは、ロンドンにおける救貧活動を通じて、20世紀初頭、イギリスにおいて民主主義が制度として確立した時点で、そこに現れた現実に明るい希望を持ち、その著書『政治における人間性』の中で、政治における人間性の無謬性を説いた。国税2001

1 (1) 参照

ウォーラスは現実の民主主義に落胆し、政治における人間の誤謬を説いたのです。

2 政治システム論

(1) 行動論革命

第二次世界大戦後のアメリカ政治学では、政治学・心理学・社会学などの間で科学化志向が強まり、自然科学と同様の客観性・厳密性を追求する議論が有力となりました。これらを総称して**行動科学**（behavioral sciences：行動論的政治学）といいます。

(2) 政治システム論

行動論革命の潮流において、政治全体を説明する一般理論として提示されたのが政治システム論です。研究対象の社会を一つの「システム」と捉え、その構造や機能を分析する手法は、T.パーソンズ（1902～79）らに代表される社会学の社会システム論として発展し、これが1950年代には政治学に応用されるようになりました。

(3) イーストンの政治システム論

D.イーストン（1917～2014）は、政治システムを、システムの内部と外部で出入力のある**開放的なシステム**と捉えました。彼によれば、環境からシステムへの**入力**はシステム内で変換され、これが政策として環境に**出力**されます。そして、これが環境に変化を与え、その反応が**フィードバック**されて再び入力されることで自己制御を図る一連の過程が政治システムであるとしました。

イーストンの政治システム論

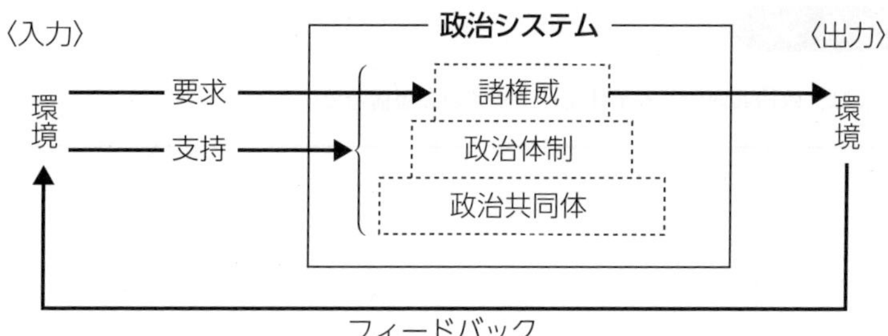

⑷ アーモンドの政治システム論

比較政治学者の**G.アーモンド**（1911～2002）は、イーストンの政治システム論と構造機能分析を活用し、政治システムの発展を考慮した政治発展を提唱しました。政治構造が特定の機能に特化していくプロセスを重視し、システムの発展に応じて**構造の機能分化**が起きると考えました。

⑸ ドイッチュの政治システム論

また国際政治学者の**K.ドイッチュ**（1912～92）は、政治システム論に、「通信と制御の理論」である**サイバネティクス理論**（cybernetics）を応用し、情報中心の政治システム論を展開しました。彼は、政治システムとは、情報の流れ、コミュニケーション・ネットワークであり、システムが情報をフィードバックし、絶えず自己修正や自己制御を図る装置だと考えたのです。

⑹ 脱行動論革命

1960年代になると、行動論は価値中立性の名のもとに現実政治と距離を置き、学問的な有意味性を失っていると批判されました。また、ベトナム戦争の拡大に伴う反戦運動などアメリカ社会が分裂するようになると、若い政治学者や大学院生を中心として行動論に対する批判が展開されるようになります。このような批判に対して当時アメリカ政治学会の会長であったイーストンは、これらの批判を「脱行動論革命」と名づけて脱行動論に対する批判に共感を示し、行動論政治学が現状において些末な研究に陥っている点を反省する旨の演説を行いました。

確認してみよう

① イーストンの政治システムでは、政治体系は、政策形成、政治共同体、政治体制、諸権威の四層構造を持つものであるとした。 区Ⅰ2009

2 ⑶ 参照 ✕

正しくは、政治共同体、政治体制、諸権威の３層構造です。

3 バーリンの「二つの自由概念」

I.バーリン（1909～1997）は、自由は、「**消極的自由**」と「**積極的自由**」の二つの概念に分類できるとしました。そして「自己支配としての自由」である積極的自由は、「理性的な人々」が「非理性的な人々」を支配することは自由であると理解されるもので、**全体主義的な「自由への強制」をもたらす可能性が含まれている**とし、**自由とは本来消極的自由に限定して考えるべき**だとしました。

消極的自由	積極的自由
ある行為主体が他者からの干渉も受けずに放任されている状態 すなわち、「干渉の欠如としての自由」をいう	ある行為主体が主体的に決定できること すなわち、「自己支配としての自由」をいう

確認してみよう

① T.グリーンは、自由には他人からも干渉されない消極的自由があり、自己の立場や主張に基づき他者に積極的に働きかけるという積極的自由があり、後者は全体主義にまで連なる非寛容の危険性を含むと警告した。区Ⅰ 2008

3 参照 ✕

グリーンではなく、バーリンについての説明です。

4 ネオリベラリズム（新自由主義）

(1) 背　景

ネオリベラリズム（**新自由主義**）は、古典的な自由放任主義とは異なり、ルールに基づく自由競争を説き、**自由市場の健全な発展のための法的インフラやルール整備の重要性を強調する立場**です。ネオリベラリズムの理論は、1980年代の英**サッチャー**政権、米**レーガン**政権等の民営化や規制緩和などの行政改革に大きな影響を与えました。代表的な学者としてハイエクやフリードマンが挙げられます。

(2) ハイエク

経済学者のF.ハイエク（1899～1992）は、著書『**隷従への道**』において、社会主義やケインズ経済学は人間の理性を過信した「**計画主義的思考**」（設計主義）であり、個人の自由を抑圧するものだと批判しました。秩序や制度は人間の自由な行動の結果として成立するもので、意識的・計画的に作り出すことはできないとし、このような秩序を「**自生的秩序**」と呼びました。したがって、**政府の役割は、市場における競争が適切に行われるように、「法の支配」**（法と秩序の維持）**によって保護することにある**としました。

(3) フリードマン

アメリカの経済学M.フリードマン（1912～2006）は、現状の福祉国家は、本来福祉が必要な貧困層よりも、政治的圧力活動を展開できる中間層に集中するなど、非効率的・恣意的なものであるとし、より効率的な行政サービスの運営について提案しました。

具体的には、公立学校の選択を自由化し子どもに授業料の代わりとなる**バウチャー**（クーポン）を配付する制度、課税最低限の所得の人に課税最低限と自分の所得の差額分に応じて一定の率で補助金を自動的に配付する制度、補助金の恣意性が排除され働く意欲を失わせない形での所得保障が可能となる「**負の所得税**」などがあります。

確認してみよう

① ロールズは、古典的自由主義と新自由主義の両者に含まれていた政治、経済社会そして公民権的自由の主張を吸収、調停しようとし、法の支配の下での自由競争のみが正義を生み出すとした。区Ⅰ 2002

4 (2) 参照 ×

ロールズではなくハイエクについての説明です。

5 ロールズの正義論

(1) 概　要

アメリカの政治哲学者**J. ロールズ**（1921～2002）は、著書『**正義論**』において、「最大多数の最大幸福」を主張する功利主義を批判し、社会契約論的な方法論によって、福祉国家の再分配原理が理論的に基礎づけられることを論じました。

(2) 原初状態と無知のヴェール

まず、ロールズは社会契約論の自然状態に似た国家なき状態、**原初状態**を想定します。原初状態では、人々は、自分が占める社会的地位、自分の能力や資質といった個人的な属性に関する知識がない「**無知のヴェール**」に覆われています。そこには一切の社会的関係が存在せず、個人は自由かつ平等です。そして、自分が占める社会的地位などがわからない以上、「**マキシミン・ルール**」に基づいて最悪の状況を避けようとリスク回避の合理的な判断をするものと想定されます。

補足

マキシミン・ルールとは、「最も悪い状況で得られる利得が最大となるよう行動する」という意思決定原理をいいます。

(3) 正義の二原理

以上のような状態に置かれた人々は、強制や干渉を受けずに**自発的に誰もが合意する「正義の原理」を採択する**に至ります。まず、**正義の第一原理**（**①平等な自由の原理**）が採択され、次に**第二原理**（**②機会均等原理、③格差原理**）が採択されます。「**平等な自由の原理**」が**最優先**され、次に「機会均等原理」、最後に「格差原理」となります。

第一原理	第二原理
①平等な自由の原理	②機会均等原理、③格差原理
政治的・市民的自由を典型とする基本的な自由に関しては、全員に平等に権利を付与する 社会・経済的不平等を是正するために自由を制限することは許されない	社会経済的資源配分に関しては、次の二つの条件を満たす場合、一定の不平等が許容される ❶社会・経済的資源の獲得に有利な地位につくことができる可能性がすべての人に開かれている（機会均等原理） ❷不平等の存在が、社会内の最も恵まれていない人々の最大限の利益となること（格差原理）

補足

ロールズは完全な平等を求めるのではなく、ある程度の格差を前提としたうえで、「どのような格差であれば正当化されるのか」を問い、「最も不遇な人々に最大の便益を与える制度が設定される場合のみ、格差は正当化される」という「格差原理」を提唱しました。

例えば、高所得者も低所得者も納税額が同じ場合、高所得者がいても低所得者にはメリットがありません（納税者の総数が同じであれば、高所得者がいてもいなくても、国に集まる税額は同じだからです）。しかし現在、多くの国では「累進課税」（所得が増えると税率も上がっていく税制）を採用しています。この税制のもとでは、高所得者の存在は、低所得者のメリットにつながります。つまり、高所得者が増えればそれだけ税収が増えるわけですから、低所得者支援の財源も増えることになります。

この議論から導き出される結論は、「誰でも納税額が同じ税制では格差は正当化されないが、累進課税などの税制が採用されており所得再分配の仕組みが確立されていれば格差は正当化される」ということになり、福祉国家を正当化する思想とされています。

確認してみよう

① ロールズは、正義概念は平等な自由の原理と社会的・経済的不平等に関わる原理とによって構成されており、この二つの原理が衝突した場合、社会的・経済的不平等にかかわる原理が優先するとした。区Ⅰ2002

5 (3) 参照 ×

ロールズは平等な自由の原理が優先されるとしました。

② J.ロールズは「人々が、自分の社会的地位や経済状況、能力の程度や価値観等について、完全な知識を有した状態で何らかの社会的なルールを作ろうとする場合、勝ち負けによって極端な差が生じない分配のルールを選択する」と主張した。彼は、人々は基本的自由に対して平等な権利を有するため、社会的・経済的不平等は、いかなる場合にも認められないと指摘した。国税・財務2020

5 (2) 参照 ×

まず、「完全な知識を有した状態で」という箇所が誤りです。ロールズは、原初状態において人々は「無知のヴェール」に覆われ、契約成立後の社会における自らの社会的地位や資産・才能・心理的特徴等の個別的な事情についてはいかなる知識も与えられない状態で判断を下すこととしています。また、「社会的・経済的不平等は、いかなる場合にも認められない」という箇所も誤りです。ロールズは、一定程度の社会的・経済的不平等が生じることは前提として、どのような場合に不平等が認められるのか、その条件を考察して「格差原理」を示しています。

6 ノージック

アメリカの政治哲学者**R.ノージック**（1938～2002）はロールズの『正義論』に刺激を受け、ロールズ的な福祉国家の議論を批判する議論を展開します。具体的には**「所得の再分配」は個人の権利（権原）に対する侵害**であり、**財の所有権擁護こそ正義**との立場を主張し、財産権擁護の立場から正当化されるのは**最小国家**だけであり、所得の再分配などを行う**拡張国家（福祉国家）は否定される**としました。このように、ノージックは、所得の再分配を徹底的に批判する理論を展開したため、**リバタリアニズム（自由至上主義）**の１人とされます。

確認してみよう

① J.ロールズは、「正義論」において、それまでの自由主義が生み出した格差問題を自由主義固有の理論で解決するために、「無知のヴェール」がかかっている「原初状態」を仮定した思考実験に基づいて、市民は最終的に「平等な自由原理」と「機会均等原理」を選択すると論じ、機会均等を確保するための国家による条件整備の重要性を説く一方、国家による所得の再分配による格差是正については、個人の所有物に対する絶対的権利である「権原」を侵すとして、厳しく批判した。 国税2009

6 参照 ×

個人の所有権の絶対性を主張するのはノージックです。

第4章 政治思想と政治理論

7 サンデル

アメリカの政治哲学者**M.サンデル**（1953～）も、ノージックとは別の観点からロールズを批判しています。ロールズが「無知のヴェール」という装置を用いることで、歴史的・社会的文脈を超えた**普遍的な正義の原理**を導き出そうとしたのに対して、サンデルはそのような歴史・社会から切り離された「**負荷なき自己**」はあり得ないと批判しています。

サンデルなどの**コミュニタリアニズム（共同体主義）**は、政治共同体（コミュニティ）は個人に先立って存在するものであり、そこから切り離された純粋な個人というものは存在しないと考えます。そしてサンデルは、「負荷なき自己」の代わりに、自身と共同体との結びつきを自覚した「**位置づけられた自己**」という概念を提示しています。

確認してみよう

① M.サンデルは、人間が自らの持つ属性や自らの置かれた環境とは関係なく、独立した自我として思考していくことが、平等で正義にかなった意思決定を行うための条件であるとした。そして、政治権力の過大な行使を伴う積極的是正措置は、個人の自由や権利を不当に侵害するものであると批判した。
国税・財務2020

7 参照 ×

まず、第１文が誤りです。サンデルは、ロールズの理論は第１文のように想定していると批判して、自らが属する共同体の歴史や、他者と共通して追求する善や生の目的と結びつけられた「位置づけられた自己」として思考していくことが、平等で正義にかなった意思決定を行うための条件であるとしました。また、第２文も誤りです。サンデルによれば、リベラリズムの枠組みだけで思考すれば積極的是正措置に対する批判は免れ得ませんが、国家の政治的行為の本質を共同体のメンバーが共有する「共通善」の実現行為だと理解すれば、積極的是正措置も肯定されると主張しました。

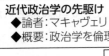

政治学の歴史

近代政治学の先駆け
◆論者：マキャヴェリ
◆概要：政治学を倫理や道徳から切り離す

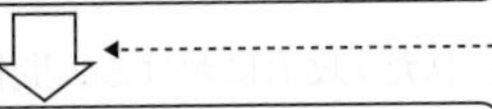

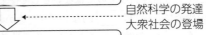

ルネサンス・宗教改革
近代資本主義の勃興

近代政治学
◆論者：社会契約論や功利主義など
◆概要：現世に生きる人間が政治秩序を構築

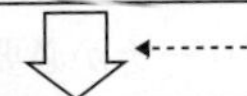

自然科学の発達
大衆社会の登場

現代政治学の先駆け
◆**ウォーラス**：合理的人間像の解体
◆**ベントレー**：集団現象への注目

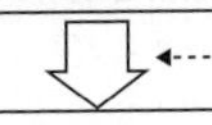

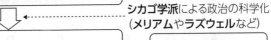

シカゴ学派による政治の科学化
（**メリアム**や**ラズウェル**など）

現代政治学
◆**行動論革命**（**イーストン**など）
科学としての政治学が主流になる
◆多元主義（ダールなど）
ポリアーキーによる民主主義の実証分析

⇔

現代政治哲学
ロールズ、**ノージック**、
アレントなど

過去問にチャレンジ

問題1 次の文は、現代政治学に関する記述であるが、文中の空所A～Dに該当する語、語句又は人物名の組合せとして、妥当なのはどれか。
★

区Ⅰ 2020

現代政治学は、1908年に出版された「政治における人間性」と「[A]」の２冊の書物に始まる。

「政治における人間性」を著したイギリスの政治学者[B]は、人間の政治行動は必ずしも合理的なものではないとして従来の制度論的政治学を批判し、政治学の研究に[C]的なアプローチが必要なことを主張した。

また、「[A]」を著したアメリカの政治学者ベントレーも、制度論的政治学を「死せる政治学」と呼んで批判し、政治を[D]間の対立と相互作用等と捉え、政治学の研究に社会学的な視点を導入した。

	A	B	C	D
❶	統治過程論	イーストン	哲学	個人
❷	統治過程論	ウォーラス	心理学	集団
❸	統治過程論	イーストン	心理学	集団
❹	政治分析の基礎	ウォーラス	心理学	個人
❺	政治分析の基礎	イーストン	哲学	個人

【解答・解説】

正解 ❷

「現代政治学」についての問題ですから、**B**に入るのが「ウォーラス」なのはすぐにわかるでしょう。次に、A.ベントレーが利益集団研究の先駆者ということで、**D**に入るのが「集団」というのも予想できます。すると、**B**が「ウォーラス」で**D**が「集団」の組合せは❷だけですから、(**A**・**C**を判別できなくても) ❷が正解とわかります。

A　「統治過程論」が該当します。それに対して『政治分析の基礎』は、D.イーストンの著作名です。

ヒント

ここでは『統治過程論』と表記されていますが、この本のタイトルは『統治の過程』、『政治の過程』などという訳語が充てられることもあります。なお、ベントレーの学説は第３章第２節で扱ったので、そちらも参照してください。

B　「ウォーラス」が該当します。G.ウォーラス（1858～1932）は、ベントレー（1870～1957）とともに、20世紀の現代政治学や政治過程論を確立した人物として知られています。それに対して、D.イーストン（1917～2014）は政治システム論を確立した人物として知られていますが、『政治における人間性』と『統治過程論』が出版された1908年にはまだ生まれていません。

C　「心理学」が該当します。伝統的な政治学は、哲学・法学・歴史学の強い影響下で形成されましたが、ウォーラスは19世紀末から体系化が進んだ心理学・精神分析学の観点を政治学に採り入れようとしました。

D　「集団」が該当します。ベントレーは、集団間の相互作用という観点から政治現象を分析し、利益集団研究の先駆けとなりました。

問題2 現代政治の理論に関する記述として、妥当なのはどれか。

★

区Ⅰ2011

❶ リップマンは、「政治における人間性」を著し、政治において人間の非合理的な要素が重要な役割を果たすことを強調し、人は自他の利害に関して常に合理的判断に基づいて行動するとする主知主義を強く批判した。

❷ ウォーラスは、「統治の過程」を著し、政治を諸集団間の対立と相互作用、政府による調整の過程ととらえたが、その研究は同時代人からは必ずしも評価されなかった。

❸ トルーマンは、ウォーラスと同様に重複的メンバーシップや潜在的集団を政治の安定的条件として重視したが、ウォーラスが集団力学的発想に立っていたのに対して、トルーマンは社会心理学的発想に立っていた。

❹ ベントレーは、「世論」を著し、人々が情報を単純化したり、わい曲したりすることをステレオタイプと呼び、政治エリートはステレオタイプを巧みに操作することで、世論を形成することが可能になるとした。

❺ イーストンは、「政治分析の基礎」を著し、政治システムは入力を出力に変換する装置であり、入力として要求と支持を、出力として権威的決定を挙げ、出力が入力に影響を及ぼす現象がフィードバックであるとした。

【解答・解説】

正解 ❺

これは、学者名と学説の内容を入れ換えただけの易問です。

❶ ×　これは、G.ウォーラスに関する記述です。

❷ ×　これは、A.ベントレーに関する記述です。

❸ ×　「ウォーラス」という記述を「ベントレー」と直せば妥当な記述となります。

❹ ×　これは、W.リップマンに関する記述です。

❺ ○　D.イーストンの政治システム論では、入力→出力→フィードバック→入力……、という流れを覚えておきましょう。

問題3 ウォーラス又はベントレーに関する記述として、妥当なのはどれか。

★

都Ⅰ2007

❶ ウォーラスは、「政治における人間性」を著し、従来の人間観である主知主義を支持し、政治学に心理学的手法を採り入れることを主張した。

❷ ウォーラスは、リップマンの影響を受け、政治を集団の相互作用であるとし、政策は集団間における圧迫と抵抗による調整の過程の結果として形成されるとした。

❸ ウォーラスは、人々の政治的な行動は、本能や衝動に基づくものではなく合理的な判断に基づくものであるとした。

❹ ベントレーは、「統治過程論」を著し、従来の政治学は、死せる政治学であり政治制度の外面的な特徴についての形式的研究に過ぎないとした。

❺ ベントレーは、政治的現象が特定の名称により象徴されることを政治的実在とよび、政治的実在が成立すると実質が変化しても名称が独り歩きすることを指摘した。

【解答・解説】

正解 ❹

これは学説の内容の理解が必要な問題ですが、正解肢が明確なので一本釣りすることもできるでしょう。

❶ ✕　G.ウォーラスは『政治における人間性』で、従来の政治学において支配的だった**主知主義的人間観を批判**し、非合理な感情や衝動といった心理学的観点を考慮した「政治行動論」を創始しました。

❷ ✕　集団間の相互作用・調整の視点に立った政治過程論は、A.ベントレーによって創始されたものです。また、ウォーラス（1858～1932）はW.リップマン（1889～1974）の大学時代の師で、影響関係が逆になっています。

❸ ✕　ウォーラスは、人間の本能や衝動の観点に注目して政治現象を分析しました。彼は合理的人間像を前提としていた旧来の政治学を批判して、現代政治学の祖の１人とされるようになりました。

❹ ○　ベントレーは『統治過程論』で、旧来の政治学は形式的な政治制度にこだわり政治の実態を理解できていないとして「死せる政治学」と批判し、集団力学的観点から政治現象を分析する「政治過程論」を創始しました。

❺ ✕　「政治的実在」の概念を提起したのは、ベントレーではなくウォーラスです。彼はこの概念で、民衆が特定の名称を通じて受け取るイメージと現実の対象との差異が政治的判断に大きな影響を与えることを示しました。この概念は、弟子であるW.リップマンの「ステレオタイプ論」にも影響を与えることになります。

問題4 ★★

ベントレーの政治過程論に関する記述として、妥当なのはどれか。

都Ⅰ2003

❶ 彼は政治過程論の創始者として知られ、20世紀初めに発表された著書「政治の過程」は、発表当時のアメリカの政治学界から高く評価された。

❷ 彼は、伝統的政治学が自然科学の方法論に傾倒しすぎていると批判した上で、これからの政治学は、政治制度の外面的な特徴を重視し、政治過程を研究対象とすべきであると主張した。

❸ 彼は、グループ・アプローチの先駆者であり、社会はそれを構成している集団の複合体であるとして、多様な集団相互の圧迫と抵抗の過程を政治過程ととらえた。

❹ 彼は、政治を広義、中間義、狭義でとらえ、このうち中間義の政治とは、専門化した統治機構が活動を展開する過程であるとした。

❺ 彼は、一人の人間が、利害を異にする複数の集団に帰属することを「集団のクリス・クロス」とよび、このような集団帰属と忠誠の複数性が、政治過程の混乱や社会の崩壊の危機を招くとして警告した。

【解答・解説】

正解 ❸

❹が発展的な内容ですが、正解肢が明確なので一本釣りできるでしょう。

❶ ×　A.ベントレーは著書『政治の過程』刊行当時は、あまり評価されませんでした。

❷ ×　ベントレーが批判したのは、政治制度の**外面的な特徴を重視**する伝統的政治学です。また、伝統的政治学は概ね規範的なアプローチを採っていますから、自然科学の方法論に傾倒していません。彼は、諸集団間の相互作用や調整過程としての政治過程を研究対象とすべきだと論じています。

❸ ○　ベントレーは政治的な活動の単位を「集団」という概念で一般化し、政治を専ら集団間の現象とみなして、集団の政治に関わるすべてが解明されるとしました。そして彼は、集団全体は、集団相互の間で行われる無数の交渉をとおして一つの均衡に接近する傾向があると論じています。

❹ ×　「専門化した統治機構が活動する過程」は、ベントレーの類型では「狭義の政治」に該当します。ベントレーは、政府（行政府・議会）の活動を「狭義の政治」、圧力団体がからむ活動を「中間義の政治」、民間の組織（サークル、企業）の活動まで含めたものを「広義の政治」としています。このうち、旧来の政治学は「狭義の政治」が主な研究対象でしたが、20世紀に入って圧力団体の活動が活発化したこともあり、現代政治学では「中間義の政治」や「広義の政治」も研究対象となりました。

❺ ×　ベントレーは、集団帰属と忠誠の複数性が集団的利害対立を調整するとして、肯定的に捉えました。ベントレーの唱える「集団のクリス・クロス」は、「集団とその対抗の固着化を阻止するメカニズム」です。また、D.トルーマンはそれを「重複的メンバーシップ」と呼びました。

問題5 ★★ **イーストンの政治体系論に関する記述として、妥当なのはどれか。**

区Ⅰ2003

❶ イーストンは、社会体系には、環境への適応、目標達成、統合及びパターン維持の四つの機能要件があり、政治体系は、それらのうち目標達成を機能目的とするサブシステムであるとした。

❷ イーストンは、政治体系内の転換過程を、利益結節、利益集合、ルール作成、ルール適用、ルール判定及びこれらの活動が体系内部又は環境との間で伝達されるコミュニケーションの六つの過程に分けた。

❸ イーストンは、政治体系とは、要求及び支持として環境から入力されたものを変換し、価値の権威的配分を図る政策として環境に出力し、それがフィードバック・ループを通じて再び入力されるものであるとした。

❹ イーストンは、政治体系は、政治行動の形態を規制する基本的な制度的枠組みである体制と公式の権威的機関ないしは権力保持者である諸権威との二つの構成要素からなるとした。

❺ イーストンは、政治体系の構造を、情報入力にかかわる構造、情報を政策に変換する構造及び政策出力を遂行する構造に区分し、変換の構造のサブシステムとして、記憶、計算及び決定を挙げた。

【解答・解説】

正解 ❸

細かい内容が並んでいますが、これは試験問題を解くうえではほとんど必要のない知識なので、覚える必要はありません。ここでは、「入力」、「出力」、「フィードバック」というキーワードで❸が選べれば十分です。

❶ × これは、社会学者T.パーソンズの社会体系（社会システム）論に関する記述です。ただし、（社会学では頻出ですが）政治学の範囲でパーソンズの社会体系論の内容自体が出題されることはないので、ここでは「イーストンの議論ではない」ということさえ判別できれば十分です。

❷ × これは、D.イーストンとパーソンズの影響を受けたG.アーモンドの政治体系論に関する記述です。ただし、ここでもアーモンドの政治体系論の内容までは覚える必要はありません。

❸ ○ イーストンの政治体系（政治システム）論は、政治システム外の環境から、要求や支持がブラックボックス的な政治システムに入力された後、それらに基づいて価値の権威的配分としての政策が環境に出力され、それがフィードバックされて新しい入力として政治システムに再入力されるというものです。

❹ × イーストンは、政治体系は、「**政治共同体**」、「政治体制」、「諸権威」の三つからなるとしています。このうち「政治共同体」は、政治体系の土台となる構造で、権威的決定に関わる政治的分業のシステムを共有する人々の集団、ないしそのメンバーシップ・システムを指します。ただし、これは出題頻度の少ない論点ですので、政治体系を「三つ」の構成要素で考えたことだけ把握しておけば十分です。

❺ × これは、K.ドイッチュの政治体系論に関する記述です。ただし、公務員試験の範囲内では、彼の政治体系論の内容自体が出題される可能性が低いので、ここでは「情報」に注目した政治体系論だということだけ覚えておけば大丈夫です。

問題6 ★★ **イーストンの政治システム論に関する記述として、妥当なのはどれか。**

区Ⅰ2013

❶ イーストンは、政治システムを、政策決定の諸結果よりも多様な情報の流れに支えられるコミュニケーション・ネットワークであるとし、サイバネティクスの考えに基づいてフィードバックを正のフィードバックと負のフィードバックとに分類した。

❷ イーストンは、政治システムを構造と機能の両面より分析し、政治システムには適応、目標達成、統合、潜在的パターンの維持の４つの機能があり、各機能はさらに４つのサブシステムに分けられるとした。

❸ イーストンは、政治システムを、権威的決定に関わる政治的分業のシステムを共有する人々の集団である政治的共同体と、政治システム内で生起する政治行動の形態を規制する基本的な制度的枠組である体制の２層構造を持つものであるとした。

❹ イーストンは、各国比較を実施し、政治システム全体、入力客体、出力客体、行為者としての自我の４つの客体のうち、どれとどれに関心を持つかによって、未分化型、臣民型、参加型に分類した。

❺ イーストンは、政治システムとは、要求及び支持として環境から入力されたものを社会に対する諸価値の権威的配分を図る政策に変換し環境出力するものであり、その出力はフィードバック・ループを通じて新たな要求及び支持として再び政治システムに入力されるとした。

【解答・解説】

正解 ❺

この問題も、「入力」、「出力」、「フィードバック」というキーワードで❺が選べれば十分です。

❶ ×　これは、K.ドイッチュの政治システム論に関する記述です。ここでは「情報」、「サイバネティクス」というキーワードから除外できれば十分です。

❷ ×　「政治システム」を「社会システム」に置き換えると、T.パーソンズの社会システム論に関する記述になります。

❸ ×　D.イーストンは、政治システムを、「政治的共同体」、「政治体制」、「**諸権威**」の３層構造を持つとしています。

❹ ×　イーストンの政治システム論を活用して、政治文化を未分化型、臣民型、参加型に分類して政治文化を論じたのは、G.アーモンドとS.ヴァーバです。

❺ ○　問題５と正解肢の内容が共通しています。つまり、入力→出力→フィードバックのループの議論が、イーストンの政治システム論のポイントということです。

 ロールズの正義論に関する記述として、妥当なのはどれか。

★

都Ⅰ2006

❶ 彼は、正義の原理の採択に当たっては、結果的に社会的・経済的な不平等が発生することは避けられないため、参加者全員の意見が一致することは困難であるとした。

❷ 彼は、原初状態の人々は、「無知のヴェール」をかけられているため、公正な判断をすることができず、公正としての正義ではなく、功利主義を選択するとした。

❸ 彼は、福祉国家を批判し、国家が権力的に行う財の再配分は、個人の権利を侵害するがゆえに正義に反するとして、国家は、生命や契約や所有権に対する個人の権利を防衛するという機能だけを果たせばよいとした。

❹ 彼は、正義の第１原理を、「各人は、他の人々にとっての同様な自由と両立しうる最大限の基本的自由への平等な権利をもつべきである」と定式化し、この原理は他の原理に対して優先されるとした。

❺ 彼は、正義の第２原理は、公正な機会均等原理と格差原理の２つの部分からなり、このうち格差原理は、社会的基本財の分配に際してすべての市民の間に完全な平等を達成することを求めているとした。

【解答・解説】

正解 ❹

細かい内容もありますが、正解肢が明確なので一本釣りできるでしょう。

❶ ×　J.ロールズは、「原初状態」という仮想的条件下で自発的な選択を行う参加者の意見は、公正な判断に基づき全員一致で正義の原理が採択されるとしています。

❷ ×　「無知のヴェール」は、公正な判断を行うために必要不可欠なものとしてロールズによって提唱されています。「無知のヴェール」をかけられた状態では、各人が社会において占める地位・能力・資質などの諸特性についての情報が失われているため、自己利益に基づいた判断ができなくなり、公正な判断を行うことになるという論理構成になります。また、ロールズの『正義論』は功利主義を批判的に検証する内容を含んでいて、社会契約説の再構成を通じて功利主義の内在的克服を行うものとして理解されています。

❸ ×　これは、R.ノージックの最小国家論に関する記述です。ロールズの「正義論」は、「平等な自由」や「機会均等」といった旧来からの古典的自由主義を擁護するとともに、正義の二原理に「格差原理」を付け加えたことで、社会的・経済的不平等の積極的是正を目指す20世紀における**福祉国家時代のリベラリズムを理論的に正当化**したものとされています。

❹ ○　ロールズの「正義の二原理」は、「平等な自由の原理」（第一原理）と「機会均等原理」および「格差原理」からなる第二原理から構成されており、これらは辞書的に「平等な自由の原理」＞「機会均等原理」＞「格差原理」の順に優先されます。

❺ ×　ロールズは完全な平等ではなく、ある程度の格差を前提としています。

問題8 ロールズの正義論に関する記述として、妥当なのはどれか。

★

区Ⅰ2011

❶ ロールズは、原初状態における人間は、自由かつ平等で、強制や干渉を受けず正義の原則を選択することができるので、最終的に選択するのは、社会全体の利益を最大化することを求める功利主義の原理であると主張した。

❷ ロールズは、マキシミン・ルールとは、原初状態のような不確実状況において、人間は常に最悪の事態を想定してリスク回避を優先することよりも、物事が最も理想的に進んだ場合を選択する行動パターンであるとした。

❸ ロールズは、正義の観点から、国防、警察、契約履行の保障といった機能だけを果たす最小国家の正当性を主張し、20世紀になって展開された福祉国家型自由主義を自由主義の本質からの逸脱であるとした。

❹ ロールズは、正義の２原理として、第１原理の社会的・経済的不平等の問題に関するものと第２原理の平等な自由原理を提示し、第１原理は第２原理に対して優先するとした。

❺ ロールズは、社会的・経済的不平等の問題に関して、格差原理と公正な機会均等原理が満たされる場合には、一定の不平等を許容することが正義にかなうと主張した。

【解答・解説】 正解 ❺

これも細かい内容もありますが、正解肢が明確なので一本釣りできるでしょう。

❶ ×　J. ロールズは、功利主義が、社会全体の利益の最大化を優先するあまり、個人の自由や権利の要求を犠牲にする危険性があるとして、**功利主義には批判的な立場**です。

❷ ×　マキシミン・ルールとは、それぞれの選択肢がもたらす最悪の結果に注目したうえで、その中で最もましな選択肢を選ぶ戦略（それぞれの選択肢ごとの最小値（ミニマム）どうしを比較して、その中で最大値（マックス）を選ぶルール）です。つまり、「最悪の事態を想定してリスク回避」する行動パターンということになります。

❸ ×　これは、R. ノージックの最小国家論に関する記述です。

❹ ×　正義の二原理の内容が逆です。正しくは、第一原理が「平等な自由の原理」、第二原理が「社会的・経済的不平等に関わる原理」です。

❺ ○　ロールズは、格差原理が満たされる場合は一定の不平等も正当化されるとしています。

問題9 自由主義に関する記述として、妥当なのはどれか。

★

区Ⅰ2008

❶ R.ノージックは、すべての人が協同して公共善を実現することにより、人は高次の自我を実現し、自由を獲得できるとし、国は個人の道徳的人格発展のために、その外的な障害を積極的に除去すべきとする新自由主義を展開した。

❷ T.H.グリーンは、自由には、いかなる他人からも干渉されないという消極的自由と、自己の立場や主張に基づき他者に積極的に働きかけるという積極的自由があり、後者は全体主義にまで連なる非寛容の危険性を含むと警告した。

❸ J.S.ミルは、個人の権利に絶対的な重要性を認め、国家は警察、防衛、契約履行の保障に限定される最小国家に留まるべきとし、それ以上の拡張国家は個人の権原を侵害し不当であるとするリバタリアニズムを主張した。

❹ I.バーリンは、質的功利主義の立場から、多数者の専制から個性ある少数者の自由を守ることが重要であるとし、言論・出版の自由、職業・趣味の自由及び集会・結社の自由という、個人の権利の確保が不可欠であるとした。

❺ J.ロールズは、正義の２原理として、平等な自由の原理と呼ばれる第１原理と、格差原理及び公正な機会均等原理とからなる社会的・経済的不平等に関する第２原理とを定式化し、第１原理は第２原理に対して優先されるとした。

【解答・解説】

正解 ❺

これは、学者名と学説の内容を入れ換えただけの問題です。また、正解肢が明確なので、一本釣りすることもできるでしょう。

❶ ×　これは、T.グリーンの新自由主義（new liberalism）についての説明です。彼は、公共善（共通善）の実現のためには国家による個人の権利に対する一定程度の制限を認める立場であり、同じく「新自由主義」と訳語が充てられるneo-liberalismとは一線を画している点に注意しましょう。

ともあれ、R.ノージックは「最小国家論」を主張している学者ですから、「国は……積極的に除去すべき」というような積極的介入は求めないだろうと推定することができます。

❷ ×　これは、I.バーリンの自由論に関連する説明です（ただし、積極的自由の説明がズレています）。I.バーリンは、いかなる他人からも干渉されないという意味での自由を「消極的自由」、自分をコントロールし、欲求を抑えて高級で理性的な自己を実現するという意味での自由を「積極的自由」と呼びました。そのうえで彼は、「積極的自由」の観念と「全体主義」との親和性を指摘して、「積極的自由」の観念に対して懐疑的立場を表明しました。「消極的自由」は「～からの自由」、「積極的自由」は「～への自由」とも表現されるので確認しておきましょう。

❸ ×　これは、ノージックの「最小国家論」に関する記述です。ノージックは、国家は生命・契約・所有権といった個人の権利を防衛する役割のみを遂行すべきであると主張しました。こうした立場は、個人の選択の自由を最大限に拡張しようとする「リバタリアニズム（自由至上主義）」と呼ばれ、J.ロールズの「福祉国家型自由主義」とは対立的な関係に位置するものです。

❹ ×　これは、J.S.ミルの「質的功利主義」に関する記述です。

❺ ○　「格差原理」や「機会均等原理」に見られるように、平等の実現も重視する自由論であることから、ロールズの立場は、社会的・経済的平等を重視する「福祉国家型自由主義」に分類されています。

問題10　**20世紀の政治学に関する次の記述のうち、妥当なのはどれか。**

★★

国税2002

❶ G.ウォーラスは、イギリスの地方議会議員として活動した自らの政治的経験を基礎に、『政治における人間性』を著した。その中で、人間がその社会行動において常に理性的であるという前提を立て、それに基づいた理知主義的な政治学を展開した。

❷ A.F.ベントレーは、著書『政治の過程』の中で、伝統的な政治学のアプローチのうち制度論的アプローチよりも哲学的アプローチを重視した。そして、集団の相互作用として政治現象を理解するのではなく、個人を単位として政治社会を把握しようとした。

❸ 20世紀の政治学は科学的な分析を志向するものであるといわれている。その中心的役割を果たしたのはアメリカ政治学であり、1920年代から30年代にかけて、C.E.メリアムやH.D.ラスウェルなどのシカゴ学派が、経験的事実の観察と分析に基づく政治学の科学化を推し進めた。

❹ D.イーストンは、著書『政治分析の枠組み』、『政治生活の体系分析』の中でシステムズ・アナリシスの手法を取り入れ、政治体系モデルを構築した。これは、環境からインプットされた要求が政策という形でアウトプットされる過程においては、政党、立法機関、行政機関による閉鎖的な政策決定メカニズムが存在するという前提に基づくモデルである。

❺ 1960年代後半のアメリカ合衆国における都市の荒廃、環境の悪化、ヴィエトナム戦争の泥沼化等を背景として行動主義に対して批判的な意見が出されるようになった。このいわゆる脱行動主義革命を背景に、K.W.ドイッチュは機械論的モデルであるサイバネティクスモデルを政治学へ適用することを唱えた。

【解答・解説】

正解 ❸

この分野の学説の特徴を学習できる良問ですので、問題文もよく読んでおきましょう。

❶ ×　G.ウォーラスは、人間がその社会行動において常に理性的であるという前提（**主知主義**）**を批判**して、政治における本能・習慣・暗示・模倣などの無意識的・非合理的要素の重要性を強調し、政治行動論を創出しました。

❷ ×　A.ベントレーは、制度論的・哲学的アプローチを重視した伝統的な政治学を「死せる政治学」と批判しました（つまり、**制度論的アプローチと哲学的アプローチの両方を批判**しています）。そして、政治における「集団」の重要性に着目し、もっぱら集団間の相互作用として政治現象を理解して、政治過程論を創出しました。

❸ ○　これは政治学におけるシカゴ学派の特徴ですが、経済学分野のシカゴ学派や社会学分野のシカゴ学派は、それぞれ主要メンバーも特徴もまったく違いますので、区別して覚えましょう。

❹ ×　D.イーストンの「政治システム論」は、**開放的**な（＝システムの内部と外部で出入力がある、つまり外部からの要求が内部の政策決定に影響を与える）政策決定メカニズムが存在するという前提に基づくモデルです。

❺ ×　K.ドイッチュは、「**脱**行動主義革命」ではなく「行動主義革命」を背景に、行動論的・情報論的モデルである「サイバネティクス・モデル」を政治学に適用することを唱えました。

問題11　**自由主義に関する次の記述のうち、妥当なのはどれか。**

★★

国般2007

❶ J.S.ミルは『自由論』を著して、すべての人間は自分の生命や身体、私有財産に対して不可侵の権利を持つという、古典的自由主義の根幹をなす命題を示した。彼の議論は、後のピューリタン革命において議会派の理論的武器となった。

❷ T.H.グリーンは、自由放任を推奨する古典的自由主義を批判して、自由主義の完成のためには個人の自己実現と人格的成長を妨げる障害を国家が積極的に除去すべきであり、国家によっては個人の所有権に一定の制限を課すことが有効な場合があると主張した。

❸ F.ハイエクは、社会主義は一種の「計画主義的思考」であり、一元的な価値を押し付けることで人間の自由や多様性を抑圧するものであるとして厳しく批判した。彼の主張は、1970年代のアメリカ合衆国における民主党の政策を支えることになった。

❹ J.ロールズは『正義論』を著して、社会的・経済的な不平等を是正することこそが正義にかなうと主張し、そのためには政治的自由などの基本的自由の制限も正当化されるとした。彼の議論は、基本的自由の擁護を優先する古典的自由主義を真っ向から批判するものであった。

❺ R.ノージックは、人間の才能の差は努力の差というより偶然の産物であるから、才能に恵まれた者は自らの能力を私的な利益を得るためだけに用いるのではなく、不遇な人々の状況の改善のために用いるべきであるとして、福祉国家的な所得再分配の正当性を主張した。

【解答・解説】

正解 ❷

発展的な内容が多いですが、誤りのポイントは明確なので消去法で正解にたどり着けるでしょう。

❶ ×　19世紀に活躍したJ.S.ミルの思想が17世紀のピューリタン革命に影響を与えるはずがありません。また、彼の議論は、生命・身体や私有財産の不可侵よりも、言論・思想などの「内面の自由」に力点を置いています。

❷ ○　T.グリーンの考えに従えば、例えば富裕層から税を徴収して公立学校を建設することや、風紀を乱す施設が学校の周辺で営業することを禁じたりするなど、国家が個人の所有権に制限を課すことが正当化されることになります。

❸ ×　F.ハイエクの主張を理論的支柱としたのは、福祉を重視した1970年代の民主党ではなく、「小さな政府」を推進した1980年代の共和党のレーガン政権です。

❹ ×　「社会的・経済的な不平等を是正する……ためには……基本的自由の制限も正当化される」という記述が誤りです。彼は不平等の是正が正義に適うと主張したものの、自由を尊重する「第一原理」は不公正の是正に関する「第二原理」より優先されるべきだと説いていて、自由は自由のためにしか制約され得ない（つまり、社会的・経済的な不平等を是正する（＝第二原理の）ために自由（＝第一原理）を制限することは正当化されない）としています。したがって、古典的自由主義を真っ向から批判するものともいえません。

❺ ×　これは、J.ロールズに関する記述です。R.ノージックは、最小国家論を唱えたリバタリアンとして知られ、福祉国家の所得再分配を非難しています。彼は、各人が自己の天賦の才能を用いて収入を得るのは正当な行為であるとし、国家が所得再分配の名目で才能ある人に課税することを批判しています。

問題12 ★★★

自由と民主主義に関する次の記述のうち、妥当なのはどれか。

国般2010

❶ F.A.ハイエクは、自由に関する立場を個人主義的自由主義とリベラリズムに分けた。前者は、個人を政府に先行する存在として位置づけ、政府を基本的に個人の自由にとって敵対的な存在とみなす立場であり、後者は、政府の再分配機能を重視し、政府を個人の自由にとって不可欠の存在であるとみなす立場である。彼はリベラリズムの立場に立って、個人が自由であるためには、政府が市場に積極的に介入して市場の失敗を克服する必要があるとした。

❷ J.ロールズは『正義論』において、正義の概念を構成する原理の一つとして「格差原理」を示したが、これは、人間の間で能力や力量に差があるのは、もっぱら各人の努力の結果であると言うべきであるから、各人はその差異から生ずる経済的、社会的な不平等を甘受しなければならないという原理である。一方で彼は、「機会均等の原理」を示し、そうした不平等は地位や官職が万人に開かれていてはじめて許容されると主張した。

❸ モンテスキューは、政治的自由にとって本質的に重要なことは、権力が制限されることであり、そのためには国家の内部に勢力の拮抗する複数の権力主体が存在し、それぞれが相互にコントロールし合うことが必要であるとした。しかし、彼は後に米国社会を見聞して『アメリカの民主主義』を著したが、そこでは、権力分立の制度を導入しても、多数派が少数派の権利を侵害する「多数派の専制」を回避するのは困難であると指摘した。

❹ K.マルクスは、自由を重んずる国家とは、結局のところ、資本家階級の自由と権利、特に私的所有権を保障することを目指すものにすぎず、労働者階級はそこから疎外されているとした。さらに彼は、労働者階級が団結して共産主義革命を遂行するのが歴史的必然であり、最終的には、労働者階級が資本家階級を支配下に置くという階級社会を打ち立てることで、真の意味での自由な人間社会が実現するとした。

❺ E.バークは、有権者と代表者（議員）との関係について、有権者は議員の優れた政治的判断力を信頼して一票を投じるのであって、両者の間では、国民全体の利益を追求してもらうための一種の白紙委任が行われているという立場に立つ。こうした「国民代表」の観念においては、代表者たるものは、有権者の個別具体的な委任や指令に拘束されるのではなく、政治家としての理性と判断力に従い、国民全体の利害を代表すべきということになる。

【解答・解説】

正解 ❺

これも発展的な内容が続きますが、国家一般職ではこのレベルまで覚えておく必要があります。正解の❺の内容については、第２章第２節で学習しました。

❶ ×　F.ハイエクは、前者の「個人主義的自由主義」の立場を採っています。そもそも、ネオリベラリズムの代表格とされるハイエクと「政府が市場に**積極的に**介入」というのはミスマッチです。

❷ ×　J.ロールズは、人々の能力や力量の差は各人の**努力以外の要因によっても生じている**として、最も恵まれない人々の利益になるように社会・経済的不平等は「甘受」されずに**改善されるべき**だとしました。そして、人間どうしで能力や力量に差があることを認めながらも、そうした能力は、社会的に不利な立場にある者の状況改善のために積極的に用いられるべきであると主張しています。ロールズによれば、**機会均等だけでは不平等は許容されず**、「最も不遇な人々に最大の便益を与える制度が設定される場合のみ、格差（不平等）は正当化（許容）される」という「格差原理」を提唱しました。

❸ ×　「しかし、彼は」以降は、A.トクヴィルに関する記述になっています。そもそも、C.L.モンテスキュー（1689～1755）はアメリカ独立宣言（1776）以前にこの世を去っていますから、独立国家としての米国社会を見聞することはできません。

❹ ×　K.マルクスの主張する社会は労働者と資本家の立場が逆転した社会ではなく、階級対立自体がない社会です。マルクスの描くヴィジョンでは、資本主義社会から社会主義社会に移行する段階で生産手段（工場や機械など）を社会で共有するため、生産手段を私的所有する資本家階級は消滅して労働者階級しか存在しなくなり、（階級は一つしかありませんから）階級対立はなくなるとしています。

❺ ○　つまり、E.バークの国民代表の原理は、エリート委任主義に至ることになります。

問題13 ★★

政治思想に関する次の記述のうち、妥当なのはどれか。

国税・財務2013

❶ J.ロックは、人間は、生まれながらに平等に自然権を与えられており、全員一致の契約によって政府を設立し、この政府に各人の自然権を信託するとした。その上で、政府が市民の信託に違反して、市民の権利を侵害したとしても、支配の正統性を保ち続けるため、市民は政府に抵抗することができないとした。

❷ C.モンテスキューは、国家権力を制限するためには、ある権力を絶えず別の権力が抑止するような抑制と均衡のメカニズムを制度的に作り上げることが最も効果的な方法であると主張した。とりわけ、モンテスキューは、政府の権力が、立法・行政・司法の三権に分けられ、それぞれが相互にコントロールし合う制度を重視した。

❸ T.グリーンは、所得の再分配による平等な社会の建設を推進する社会主義を批判し、新自由主義の立場から、いかなる場合でも、国家によって個人の所有権や契約の自由に制限が課されるべきではないと主張した。

❹ J.ロールズは、社会的に不遇な者にとって利益にならないような社会的・経済的不平等があるならば、それは政策的に正さなければならないという格差原理を主張した。その上で、恵まれた者と恵まれない者の間の格差がゼロとなるように、財の再分配を行う必要があるとした。

❺ R.ノージックは、国家は、生命や契約や所有権に対する個人の権利を防衛するというごく限定的な役割のみを果たせばよいと主張した。しかしながら、貧富の格差を是正するため、国家が課税という形で勤労収入の一部を他の人間に強制的に移転することについては、福祉国家型自由主義の観点から、正当性があると指摘した。

【解答・解説】

正解 ❷

発展的な内容が多いですが、誤りのポイントは明確なので消去法で正解にたどり着けるでしょう。

❶ ×　J.ロックは、政府が市民の信託に違反して市民の権利を侵害した場合は、そうした政府に対して人民は**抵抗する権利を持ち**、さらに政府に改善の余地がない場合には革命権を持つと主張しています。

❷ ○　ロックも権力分立論を語っていますが、ロックは立法と行政を分立させたうえで立法を優位させる制度を示しているのに対して、C.L.モンテスキューはそれに司法を加えて、さらに三権が対等な制度を示した点に違いがあります。

❸ ×　T.グリーンは、共通善のためには国家によって個人の所有権や契約の自由に制限を課すことが有効な場合もあるとする「新自由主義（new liberalism）」の立場の思想家です。

❹ ×　J.ロールズの提唱する「格差原理」は、ある程度の格差の存在を前提としたうえで「どのような格差であれば正当化されるのか」を問うものですから、恵まれた者と恵まれない者の間の格差がゼロとなるような完全平等を求めるものではありません。

❺ ×　第2文の記述が誤りです。R.ノージックは「最小国家論」の立場から、国家が課税という形で勤労収入の一部を他の人間に強制的に移転することは、たとえそれが所得の再分配を目的としたものであっても個人の尊厳の著しい侵害であって、そうした移転にはいかなる正当性もないと主張しています。

問題14 平等に関する次の記述のうち、妥当なのはどれか。

★★★

国般2019

❶ J.ロールズは、『正義論』において、正義の第一原理として「平等な自由の原理」、第二原理として「格差原理」を示した。このうち、第一原理における自由とは、最低限の市民的・政治的自由に限られず、自由一般を指す。また、第二原理においては、全ての市民の間に絶対的な平等を達成することが求められると主張した。

❷ R.ノージックは、警察・国防業務と私的な契約の執行のみを担う最小国家の構想を批判した。そして、国家が再分配政策を用いて、富裕層の保有資源を貧困層に移転することは、富裕層の合理的な意思に基づくものであるとして、正当化されるとした。

❸ M.サンデルは、国家が行う様々な政治活動を、他者と共有する共通善の実現活動として捉える考え方を批判した。そして、平等で正義にかなった意思決定を行うためには、共同体の規範とは独立した目的や独自の善悪の観念を持ち、何の負荷も課されていない自己として思考することが条件であると主張した。

❹ K.マルクスは、資本主義社会においては、個々の資本家と労働者は法的に自由で対等な個人として契約を結ぶことができないと主張した。したがって、資本家階級と労働者階級の間の不平等を解消するため、私的財産制度を存続させつつ計画経済を軸とする共産主義社会に移行しなければならないとした。

❺ A.センは、単に資源配分の平等性だけでなく、人間が現実に享受する「福利」の平等を保障すべきであるとした。また、各人が多様な資源を活用して自らの生の質を高め福利を実現するための能力を「潜在能力」と呼び、この能力の平等化を目指すべきと主張した。

【解答・解説】

正解 ❺

正解肢は発展的な内容ですが、他の選択肢の誤りが明確なので消去法で選べるでしょう。

❶ ×　第二原理は「格差原理」だけでなく、「機会均等原理」と「格差原理」の二つで構成されています。また、「全ての市民の間に絶対的な平等を達成」という記述も誤りです。J.ロールズは「機会の平等」（機会均等）を重視しつつも、完全なる「結果の平等」は主張していません。

❷ ×　R.ノージックの主張とは正反対の内容になっています。ノージック自身が「最小国家」を構想した人物で、国が富裕層の保有資源を貧困層に移転する再分配政策は、個人の所有権の侵害だとして批判しています。

❸ ×　M.サンデルの主張とは正反対の説明になっています。サンデルは、国家による「共通善」の実現を擁護するコミュニタリアニズム（共同体主義）の論者です。彼は、ロールズらの議論は「共同体の規範とは独立」した「何の負荷も課されていない自己」（負荷なき自己）を想定していると批判して、自身と共同体との結びつきを自覚した「位置づけられた自己」を主張しています。

❹ ×　「私的財産制度を存続」という記述が誤りです。マルクスのいう共産主義社会とは、私的財産制度の廃止により共有財産制度が実現した、貧富の格差がない平等な社会のことです。

❺ ○　A.センは、貧困や飢饉の研究でノーベル賞を受賞したインドの経済学者です。彼のいう潜在能力（capability）とは、例えば「健康な状態でいられる能力」、「避けられる病気にかからない能力」などが該当します。人間の基本的な生存に関わるこのような能力が欠けている場合には実質的な自由は保障されないと考えて、「潜在能力の平等化」を主張しています。

索　引

英数

あ

か

さ

た

な

は

ま

や

ら

わ

MEMO

MEMO

〈執筆〉瀬田 宏治郎（TAC公務員講座）

〈本文デザイン〉清原 一隆（KIYO DESIGN）

本書の内容は、小社より2020年11月に刊行された
「公務員試験 ゼロから合格 基本過去問題集 政治学」（ISBN：978-4-8132-9493-1）
と同一です。

公務員試験 ゼロから合格 基本過去問題集 政治学 新装版

2020年11月25日　初　版　第１刷発行
2024年４月１日　新装版　第１刷発行

編 著 者　TAC株式会社（公務員講座）
発 行 者　多田敏男
発 行 所　TAC株式会社　出版事業部（TAC出版）

〒101-8383
東京都千代田区神田三崎町3-2-18
電話　03(5276)9492(営業)
FAX　03(5276)9674
https://shuppan.tac-school.co.jp

組　　版　朝日メディアインターナショナル株式会社
印　　刷　株式会社　ワコー
製　　本　株式会社　常川製本

Printed in Japan　　ISBN 978-4-300-11110-9
N.D.C. 317

合格できる3つの理由

1 必要な対策が全てそろう! ALL IN ONEコース

TACでは、択一対策・論文対策・面接対策など、公務員試験に必要な対策が全て含まれているオールインワンコース（＝本科生）を提供しています。地方上級・国家一般職／国家総合職／外務専門職／警察官・消防官／技術職など、試験別に専用コースを設けていますので、受験先に合わせた最適な学習が可能です。

カリキュラム例:地方上級・国家一般職 総合本科生

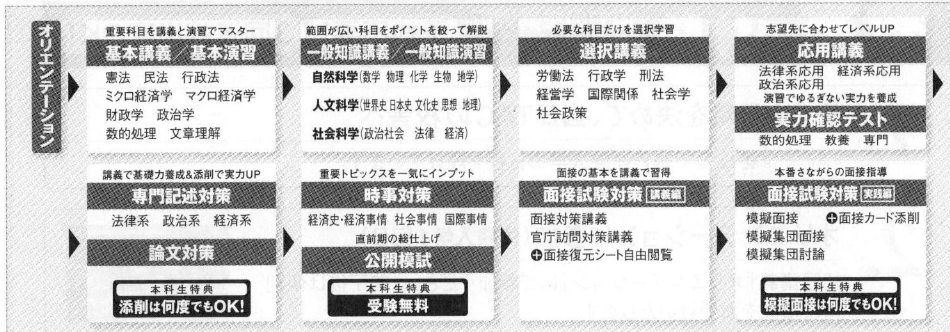

オリエンテーション
重要科目を講義と演習でマスター
基本講義／基本演習
憲法　民法　行政法
ミクロ経済学　マクロ経済学
財政学　政治学
数的処理　文章理解
範囲が広い科目をポイントを絞って解説
一般知識講義／一般知識演習
自然科学(数学 物理 化学 生物 地学)
人文科学(世界史 日本史 文化史 思想 地理)
社会科学(政治社会 法律 経済)
必要な科目だけを選択学習
選択講義
労働法　行政学　刑法
経営学　国際関係　社会学
社会政策
志望先に合わせてレベルUP
応用講義
法律系応用　経済系応用
政治系応用
演習でゆるぎない実力を養成
実力確認テスト
数的処理　教養　専門
講義で基礎力養成&添削で実力UP
専門記述対策
法律系　政治系　経済系
論文対策
本科生特典
添削は何度でもOK!
重要トピックスを一気にインプット
時事対策
経済史・経済事情　社会事情　国際事情
直前期の総仕上げ
公開模試
本科生特典
受験無料
面接の基本を講義で習得
面接試験対策 講義編
面接対策講義
官庁訪問対策講義
⊕面接復元シート自由閲覧
本番さながらの面接指導
面接試験対策 実践編
模擬面接　⊕面接カード添削
模擬集団面接
模擬集団討論
本科生特典
模擬面接は何度でもOK!

※上記は2021年合格目標コースの内容です。カリキュラム内容は変更となる場合がございます。

2 環境に合わせて選べる! 多彩な受講メディア

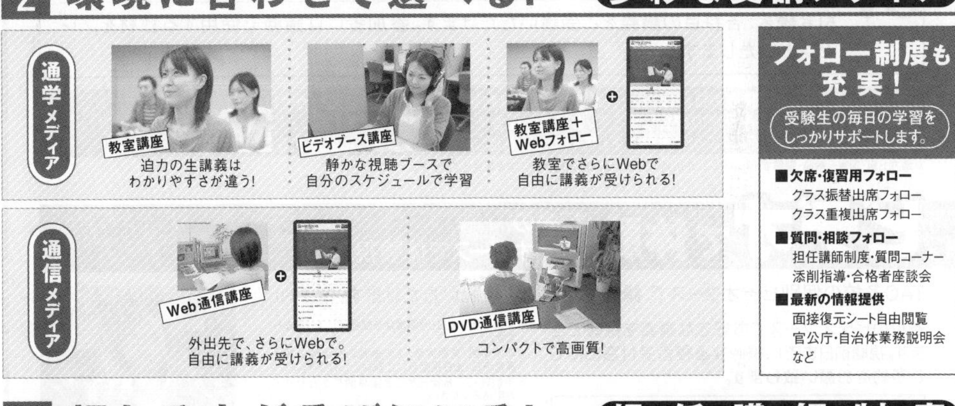

通学メディア
教室講座
迫力の生講義は
わかりやすさが違う!
ビデオブース講座
静かな視聴ブースで
自分のスケジュールで学習
教室講座＋Webフォロー
教室でさらにWebで
自由に講義が受けられる!
通信メディア
Web通信講座
外出先で、さらにWebで。
自由に講義が受けられる!
DVD通信講座
コンパクトで高画質!

フォロー制度も充実!

受験生の毎日の学習をしっかりサポートします。

- **■欠席・復習用フォロー**
  クラス振替出席フォロー
  クラス重複出席フォロー
- **■質問・相談フォロー**
  担任講師制度・質問コーナー
  添削指導・合格者座談会
- **■最新の情報提供**
  面接復元シート自由閲覧
  官公庁・自治体業務説明会
  など

3 頼れる人がそばにいる! 担任講師制度

TACでは教室講座開講校舎ごとに「担任講師制度」を設けています。最新情報の提供や学習に関する的確なアドバイスを通じて、受験生一人ひとりを合格までアシストします。

担任カウンセリング

学習スケジュールのチェックや苦手科目の克服方法、進路相談、併願先など、何でもご相談ください。担任講師が親身になってお答えします。

ホームルーム(HR)

時期に応じた学習の進め方などについての「無料講義」を定期的に実施します。

公務員講座のご案内

無料体験のご案内

3つの方法でTACの講義が体験できる!

教室で体験　迫力の生講義に出席

予約不要！ **3回連続出席OK!**

1. 校舎と日時を決めて、当日TACの校舎へ

TACでは各校舎で毎月体験入学の日程を設けています。

2. オリエンテーションに参加（体験入学1回目）

初回講義「オリエンテーション」にご参加ください。終了後は個別にご相談をお受けいたします。

3. 講義に出席（体験入学2・3回目）

引き続き、各科目の講義をご受講いただけます。参加者には講義で使用する教材をプレゼントいたします。

- 3回連続無料体験講義の日程はTACホームページと公務員パンフレットでご覧いただけます。
- 体験入学はお申込み予定の校舎に限らず、お好きな校舎でご利用いただけます。
- 4回目の講義前までに、ご入会手続きをしていただければ、カリキュラム通りに受講することができます。

※地方上級・国家一般職・警察官・消防官レベル以外の講座では、2回連続体験入学を実施しています。

ビデオで体験　校舎のビデオブースで体験視聴

TAC各校の個別ビデオブースで、講義を無料でご視聴いただけます。(要予約)

各校のビデオブースでお好きな講義を視聴できます。視聴前日までに視聴する校舎受付窓口にてご予約をお願い致します。

ビデオブース利用時間 ※日曜日は④の時間帯はありません。

① 9：30 ～ 12：30　② 12：30 ～ 15：30
③ 15：30 ～ 18：30　④ 18：30 ～ 21：30

※受講可能な曜日・時間帯は一部校舎により異なります。
※年末年始・夏期休業・その他特別な休業以外は、通常平日・土日祝祭日にご覧いただけます。
※予約時にご希望日とご希望時間帯を合わせてお申込みください。
※基本講義の中からお好きな科目をご視聴いただけます。(視聴できる科目は時期により異なります)
※TAC提携校での体験視聴につきましては、提携校各校へお問合せください。

Webで体験　スマートフォン・パソコンで講義を体験視聴

TACホームページの「TAC動画チャンネル」で無料体験講義を配信しています。時期に応じて多彩な講義がご覧いただけます。

TAC ホームページ **https://www.tac-school.co.jp/**

※体験講義は教室講義の一部を抜粋したものになります。

TAC出版 書籍のご案内

TAC出版では、資格の学校TAC各講座の定評ある執筆陣による資格試験の参考書をはじめ、資格取得者の開業法や仕事術、実務書、ビジネス書、一般書などを発行しています！

TAC出版の書籍

＊一部書籍は、早稲田経営出版のブランドにて刊行しております。

資格・検定試験の受験対策書籍

- 日商簿記検定
- 建設業経理士
- 全経簿記上級
- 税　理　士
- 公認会計士
- 社会保険労務士
- 中小企業診断士
- 証券アナリスト
- ファイナンシャルプランナー(FP)
- 証券外務員
- 貸金業務取扱主任者
- 不動産鑑定士
- 宅地建物取引士
- マンション管理士
- 管理業務主任者
- 司法書士
- 行政書士
- 司法試験
- 弁理士
- 公務員試験(大卒程度・高卒者)
- 情報処理試験
- 介護福祉士
- ケアマネジャー
- 社会福祉士　ほか

実務書・ビジネス書

- 会計実務、税法、税務、経理
- 総務、労務、人事
- ビジネススキル、マナー、就職、自己啓発
- 資格取得者の開業法、仕事術、営業術
- 翻訳書 (T's BUSINESS DESIGN)

一般書・エンタメ書

- エッセイ、コラム
- スポーツ
- 旅行ガイド (おとな旅プレミアム)
- 翻訳小説 (BLOOM COLLECTION)

書籍のご購入は

1 全国の書店、大学生協、ネット書店で

2 TAC各校の書籍コーナーで

資格の学校TACの校舎は全国に展開!
校舎のご確認はホームページにて

資格の学校TAC ホームページ
https://www.tac-school.co.jp

3 TAC出版書籍販売サイトで

TAC 出版 で 検索

24時間
ご注文
受付中

https://bookstore.tac-school.co.jp/

新刊情報を
いち早くチェック!

たっぷり読める
立ち読み機能

学習お役立ちの
特設ページも充実!

TAC出版書籍販売サイト「サイバーブックストア」では、TAC出版および早稲田経営出版から刊行されている、すべての最新書籍をお取り扱いしています。
また、無料の会員登録をしていただくことで、会員様限定キャンペーンのほか、送料無料サービス、メールマガジン配信サービス、マイページのご利用など、うれしい特典がたくさん受けられます。

サイバーブックストア会員は、特典がいっぱい!(一部抜粋)

通常、1万円(税込)未満のご注文につきましては、送料・手数料として500円(全国一律・税込)頂戴しておりますが、1冊から無料となります。

専用の「マイページ」は、「購入履歴・配送状況の確認」のほか、「ほしいものリスト」や「マイフォルダ」など、便利な機能が満載です。

メールマガジンでは、キャンペーンやおすすめ書籍、新刊情報のほか、「電子ブック版TACNEWS(ダイジェスト版)」をお届けします。

書籍の発売を、販売開始当日にメールにてお知らせします。これなら買い忘れの心配もありません。

公務員試験対策書籍のご案内

TAC出版の公務員試験対策書籍は、独学用、およびスクール学習の副教材として、各商品を取り揃えています。学習の各段階に対応していますので、あなたのステップに応じて、合格に向けてご活用ください！

INPUT

『新・まるごと講義生中継』
A5判
TAC公務員講座講師
新谷 一郎 ほか

- ●TACのわかりやすい生講義を誌上で！
- ●初学者の科目導入に最適！
- ●豊富な図表で、理解度アップ！

・郷原豊茂の憲法
・新谷一郎の行政法

『まるごと講義生中継』
A5判
TAC公務員講座講師
渕元 哲 ほか

- ●TACのわかりやすい生講義を誌上で！
- ●初学者の科目導入に最適！

・郷原豊茂の刑法
・渕元哲の政治学
・渕元哲の行政学
・ミクロ経済学
・マクロ経済学
・関野喬のパターンでわかる数的推理
・関野喬のパターンでわかる判断整理
・関野喬のパターンでわかる空間把握・資料解釈

INPUT

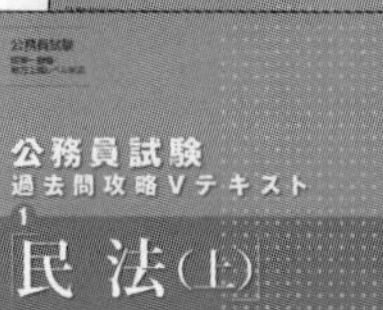

『過去問攻略Vテキスト』
A5判
TAC公務員講座

- ●TACが総力をあげてまとめた公務員試験対策テキスト

全21点

・専門科目：15点
・教養科目：6点

要点まとめ

『一般知識 出るとこチェック』
四六判

- ●知識のチェックや直前期の暗記に最適！
- ●豊富な図表とチェックテストでスピード学習！

・政治・経済
・思想・文学・芸術
・日本史・世界史
・地理
・数学・物理・化学
・生物・地学

判例対策

『ココで差がつく！必修判例』A5判
TAC公務員講座

- ● 公務員試験によく出る憲法・行政法・民法の判例のうち、「基本＋α」の345選を収載！
- ●関連過去問入りなので、出題イメージが把握できる！
- ●頻出判例がひと目でわかる「出題傾向表」付き！

記述式対策

『公務員試験論文答案集 専門記述』A5判
公務員試験研究会

- ● 公務員試験（地方上級ほか）の専門記述を攻略するための問題集
- ● 過去問と新作問題で出題が予想されるテーマを完全網羅！

・憲法〈第2版〉
・行政法

書籍の正誤についてのお問合わせ

万一誤りと疑われる箇所がございましたら、以下の方法にてご確認いただきますよう、お願いいたします。

なお、正誤のお問合わせ以外の書籍内容に関する解説・受験指導等は、**一切行っておりません**。
そのようなお問合わせにつきましては、お答えいたしかねますので、あらかじめご了承ください。

1 正誤表の確認方法

TAC出版書籍販売サイト「Cyber Book Store」の
トップページ内「正誤表」コーナーにて、正誤表をご確認ください。

CYBER TAC出版書籍販売サイト BOOK STORE

URL:https://bookstore.tac-school.co.jp/

2 正誤のお問合わせ方法

正誤表がない場合、あるいは該当箇所が掲載されていない場合は、書名、発行年月日、お客様のお名前、ご連絡先を明記の上、下記の方法でお問合わせください。
なお、回答までに1週間前後を要する場合もございます。あらかじめご了承ください。

文書にて問合わせる

●郵送先 〒101-8383 東京都千代田区神田三崎町3-2-18
TAC株式会社 出版事業部 正誤問合わせ係

FAXにて問合わせる

●FAX番号 **03-5276-9674**

e-mailにて問合わせる

●お問合わせ先アドレス **syuppan-h@tac-school.co.jp**

※お電話でのお問合わせは、お受けできません。また、土日祝日はお問合わせ対応をおこなっておりません。
※正誤のお問合わせ対応は、該当書籍の改訂版刊行月末日までといたします。

乱丁・落丁による交換は、該当書籍の改訂版刊行月末日までといたします。なお、書籍の在庫状況等により、お受けできない場合もございます。
また、各種本試験の実施の延期、中止を理由とした本書の返品はお受けいたしません。返金もいたしかねますので、あらかじめご了承くださいますようお願い申し上げます。

(2020年10月現在)